Landolf Scherzer

BUENOS DÍAS, KUBA

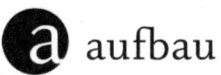 aufbau

Landolf Scherzer

BUENOS DÍAS, KUBA

Reise durch ein Land im Umbruch

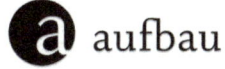 aufbau

Mit 59 Fotos des Autors

ISBN 978-3-351-03774-1

Aufbau ist eine Marke der Aufbau Verlag GmbH & Co. KG

1. Auflage 2018
© Aufbau Verlag GmbH & Co. KG, Berlin 2018
Einbandgestaltung zero-media.net, München
Satz und Reproduktion LVD GmbH, Berlin
Druck und Binden CPI books GmbH, Leck, Germany
Printed in Germany

www.aufbau-verlag.de

Inhalt

Von meinem Flug als Briefträger nach Havanna, einer kubanischen Methode, Autos zu reparieren, und gesparten 5 Euro beim Besuch des zweitgrößten Friedhofs von Amerika

Am Morgen nach meiner nächtlichen Ankunft in Havanna stehe ich auf Migdalias schmalem Balkon.

Ich blicke ungläubig in den von keinem Wölkchen getrübten azurblauen Novemberhimmel, blinzele in die schon heiße Sonne und sage laut und glücklich: »Buenos días, Havanna!«

Dann schaue ich von dem Balkon im dritten Stock hinunter auf eine von schwarzen Auspuffwolken der Autoschlangen vernebelte vierspurige Hauptstraße und, nur durch eine gelbe Mauer abgegrenzt, ein Meer von sarkophagähnlichen Grabstätten, gewaltigen Marmorplatten, Mausoleen, Denkmälern und sich auf Säulen zum Himmel reckenden Engeln. Ich wohne neben dem Friedhof.

Migdalia erklärt mir stolz, dass der Cementerio Cristóbal Colón, der Friedhof Christoph Kolumbus, der zweitgrößte Friedhof Amerikas ist.

»Über 50 Hektar. Fast 1 Million Tote liegen hier. Auch mein geschiedener Mann. Wir haben es nicht weit«, sagt sie.

Ich weiß nicht, ob ich darüber froh sein soll. Und vielleicht hätte ich an meinem ersten Tag auf Kuba, am 25. November 2016, alles andere machen sollen, als nach dem

Frühstück in der ungewohnten Hitze stundenlang den zweitgrößten Friedhof Amerikas zu erkunden. Ich hätte zum Beispiel meine Arbeit als Postbote beginnen können, denn ich bin nicht nur als Tourist, sondern auch als ehrenamtlicher Eilbriefträger (ansonsten ist ein Brief 2 bis 3 Monate unterwegs) nach Kuba geflogen.

In meinem Handgepäck, einem roten Rucksack, lag bis zur Ankunft zuoberst ein unterschriebener Scheck über 30 000 Euro. Das Geld hatten Mitglieder und Freunde des deutschen Solidaritätsvereins KarEn gespendet, damit im Osten von Kuba Wohnhäuser, Fabriken und Ställe, die der Hurrikan »Matthew« vor 3 Monaten zerstört hat, wieder aufgebaut werden können. Den Scheck sollte ich, falls der sozialistische Zoll ihn nicht beschlagnahmen würde, Hilda, der kubanischen Kontaktperson von KarEn, bei der Ankunft auf dem Flughafen aushändigen.

Im dicksten Kuvert schickte ein Kubaner, der in Berlin lebt, an Carlos Manuel Menéndez, einen ehemaligen Mitarbeiter des kubanischen Außenhandelsministeriums, ein Manuskript und Fotos vom gemeinsamen Ökonomiestudium in der DDR.

Egon Hammerschmied hat mich beauftragt, dem früheren Reiseleiter Alberto Suzarte, dessen Auto nicht mehr anspringt, eine neue Batterie zu kaufen oder ihm 100 Euro dafür zu übergeben.

In zwei kleinen Frachtbriefen habe ich für meine Ansprechpartner in Havanna, den Korrespondenten Andreas Knobloch und die seit über einem Jahr hier unter anderem Marxismus studierende Julie, fleischlose Wurst eingepackt.

Der 91-jährige Erfurter Rentner Karl-Heinz Voigt hatte 2015 seinen Garten verkauft und den Erlös KarEn gespendet. Davon sollten für kubanische Bauern, die in den Bergen von Candelaria noch ohne Elektrizität leben mussten, Solaranlagen errichtet werden. Eine Lageskizze habe ich nicht, nur den Namen eines der Dörfer: La Guinea, westlich von Havanna gelegen. Ich werde also suchen müssen.

Die Thüringer Parlamentsabgeordnete Ina Leukefeld hat mir die Telefonnummer von Anna-Maria geschickt und gebeten, der Frau, die sie 2004 bei einem Besuch in Havanna kennengelernt und danach nie wieder gesehen hat, ihre Mailadresse und 50 Euro zu geben.

Die beiden politisch gewichtigsten Briefe erhielt ich vom Vorstand der VR-Bank Bad Salzungen/Schmalkalden. Adressiert sind sie an die kubanischen Ministerien für Wirtschaft und Tourismus. Die Thüringer Genossenschaftsbank schlägt darin vor, Windräder und Ferienhäuser zu finanzieren. Was nicht einfach ist, denn die schon vor 56 Jahren von den USA erlassene Wirtschaftsblockade verbietet Banken, in Kuba zu investieren. (Im vergangenen Jahr musste die Commerzbank wegen Zuwiderhandlung 1,7 Milliarden Dollar Strafe zahlen.) Ich soll diese Briefe in den Ministerien persönlich abgeben und mir die Aushändigung bestätigen lassen. Doch ich habe nur ein Touristenvisum …

Von Gitarrensaiten und Kabelbindern, die Claudia Fenske aus Berlin ihrem Salsa-Tanzlehrer Miguel schenken will, konnte ich in der Hektik vor dem Abflug nur noch einen Beutel Kabelbinder besorgen.

Für den »Chef der kubanischen Vegetarier« Tito Núñez nahm ich im Auftrag der deutschen Gruppe »Gesünder leben« ein Dutzend Wiesenkräuterrezepte mit, und schließlich hatte mir Maikel, ein ehemaliger Mitarbeiter von ICAP, dem kubanischen Institut für Völkerfreundschaft, versprochen, nach den ersten Tagen ein preiswertes Quartier zu besorgen. Er bat dafür lediglich um ein Sitzkeilkissen gegen seine Rückenschmerzen.

Diese ganze »Post« sollte ich in Havanna zustellen. Ich dachte, dass es schnell gehen würde. Das war falsch. Genauso falsch wie die Ratschläge von Kuba-Experten in verschiedenen Reiseführern. Sie schrieben, dass sich die Kubaner trotz des Mangels im Land immer akkurat kleiden. Bei privaten Verabredungen und offiziellen Begegnungen würden sie nur lange Hosen und Hemden tragen. Ich hatte also 2 lange Hosen und 3 Hemden mitgenommen.

Nicht eine kurze Hose. Außerdem wird in einem aktuellen Reiseführer behauptet, dass Männer in Kuba keine Sandalen anziehen. Sandalen wären ein Zeichen für Homosexualität, und Homosexuelle würden nach wie vor ausgegrenzt. Ich packte anstelle der bequemen Sandalen Turnschuhe und ein Paar glänzende Lederhalbschuhe ein. Ich wollte alles richtig machen.

Am schwierigsten war es, das sperrige Kissen für Maikel, für das der Rucksack zu klein war, nicht irgendwo liegenzulassen. Zuerst im Zug nach Berlin. Danach im Treptower Nachtquartier. Oder im Taxi, in dem mich ein Türke in aller Herrgottsfrühe zum Flughafen Tegel fuhr. Im Check-in-Wartesaal. Bei der Gepäckaufgabe, der Personenkontrolle, im Abflugraum. Jedes Mal schaute ich auf meine Hände und zählte eins und zwei: Rucksack und Kissen. Nur einmal habe ich das Zählen vergessen: in unserer Zubringermaschine von Berlin nach Düsseldorf.

Wir saßen schon angeschnallt im Flugzeug. Doch bevor die Stewardess ihre Sicherheitsgymnastik absolvierte, teilte sie mit, dass die Funkanlage wahrscheinlich falsch geschaltet sei. Man werde den Fehler sehr schnell finden. Eine Viertelstunde später informierte sie die »verehrten Fluggäste«, dass die Anlage defekt sei. Sie würde sofort repariert. Nach 10 Minuten schlurften zwei Handwerker mit Werkzeugkoffern ins Cockpit. Unruhige Blicke auf die Uhren. Bereits 25 Minuten Verspätung. Wenn der Flieger nach Havanna pünktlich in Düsseldorf startete …

Als die Stewardess sich im Namen des Kapitäns erst auf Deutsch, dann auf Englisch entschuldigte, dass die Reparatur länger als erwartet dauern könnte, aber kein Wort über den Weiterflug nach Havanna verlor, begannen die ersten Fluggäste zu murren und endlich laut zu schimpfen. Der Kubaner neben mir, dessen sonst kahlgeschorenen dunklen Kopf ein glänzender schwarzer Irokesenkamm zierte, blieb dagegen seelenruhig. Ich nahm an, dass er weder des Deutschen noch des Englischen mächtig war und die Situation deshalb nicht einschätzen konnte. Ich irrte mich. Er legte seine Hand auf mein Bein und sagte auf Spanisch: »*Vamos a ver*« und wiederholte auf Deutsch: »Wir werden sehen.« Es sei doch alles gut, es werde schon repariert. Und wie um mich zu trösten, stellte er sein abgeschaltetes Smartphone noch einmal an, wischte sehr lange und zeigte mir ein Video von der Reparatur seines 40 Jahre alten Autos in Havanna.

Sich gegenseitig anschreiende Männer zogen das Hinterteil des Transporters auf einen Mauervorsprung. Deutlich war zu erkennen, dass der Auspuff an mehreren Stellen gerissen war und nur noch von blanken Elektrokabeln gehalten wurde. Durch die Bodenplatte konnte man das Innere des Autos und durch das Dach sogar den blauen Himmel sehen. Um das Loch zu flicken, schlugen die Männer einen defekten Toilettenspülkasten platt, und weil auch Schrauben fehlten, befestigten sie die Ersatzplatte mit krummen Nägeln, die mein Nachbar mit einer Zange zusammenrödelte. Den Auspuff ersetzten sie durch ein dickes Rohr, das sie wahrscheinlich von einer alten Belüftungsanlage abmontiert hatten. Die Erneuerung der Kabel war in dem 3-Minuten-Video nicht mehr zu sehen.

Der Kubaner versicherte lachend: »Alles wird gut. Man muss nur Geduld haben.«

Die Monteure der Funkanlage hatten keine Geduld. Als sie ausgestiegen waren, bat die Stewardess auch die »verehrten Fluggäste«, das Flugzeug zu verlassen. Ich vergaß dabei, bis zwei zu zählen, und musste mich gegen den Strom der Aussteigenden bis zu meinem Platz zurückdrängeln. Das Keilkissen lag noch auf dem Sitz.

Eine halbe Stunde später stand ein Ersatzflugzeug bereit, und der Jumbojet nach Havanna wartete in Düsseldorf. Nach dem Start klopfte mir der Kubaner, der nun hinter mir saß, auf die Schulter. Er strich sein T-Shirt, auf dem sich die USA-Flagge über Brust und Rücken spannte, glatt, bestellte bei der Stewardess einen Cuba Libre, den er nicht bekam, schaltete den Rücksitzbildschirm an, wählte nicht den Tarzan-Dschungelkrimi, sondern eine englische Serie über superreiche Villenbesitzer und sagte wieder lachend: »Siehst du, alles wird immer gut!« Ich hätte ihm am liebsten die für Miguel bestimmten 100 Kabelbinder geschenkt. Doch die lagen im Koffer. Das bewahrte mich davor, meine Vertrauensstellung als Briefträger schon auf dem Hinflug in Frage zu stellen.

Für den 12-stündigen Flug konnte man vor dem Start für 95 Euro Aufschlag noch XL-Plätze mit mehr Beinfreiheit buchen. Die 5 Kubaner in der Reihe vor mir brauchten keine Beinfreiheit. Sie verknoteten die Füße kreuz und quer mit denen des Nachbarn, zogen sich eine Decke übers Gesicht und versäumten den ersten Snack. Als ich sie weckte, holte einer von ihnen die Stewardess samt Imbisswagen zurück. Die auf Englisch und Spanisch ausgedruckten und gewissenhaft auszufüllenden Zollformulare, die die Deutschen einander erklärten (keine Drogen, keine Waffen, keine Pornographie, keine Handelsware), blieben bis zur Landung neben den schlafenden Kubanern liegen.

In der Annahme, dass der Zoll zuerst den Rucksack kontrolliert, faltete ich das Scheckkuvert zusammen und steckte es in meine Hosentasche. Das war unnötig. Alle Ankommenden wurden vom Zoll durchgewinkt, und ich hatte schon vor der Passkontrolle und am Durchleuchtungsband meine Vorsicht vergessen, denn dort saßen junge Kubanerinnen in Netzstrümpfen und kurzen nur bis zum Saum der Strümpfe reichenden Röcken. Dazu trugen sie eng anliegende Uniformjacken, hatten ihre schwarzen Haare zu Pferdeschwänzen gebunden, schwarzen Kajal um die dunklen Augen aufgetragen und die Lippen grellrot geschminkt.

Mit diesen Bemerkungen breche ich bereits einen meiner zwei Schreibvorsätze. Ich wollte erstens nicht zum tausendsten Mal die Schönheit der Kubanerinnen preisen. Und mich zweitens in diesem Text weder enthusiastisch noch abfällig, sondern überhaupt nicht über die in jedem Kuba-Bericht erwähnten Oldtimer äußern. Doch nachdem Hilda, eine schlanke Frau in einem langen farbenfrohen Kleid, die schon 74 ist, aber wie 60 aussieht, mich begrüßt und den 30 000-Euro-Scheck in ihrer Handtasche verstaut hatte, gingen wir zum Auto eines ihrer Bekannten. Der Fahrer wusste nicht, wie alt sein Lada ist. Er hatte ihn, wie er sagte, erst vor 20 Jahren durch eine gebrauchte Karosserie entscheidend verjüngt! Die Abgase des Motors verflüchtigten sich auch nicht, als Hilda unterwegs alle Fenster öffnete

Der Chauffeur, ein älterer Kubaner, der vor den Zebra-streifen wie alle anderen Fahrer Gas gab und unentwegt hupend die Fußgänger auf den Bürgersteig zurücktrieb, schaltete das Radio ein. Aber das Dröhnen des Motors übertönte die kubanischen Rhythmen. Eine Unterhaltung war nicht möglich. Nur an den Kreuzungen, an denen die Ampeln die verbleibenden Wartesekunden über LED-Zahlen anzeigen, konnte mir Hilda den Fahrer – den gegen alle Verkehrsregeln verstoßenden Fußgängerschreck – vorstellen.

»Er war früher Oberstleutnant.« Noch 47 Sekunden. »Gearbeitet hat er im kubanischen Innenministerium.« Noch 32 Sekunden. »Er hielt sogar Referate im Innenministerium der DDR in Berlin.« Noch 20 Sekunden. »Und kannte Spionagechef Markus Wolf persönlich.« Noch 12 Sekunden. »Leider ist seine Rente mit 600 Peso nacional« – umgerechnet etwas mehr als 20 Euro – »so knapp, dass er« – Grün! Aufheulen der alten Motoren wie bei einem Formel-1-Rennen. An der nächsten roten Ampel ergänzte Hilda, dass der ehemalige Oberstleutnant sich mit gelegentlichen Taxifahrten zusätzlich Geld für seinen Lebensunterhalt verdienen muss.

»Für die Fahrt zum Flughafen bekommt er 20 konvertierbare Peso-CUC. Das sind umgerechnet 500 Peso nacional, fast so viel wie seine Rente für einen ganzen Monat.« Bevor ich etwas fragen konnte, schaltete die Ampel auf Grün.

Erst als wir vor einem ordentlich verputzten, gelb gestrichenen dreistöckigen alten Haus an der *calle* – Straße – 18 in der Nähe der *calle* 23 hielten, erklärte mir Hilda die

Angekommen in der calle 18

beiden Währungen. »Der Peso nacional ist die Grundwäh-
rung für alle Kubaner. Private Händler, Quartiervermie-
ter wie Migdalia, Restaurantbesitzer und andere Dienstleister verlangen inzwischen oft (von Ausländern immer!)
die Bezahlung in CUC, der 2004 eingeführten zweiten
offiziellen kubanischen Währung, die konvertierbar, also
gegen Euro und Dollar umtauschbar, ist.«

Ich gab mir keine besondere Mühe, die kubanische
Währungspolitik und den Wechselkurs – ein CUC entspricht etwa einem Euro – sofort zu begreifen. Ich hatte
noch 6 Wochen Zeit.

Hilda klingelte bei Migdalia in der *calle* 18. Vom obersten Balkon warf eine ältere Frau einen Schlüsselbund herunter. Doch bevor wir den passenden Schlüssel zur Haustür gefunden hatten, öffnete von innen eine schnaufende,
vielleicht 50-jährige Frau.

Migdalia entschuldigte die ungewöhnliche Begrüßung. Großmutter Maria würde von oben nicht mehr genau erkennen, wer unten stände. Ich schleppte mein 30 Kilo schweres Gepäck – Hilda trug das Keilkissen – mühsam 3 Stockwerke hinauf. An den 6 Wohnungstüren standen statt Namensschildern sehr große Symbole, die wie Anker aussahen. 5 blaue Anker und ein roter.

Während Migdalia vor ihrer Tür ein nach außen gewölbtes und mit Riegeln mehrfach verschlossenes Eisengitter öffnete, das in jedem Hochsicherheitstrakt eines Gefängnisses hätte eingebaut sein können, erläuterte mir Hilda die Bedeutung der Anker. Wohnungsbesitzer, an deren Tür ein blauer Anker angebracht ist, dürfen mit staatlicher Lizenz privat Zimmer an Ausländer vermieten. Die mit dem roten Anker dagegen nur für Peso nacional an Kubaner.

In diesem Haus steht es 5 : 1 gegen Peso nacional und Kubaner oder 1 : 5 für CUC und Ausländer.

Großmutter Maria lachte mit den Augen, fasste mich an der Hand und wollte mir sofort mein Zimmer zeigen. Doch ich blieb staunend in dem schmalen Flur stehen. Er glich einer Gemäldegalerie. Dicht an dicht hingen Ölbilder, Grafiken, Kohlezeichnungen und Aquarelle: Blumen, Landschaften, Liebespaare, Porträts, Stadtansichten, Tiere, unterbrochen nur durch 4 Türen zu 4 Zimmern. Ein Zimmer mit Doppelbett, Toilette und Dusche für mich. Ein Zimmer mit Doppelbett für Migdalia. Ein Zimmer mit Doppelbett für die Großmutter. Ein Zimmer mit Doppelbett für die Tochter Elia, die, während Maria uns Kaffee kochte, sofort die Finanzen regelte. 35 CUC pro

Nacht. Ich könnte natürlich länger als 3 Nächte bleiben. Falls mein Zimmer für diese Zeit schon reserviert wäre, müsste die Großmutter bei Migdalia übernachten, und ich würde im Bett der Großmutter schlafen. Dann verbilligt für 30 CUC.

An den wenigen bilderfreien Stellen des langen Flurs standen eine Westministeruhr, Nippfiguren, Vitrinen mit ineinandergestapelten Tassen, Kannen und Vasen, goldverziertes Porzellan und bunt bemalte Skulpturen aus Gips und Ton.

»Mein Erbe«, sagte die 86-jährige Großmutter.

An einem Ende des Flures die Tür zum Balkon. Am anderen die Küche, in der Maria aus der einfachen Espressomaschine, wie sie in Italien aus Aluminium und in Kuba aus Eisen hergestellt werden, würzigen kubanischen Kaffee in kleine Tassen goss. Ich legte eine Tafel Schokolade dazu, brach sie in mundgerechte Stücke, und Maria sagte: »*Usted pertenece a la familia aquí.*«

»Du gehörst jetzt hier zur Familie«, bestätigte Hilda.

Als neues Familienmitglied erhielt ich sofort gute Ratschläge für meinen Aufenthalt in Havanna. Den ersten müsste ich nur vor Weihnachten beachten. Havanna sei zwar die sicherste Hauptstadt der Welt, aber vor Weihnachten solle man sein Portemonnaie nicht sichtbar in der Hosentasche tragen. In dieser Zeit würden junge Kubaner, um Geschenke und ein gutes Essen kaufen zu können, manchmal ausländische Touristen bestehlen.

Der zweite Ratschlag würde immer gelten: In Havanna kein Wasser aus der Leitung trinken! Man kocht es ab und füllt es in Flaschen.

Der dritte Ratschlag klang wie ein Befehl: Niemals ein kubanisches Mädchen mit auf das Zimmer nehmen! Zwar sei die berufsmäßige Prostitution seit der Revolution verboten, aber etliche Mädchen, sogenannte *jineteras* – wörtlich übersetzt Reiterinnen –, würden sich inzwischen Ausländern zuerst als Begleiterinnen und danach fürs Bett anbieten.

Nach diesen Ratschlägen begann ein fröhlicher Kaffeeplausch der Frauen. Ich erfuhr, dass für Maria, »weil Jesus schon tot ist«, nur noch Fidel den Armen und den Gerechten der Welt eine Hoffnung gibt. Außerdem, dass Migdalia viele Jahre im Kulturministerium gearbeitet hat. Als ich von Hilda den mir bekannten Namen Siegfried Schnabel hörte, fragte ich, ob sie den Sexualpapst der DDR meinte. Er hatte das Aufklärungsbuch »Mann und Frau intim« geschrieben, das ich seinerzeit für meine sexuelle Weiterbildung an einem Messestand stehlen musste, weil es nur unter dem Ladentisch verkauft wurde.

Hilda hatte seine Aufklärungsbücher ins Spanische übersetzt. »Sie waren im revolutionären Kuba sehr begehrt.«

Ich würde 6 Wochen Zeit haben, um Hilda ausführlich danach zu fragen. Dachte ich.

Sehr schnell dagegen wollte ich meine Aufträge als Briefträger erledigen. Zuerst rief ich Maikel wegen des Keilkissens an, danach die Vegetarier Andreas Knobloch und Julie.

Maikel fragte am Telefon sofort eilfertig, ob er mir ein preiswerteres Quartier besorgen solle. Als ich antwortete, dass ich wahrscheinlich hier in der Familie wohnen bliebe, entgegnete er unwirsch, dass er jetzt keine Zeit hätte, mich zu begrüßen, und das Kissen irgendwann abholen würde.

Als Erster kam Andreas Knobloch. Er sah nicht so aus, wie ich mir einen Korrespondenten vom »Neuen Deutschland« vorstellte. An allen sichtbaren (und, wie er mir später sagte, auch an den meisten vom T-Shirt und von der Hose bedeckten) Stellen war er tätowiert. Allerdings nicht mit Blumen, Herzen, Schwertern, Flammen und Namen, sondern mit ineinanderverschlungenen Linien, Kreisen, Symbolen und Zeichen. Große Kunst.

»Du gehst zu einem kubanischen Meister?«

»Nein, ich fliege zum Tätowieren seit Jahren regelmäßig nach Mexiko.«

Andreas Knobloch lebt an die 18 Jahre auf Kuba. Was sich in dieser Zeit verändert habe? Er schaute auf die Uhr und fragte grienend, ob ich heute noch einen nachtfüllenden Vortrag hören wollte. Natürlich nicht. Ich war hundemüde.

»In aller Kürze: Die Maschinen haben sich, wie du es nennst, wirklich ›verändert‹. Weil durch die Blockade der USA seit 1960 weder neue Maschinen noch Ersatzteile eingeführt werden konnten, sind sie inzwischen hoffnungslos veraltet. Eigentlich schrottreif, müssen sie immer noch funktionieren.«

Auch die Menschen – »nicht unbedingt die älteren, aber viele der jüngeren« – hätten sich verändert. »Von meinen besten kubanischen Freunden, gut ausgebildeten Ingenieuren, Wissenschaftlern und Künstlern, die ich vor 18 Jahren kennengelernt habe, lebt nur noch einer auf Kuba. Alle anderen …«

Er imitierte mit den Armen einen Vogel. »Ein Vogelzug, und niemand weiß, wie viele Vögel irgendwann auf die Insel zurückkehren.«

Er dagegen wolle auf Kuba bleiben. »Hier bekomme ich jeden Tag Leben pur. Ich muss mir beim Schreiben nichts aus den Fingern saugen. Außerdem, die Liebe …« Er lebt mit einer kubanischen Schauspielerin zusammen. Als er ihren Namen nannte, wusste sogar Großmutter Maria, von wem er sprach. Edenis Sánchez Gey spielt in einer kubanischen Serie eine Kriminalkommissarin. Zurzeit drehte sie in Berlin. In dem ZDF-Zweiteiler »Landgericht« war sie die Geliebte des jüdischen Richters im kubanischen Exil.

Ich kannte sie nicht. Aber ich hatte noch 6 Wochen Zeit …

Eine halbe Stunde nachdem er gegangen war, kam die Studentin Julie. Sie ist schlank, blond, trotz einem Jahr auf Kuba noch sehr hellhäutig und auf den ersten Blick vertrauenerweckend. Weil sie kein kubanisches Mädchen war, durfte sie in mein Zimmer mitkommen.

Die 30-Jährige hat in Heidelberg Psychologie und Geographie studiert. Sie gehört zur deutschen Studentengruppe des Projektes »Tamara Bunke«. Die Deutschargentinierin Tamara Bunke war in Kuba zur Partisanin ausgebildet worden, kämpfte mit Che Guevara in Bolivien und wurde dort, noch nicht 30, in einem Hinterhalt erschossen. Ihr Leichnam trieb 7 Tage im Fluss, bevor man ihn fand. Den Studenten ermöglicht das Projekt, Kuba zu entdecken, seine Entwicklung zu beobachten und zu analysieren. Außerdem studieren sie Spanisch, Sozialwissenschaften, Marx und Martí …

Julie, die mich einige Wochen als Dolmetscherin begleiten wird, ist, wie sie mir sofort offenbarte, trotz des chronischen Warenmangels und der alltäglichen Misere, die ich noch kennenlernen würde, begeistert von Fidels revolutionären Ideen, von dem Mut, mit dem die Kubaner ihre Ideale gegen alle Widerstände verteidigen.

»Das Menschenbild des kubanischen Sozialismus ist für mich die Alternative zur westlichen Profitgesellschaft«, erklärte sie sehr bestimmt und erzählte dann zögerlicher von ihrem ersten Tag in Havanna. Damals sei ihr Jorge Luis an der Bushaltestelle vor der Eisdiele »Coppelia« sozusagen wie vom Schicksal vorausbestimmt in die Arme gelaufen.

Seitdem hat sie ihn festgehalten, ihren Afro-Kubaner.

Er hat Restaurator gelernt, arbeitet aber auch als Industriekletterer. Ohne Gerüst, nur an einem Seil hängend. Jorge Luis ist einer von inzwischen Zehntausenden Kubanern, die nicht mehr in staatlichen Betrieben, sondern privat »*trabajo por cuenta propia*« – auf eigene Rechnung – arbeiten.

»Er will nicht um jeden Preis in Kuba bleiben. Sozialismus, wie er hier läuft, ist nicht seins. Bei der deutschen Botschaft hat er – weil Deutschland die Kubaner nur nach langwierigen Überprüfungen hereinlässt – ein Besuchsvisum für 90 Tage beantragt.«

Julie wird in reichlich 2 Monaten ihren Einsatz für und in Kuba beenden und nach Deutschland zurückfliegen. »Ob Jorge Luis ein Besuchsvisum für Deutschland erhält, ist sehr, sehr fraglich. Viele Kubaner haben es schon mehrmals erfolglos beantragt«, sagte sie.

Ich hatte noch 6 Wochen Zeit, um beide, Julie, die den Sozialismus in Kuba verteidigt, und Jorge Luis, den »*cuentapropista*«, der wegwill, zu verstehen. Dachte ich.

Gegen 23 Uhr, 8 Stunden nach der Landung in Havanna – in Deutschland war es inzwischen 5 Uhr früh –, war ich endlich allein in meinem Zimmer. Eine Rumba-Band spielte in einem nahegelegenen Restaurant so laut, dass ich das Dröhnen der Automotoren nicht mehr hörte und sofort einschlief. Weil mich der Wind von Ventilatoren immer krank macht, hatte ich allerdings das Ungetüm mit geiergroßen Flügeln über meinem Bett nicht eingeschaltet und wurde früh von der morgendlichen Hitze geweckt.

Ich stehe auf dem Balkon, erblicke den Friedhof, und wie von einer magischen Kraft angezogen, möchte ich an meinem ersten Tag auf Kuba nicht das Capitolio und auch nicht den Platz der Revolution, sondern diese Totenstadt erkunden.

Migdalia hat für mein Frühstück schon Papayas, Ananas und Mangos kleingeschnitten, ein Ei gebraten, ein Brötchen aufgebacken, Kaffee gekocht und das, wie sie es nennt, »Gute-Laune«-Radio angeschaltet. Ich esse sehr hastig – meine Mutter würde sagen: »Junge, schling nicht so!« –, stecke eine Flasche abgekochtes Wasser ein und sage, dass ich zum Cementerio de Colón gehe. Die Treppe laufe ich so schnell hinunter, als wäre das Meer der Gräber nur eine von oben zu erblickende Fata Morgana.

Es ist keine Fata Morgana. Das bestimmt 10 Meter hohe Marmorportal, über dessen mittlerem Rundbogen 3 Frauenfiguren thronen, ist so breit, dass zwei Totenwagen nebeneinander hineinfahren könnten. Flankiert wird es von niedrigen Gebäuden. Links die *administración*, rechts die *información*, daneben hängt ein kleines Schild: »5 CUC« (rund 5 Euro). Ich müsste erst Geld tauschen.

Weil ich nirgends ein Kassenhäuschen entdecke und mich unsicher nach Kontrolleuren umschaue, fragt ein bärtiger Mann auf Englisch, ob er mir die Geschichte des Friedhofes erklären und die berühmtesten Grabstätten zeigen soll. Als ich entgegne, dass ich kaum Englisch spreche, wiederholt eine deutsch sprechende Frau das Angebot. Mit der goldfarbenen Kette, der ordentlichen Dauerwelle und dem besorgten mütterlichen Gesicht ähnelt sie Migdalia, ist aber sehr viel jünger und trägt eine mit dem roten Revolutionsstern geschmückte Baskenmütze. Eine Mütze, wie sie Che Guevara trug und Fidel vielleicht immer noch trägt.

Ich brauche keine Führung und frage nur, ob es zur Totenstadt noch einen anderen Eingang gibt. Sie nickt. »Ja, den Ausgang!« Ich solle 10 Minuten an der gelben Mauer entlanglaufen. Sie übersetzt mir noch den Spruch am Tor: »Ich bin das Tor des Friedens«, und erklärt die Bedeutung der 3 steinernen Figuren auf dem Portal. »Sie verkünden den immerwährenden Glauben, die barmherzige Liebe und die bleibende Hoffnung.«

Die gelbe Mauer ist zwar einen Meter höher als ich, aber nicht hoch genug, um einen breiten Schatten auf den Gehweg zu werfen. Über der Mauer erblicke ich an manchen Stellen die Köpfe von lächelnden Engeln oder Jesusfiguren, die mir mit einer ausgestreckten Hand drohen oder den Weg weisen. Schließlich wird sie von einer Straße durchschnitten.

Neben dieser Straße stehen ein Tisch und zwei Stühle, auf denen sonst bestimmt die beiden uniformierten Männer sitzen, die gerade auf einem LKW verwitterte Grabsteine kontrollieren. In der Hoffnung, dass sie mich übersehen, verschwinde ich schnell zwischen den Grabstätten, kompakten Sarkophagen aus Marmor, Zement oder Granit. Sie unterscheiden sich nur durch die Namen der Toten, die Medaillons und die rechteckigen Vasen aus Beton, in denen selten frische Blumen stehen. An den mächtigen Deckplatten sind dicke Eisenringe befestigt. Damit kann man sie wahrscheinlich anheben. Aber die Gänge zwischen den Gräbern sind so eng, dass weder ein kleiner Bagger noch ein Gabelstapler hindurchfahren kann.

Links von der Hauptstraße stehen prunkvolle Mausoleen, die von Jesus, Maria, schwertschwingenden Helden und Engeln bewacht werden.

Ein Künstler hat das faltige Gesicht eines alten Mannes nach der Vorlage auf dem Medaillon mindestens dreimal überlebensgroß aus Stein gehauen. In einem aufgeschlagenen Marmorbuch stehen die Wünsche der Familie García für die Lebenden und die Toten: Liebe und Treue. Neben den individuellen Lebensgeschichten finde ich auch verewigte kollektive Zeitgeschichte in Inschriften wie »die Freunde Francos 19. 2. 1940«, »die Vereinigung der Zuckerproduzenten 1950«, »Mitglieder vom Autoclub Havanna 1955«, »Freimaurer«, »die Betriebsangehörigen der kubanischen Eisenbahn« …

Diese Grabstätten werden von Heiligen gekrönt. Nur die Königspalmen, deren Stämme so glatt wie Marmorsäulen sind, überragen sie.

Friedhofsarbeiter auf Fahrrädern pfeifen und zeigen, sobald sie in eine Grabgasse abbiegen, mit der Hand die neue Richtung an.

Nachdem ich 3 Stunden umhergelaufen bin und schon hinke, hält ein Multicarfahrer neben mir und bedeutet mir mit einer Geste, dass ich mich neben ihn setzen soll. Er würde mich bis zum Nord- oder Südportal (es gibt also zwei Eingänge) mitnehmen. Ich sage, dass ich zum ersten Mal in Havanna und zum ersten Mal auf diesem Friedhof bin. Da fährt Osvaldo für mich ein paar Ehrenrunden durch die breiteren Gassen der Totenhäuser. 20 Kilometer umfasst das Straßennetz des Friedhofs. Als ich wissen will, wie die zentnerschweren Grabplatten angehoben werden, stoppt er vor einem Sarkophag. Der kaffeebraune Kubaner zündet sich eine Zigarette aus sehr schwarzem Tabak an, holt ein Radio aus der Werkzeugkiste, sucht, bis er Salsa-Musik findet, und erklärt mir, dass er die Grabplatten mit 3 Kollegen öffnet. Nur 3 Brechstangen und Kraft. Aber jetzt ist Siesta. Er reicht mir eine kleine Flasche mit Rum.

Aus überbelegten Grüften müssen sie die sterblichen Überreste nach zwei Jahren wieder herausholen, in Zementkisten packen und, mit Namen und Datum versehen, in ein Lagerhaus bringen, wo sie bis zum Jüngsten Gericht aufbewahrt werden. Er zeigt mir löchrige Gummihandschuhe. Die zieht er an, wenn sie die großen Knochen herausholen. Knöchelchen würde er mit der bloßen Hand einsammeln. Jeden Monat bekommen sie vorsorglich eine Injektion.

Zwar kühlt mich der Fahrtwind, aber mein Gesicht brennt. Osvaldo hält an der Friedhofskapelle. Drinnen ist Schatten. Doch ich bleibe ehrfürchtig vor der offenen Tür stehen. Gott, der an der hinteren Wand als Fresko zu sehen ist, winkt mir hier nicht wie ein gütiger Vater zu, sondern droht als bärtiger junger Mann mit nacktem Oberkörper und zum Schlag ausholender Hand schon jetzt das Jüngste Gericht an. Unter ihm steht ein ganz in Weiß gekleideter schwarzer Priester. Er predigt, ohne seine Stimme zu heben. Ein monotoner Singsang. Vor ihm ist ein kleiner Sarg aufgebahrt, hinter dem vielleicht 30 sehr junge Frauen und Männer sitzen und stehen. Einige Frauen haben ihren Kopf schutzsuchend an die Schulter eines Mannes gelegt. Erst am Ende der Predigt schluchzen sie laut. Der kleine Sarg ist so leicht, dass ihn zwei Männer mühelos tragen können. Sie stellen ihn in eine Umrandung, die auf dem Dach eines silbergrauen PKW angebracht ist. Die Trauernden streuen Blumen auf das Dach des Totenautos, und die bestimmt noch keine 25 Jahre alte Mutter des Kindes küsst, weil sie nicht groß genug ist, immer nur die Seitenfenster.

Noch bevor die Trauergäste in einen Bus und die Mutter in das silbergraue Auto gestiegen sind, kurven 4 Oldtimer mit Touristen um die Kapelle und biegen in die Straße der Mausoleen ein. Zuerst ein zitronengelber offener Chevrolet, gefolgt von einem olivblauen Buick, einem grasgrünen Ford und zum Schluss einem kackbraunen Chevy. Obwohl die kubanischen Chauffeure sehr zügig fahren, schaffen es einige der strohhutbedeckten Touristen, aufzustehen, fröhlich zu winken, die Hüte zu schwenken und zu fotografieren.

Auf der linken Seite des Friedhofes laufe ich zwischen flachen schmucklosen Familiengräbern gedankenlos einem Mann in einem roten T-Shirt hinterher, der einen Strauß Blumen trägt.

Er bleibt vor einem einfachen halbmeterhohen Familiengrab stehen, wischt mit seinem Ärmel das vertrocknete Laub von der Grabplatte, steckt die Blumen – sie ähneln Astern – in eine Betonvase und schüttet Wasser aus seiner Trinkflasche hinein.

Ich gehe langsam näher, verhalte vor dem Grab, habe Hemmungen, ihn anzusprechen. Nicke ihm nur zu. Er richtet sich auf, schaut mich verwundert an und grüßt dann freundlich: »¡*Hola!*«

Als ich wissen will, wer hier begraben worden ist, zeigt er auf die Grabplatte. Sein Vater ist schon 1996 mit 70 Jahren gestorben. Er war gleich alt mit Fidel. Seine Mutter haben sie 2004 begraben.

Er würde nur ein- oder zweimal im Jahr hierherkommen, weil er oft im Ausland unterwegs ist. Als Masseur hätte er kubanische Judoka und Boxer betreut, in Spanien konnte nach seiner Behandlung der gehbehinderte Cousin von Francos Sohn wieder laufen, und in Italien hätte er sich mit einem Koch des Papstes angefreundet …

Ich nehme an, dass er mir etwas vorflunkert, doch er schreibt seinen Namen und die Telefonnummer in mein Notizbuch. Ich gebe ihm meine Adresse. Wenn er nach Deutschland kommt und Hilfe braucht, solle er mich anrufen. Schließlich bitte ich darum, ihn an seinem Familiengrab fotografieren zu dürfen. Er stellt sich in Pose und lächelt sogar.

Bevor ich gehe, möchte ich wissen, was er, ein so weit gereister Kubaner, über die Zukunft seines Landes denkt.

Sein Vater habe mit der Waffe für die Revolution gekämpft. Er sei den Ideen von Fidel – beispielsweise, dass im von Ausbeutung befreiten Kuba alle Menschen gleich gut leben müssen – immer treu geblieben.

Joaquín bemerkt, dass ich seine Worte aufschreibe, doch er fragt nicht, weshalb, und fügt ohne Pause hinzu, dass er unter dieser Sargplatte auch die Ideale seines Vaters begraben habe. Mit den Vätern würde die sozialistische Ideologie langsam sterben und die sich täglich verändernde kubanische Wirklichkeit lebendiger werden.

Joaquín: »Unter der Sargplatte sind auch die Ideale des Vaters begraben.«

Ich frage ihn nach den *cambios*, den Veränderungen, in Kuba. Doch Joaquín bleibt vage. Er hat im Ausland gesehen, dass für seine und die Arbeit der neuen *cuentapropistas*, also Selbständigen, der Kapitalismus einträglicher als der Staatssozialismus sein kann. Doch ob der Kapitalismus auch für die Armen und für die Bedürftigen in Kuba gut sein würde, weiß er nicht.

Vor der Revolution hätte man die Ärmsten, beispielsweise die Tagelöhner bei der Zuckerrohr- und Tabakernte, namenlos in einem Erdloch verscharrt. Die Besitzer der Plantagen dagegen hätten sich schon zu Lebzeiten auf dem Friedhof, der damals der katholischen Kirche gehörte, die prunkvollsten Mausoleen bauen lassen. 1963 verstaatlichte Fidel den Friedhof und nahm den Reichen die Freiheit der Luxusgrabstätten. Die Armen allerdings konnten würdiger begraben werden, je in einer mit ihren Namen

Auf dem Kindergeburtstag: Susette und Julie, die Dolmetscherin

versehenen Gruft. Die Angehörigen zahlen dafür jährlich etwa 90 Peso, also nicht einmal 4 Dollar. Mit dem Tod darf man keine Geschäfte machen. Die Kosten für die Beerdigung, von der Leichenwäsche bis zur Bestattung, übernimmt der Staat, in Havanna allein in einem Monat für rund 1000 Tote.

Als ich gehe und mich noch einmal umdrehe, beugt Joaquín andächtig seinen Kopf wie zu einem Kuss zur mächtigen Grabplatte hinunter.

Ich will den Friedhof durch das nördliche Portal verlassen und bemerke vor der *información* die junge Frau mit der Revolutionsmütze. Nachdem ich 5 Stunden zwischen Gräbern umhergelaufen bin, erscheint sie mir nun sehr viel hübscher. Ich bedanke mich für ihren Tipp am Morgen. Marciel ist 23 und studiert im vorletzten Semester

Veterinärmedizin. Weil sie sehr trocken aussehende Kekse knabbert, biete ich ihr von meinem abgekochten Wasser an. Sie polkt aus einem fast halbmeterlangen, aber hauchdünnen Plastikschlauch einen der Kekse heraus. Sie sind wirklich trocken, aber knackig und schmecken nach Knoblauch. Marciel fragt, ob ich bei meiner Exkursion die Gräber des weltberühmten Romanciers Alejo Carpentier, des Schachweltmeisters José Raúl Capablanca und das große Mausoleum für die 1890 bei einem Brand in Havanna ums Leben gekommenen Feuerwehrleute gefunden und die Statue der La Milagrosa, die 1901 an den Folgen einer Totgeburt gestorben war, bewundert habe. Bei der Beerdigung hätte man ihr das Kind zu Füßen gelegt. Doch als das Grab 13 Jahre später geöffnet wurde, hielt sie es an ihrer Brust im Arm. Seitdem wäre La Milagrosa für die kubanischen Frauen eine Heilige.

Auch zwei Deutsche – nein, nicht der Dichter Georg Weerth, der zwar in Havanna gestorben, aber dessen Grab nicht bekannt ist – wären auf dem Cementerio de Colón beerdigt worden: zwei getötete Soldaten des deutschen Kanonenbootes »Meteor«, das sich 1870 während des Deutsch-Französischen Krieges mit dem französischen Kanonenboot »Bouvet« vor dem Hafen von Havanna ein Gefecht geliefert hatte.

Ich bin zu müde für weitere Friedhofsstorys und frage nur noch, ob die Kampfgefährten von Fidel und Angehörige seiner Familie auch auf diesem Friedhof beerdigt wurden. »Nein. Bis auf die 1961 bei der erfolglosen Zwei-Tage-Aggression der USA in der Schweinebucht gefallenen Kubaner sind sie in Santiago de Cuba begraben.«

Als ich Marciel fotografieren möchte, wehrt sie heftig ab. An der Universität soll das »Komitee zur Verteidigung der Revolution« nichts über ihre Freizeitbeschäftigung erfahren. Es sei unerwünscht, vielleicht sogar verboten, dass sich Studenten, ob als *jineteras* der Liebe oder Friedhofsführerinnen, von ausländischen Touristen bezahlen lassen.

Sie würden im Studium alles umsonst erhalten: den Unterricht, die meisten Lehrbücher, die Unterkunft im Internat und das Mensaessen. All das hätten ihre Eltern – Arbeiter in einem staatlichen Tabakbetrieb in Pinar del Rio – niemals bezahlen können. Sie ist der Revolution deshalb dankbar, aber – sie nimmt die klobige goldfarbene Kette in die Hand – Schmuck zum Beispiel gäbe es nicht umsonst. Doch wir könnten zusammen im staatlichen Restaurant gegenüber noch einen Kaffee trinken.

»Heute nicht«, sage ich, und sie wünscht mir gute Tage auf Kuba. Wenn ich sie treffen möchte, sie warte an jedem vorlesungsfreien Freitag am Nordportal auf Touristen.

Wenige Schritte neben dem Friedhof steht in einem Park ein Riesen-, besser Zwergenrad. Die Gondeln aus zusammengeschweißten Eisenteilen sind blau, grün und gelb gestrichen. Daneben krümmen sich die dünnen Schienen einer bescheidenen Achterbahn. Außerdem wartet ein aus alten Achsen, einer leeren Kabeltrommel und Brettern gebautes Karussell. Und ein Kiosk. Über dem Eingang zum Park hängt ein Schild: *Jalisco* – ein Vergnügungsplatz für die Kinder. Doch das Karussell mit den im Sprung verharrenden Holzpferden dreht sich nicht, das Riesenrad und die Achterbahn stehen still, und der Kiosk ist geschlossen.

Kein Kindergeschrei. Keine quietschenden Räder. Keine Musik. Ich hätte mir all das nach der Friedhofsruhe sehnlichst gewünscht. Der Wärter (!) am Tor zum leeren Kindervergnügungspark erklärt mir, dass hier meist nur am Wochenende Kinder lärmen. Ich solle morgen, am Sonnabend, vorbeischauen.

Ein paar Straßen weiter entdecke ich zuerst Julie, die mich sucht, und höre dann schon aus großer Entfernung Musik, Gesang und lärmende Kinder. In einem von Maschendraht umzäunten, mit schattenspendenden Bäumen bewachsenen und bunten Luftballons geschmückten Hof toben zwei Clowns mit einem Dutzend Mädchen und Jungen. Frauen verteilen nach Wettspielen Süßigkeiten, und ein Kofferradio beschallt die Szene mit lauter kubanischer Musik. Am Zaun steht eine vielleicht 30-jährige Frau. Sie trägt eine schlichte weiße Baumwollbluse und schwarze, mit großen weißen Punkten gemusterte Hosen. Die Sonnenbrille hat sie auf ihr schwarzes glattes Haar geschoben. Manchmal bringt ihr ein kleiner Junge seine gewonnenen Bonbons, die er durch die Maschen des Zaunes steckt. Die Waffeln isst er lachend selber. Alle Kinder tragen Schuluniform: weiße Hemden zu weinroten Röcken oder Hosen.

Sie feiern hier einen Kindergeburtstag, sagt die Frau. Die 5- oder 6-Jährigen besuchen zwar noch den Kindergarten, lernen aber dort schon im ersten Vorschuljahr. Schuluniformen sind ein Ergebnis der Revolution, Gleichheit für alle. Die Frau findet dieses Prinzip gut. Auch wenn sie es könnte, würde sie ihrem Sohn Randall keine teuren

Sachen kaufen. Er solle sich wegen seiner Hosen und Hemden weder unter anderen Schülern ducken müssen noch erheben dürfen.

Als ich sie für ihre klugen Worte lobe, lacht sie und meint, an ihr wäre nur der Name bemerkenswert. Sie heißt Susette.

Die Geschichte ihres Namens ähnelt einem Märchen. Ihre Großmutter war in der Jugend eine besonders schöne Frau. Sie durfte als Model Schmuck präsentieren. In ihrer Nachbarschaft lebte ein behindertes Kind. Es konnte sich kaum bewegen, aber wenn ihre Großmutter dem kleinen Mädchen Ringe und Ketten zeigte, glänzten seine Augen. Es hieß Susette. Der Vater war reich an Geld, aber geizig mit Liebe. Die Liebe erhielt das Mädchen viele Jahre von der Großmutter. Auf ihren Wunsch wurde die Enkelin nach dem Mädchen Susette genannt.

Das wäre die einfache Geschichte, wie sie zu ihrem Namen gekommen ist. Die zweite, weshalb ihr Sohn heute hier einen Geburtstag feiern könne, sei komplizierter. Sie hatte Kuba verlassen, um besser leben zu können, und ging nach Mexiko. Dort wurde Randall geboren. Als er 4 Jahre alt war, kehrte sie mit ihm, aber ohne den Vater, nach Kuba zurück.

Sie zeigt auf die tobenden Kinder, die Clowns, den Kindergarten. »Randall soll hier in Sicherheit aufwachsen. Ohne Angst, dass er überfallen wird. Er wird in Kuba eine kostenlose Bildung erhalten. Und er wird nie wie manche mexikanische Kinder auf Müllhalden nach essbaren Abfällen suchen müssen. Und nie Geld für Drogen stehlen.«

Als Randall eine Handvoll Bonbons bringt und stolz

seine preisgekrönte Zeichnung, einen Löwen mit grüner Mähne, blauem Fell und roten Pfoten, zeigt, steckt mir Susette einige Bonbons in meine Hosentasche. »Sie sind aus kubanischem braunem Rohrzucker und Ananas!«

Der Junge winkt, als ich gehe. Er rennt mir bis zum Ende des Zauns hinterher. Der Vater, hatte Susette gesagt, schicke aus Mexiko weder Geld, noch melde er sich. Aber Randall fragt jeden Tag nach ihm.

Der Abend bleibt laut. Direkt vor Migdalias Haus steht ein Bus ohne Türen und Fenster. Drinnen improvisieren mehrere junge Männer mit Trompeten, Gitarren und Rasseln kubanische Rumba und amerikanischen Rock. Und schließlich dudelt bei Migdalia immer noch das Gute-Laune-Radio.

Die beiden Frauen sitzen im Korridor vor dem Fernseher. Ein Dokumentarfilm läuft: Kubanische Krankenschwestern impfen auf Haiti Dorfbewohner gegen Cholera und versprühen Desinfektionsmittel in den Hütten.

Ich bin zu müde, um es mir anzuschauen, gehe ins Bett und schlafe trotz der 5 Stunden auf dem Friedhof traumlos.

Früh am Morgen will ich mein Begrüßungsritual auf dem Balkon wiederholen. Doch der Fernseher läuft schon. Auf dem Bildschirm sind die bärtigen Männer um Fidel und Che beim Marsch durch die Sierra Maestra und bei Kämpfen gegen Batistas Soldaten zu sehen. Gewehrschüsse und »¡Viva Cuba!«- und »¡Nosotros somos Fidel! – Wir sind Fidel«-Rufe.

Auf dem Tisch steht noch kein Frühstück. Und das

Gute-Laune-Radio ist stumm. Und Maria und Migdalia stehen wie gebannt vor dem Fernseher, ohne mich zu beachten. Und als die Großmutter sich umdreht, sehe ich ihre verweinten roten Augen. Und als sie mich erkennt, schluchzt sie laut. Und umarmt mich. Und legt ihren Kopf schutzsuchend an meine Schulter. Und murmelt immer wieder: »*¡Jesús Maria, Jesús Maria – Fidel muerto!*«

Fidel Castro ist gestorben.

Gestern Abend um 22:35 Uhr.

10 Stunden zuvor hatte ich noch den Friedhof erkundet. »Ich bin das Tor des Friedens!«

Ich will diesen idiotischen Gedanken nicht zu Ende denken und stütze die schwankende Maria. Wir verharren, gefühlt eine halbe Stunde, in schweigender Umarmung. Ich wische mir ab und an mit dem Hemdsärmel die Augen und streichele die immer noch dunklen Haare der 86-Jährigen.

Migdalia schneidet mittlerweile wie am Tag zuvor Papayas, Ananas und Mangos klein, brät ein Ei, backt ein Brötchen auf und kocht Kaffee. Nur das Gute-Laune-Radio bleibt stumm.

Neun Tage würde ich in Kuba keine Musik hören. Nicht in den Restaurants, nicht in den Wohnungen, nicht in den Discos und nicht in den Konzertsälen. Morgen sollte der lang erwartete Plácido Domingo in Havanna singen. Das Konzert ist abgesagt. Kuba trauert.

Ich nippe nur am Kaffee, dann gehe ich auf die Straße und suche das Meer.

Von Joaquín, der einen Koch des Papstes massierte, einem Nacht-Privatquartier für jüngere und ältere Liebende und den »Fidel ist tot!«-Freudentänzen der Exilkubaner in Miami

Auf »meiner« *calle* 18 treffe ich keine Passanten, die ich nach *el mar* fragen könnte. An diesem Morgen laufen nur Hunde durch die von schattenspendenden Palmen gesäumte Seitenstraße. Trotz strahlender Sonne liegt eine sogar mich beunruhigende Stille über der Stadt. Ich bin froh, als ich das Scheppern von Schaufeln höre. Eine Frau und ein Mann kehren den Gehweg, kratzen das Laub aus den Schlaglöchern, fegen mit ihren Rutenbesen vertrocknete Palmwedel und Plastetüten zusammen. Ein zweiter Mann schaufelt den Unrat auf eine Schubkarre. Die vielleicht 30-jährige schlanke Müllfrau trägt einen pinkfarben leuchtenden Body, der ihre Figur wie ein Taucheranzug umschließt. Dazu im selben Farbton ein Kopftuch mit weißen Tupfen und eine feingliedrige golden glänzende Halskette. Sie würde, denke ich, bei jeder Film-Gala eingelassen. Die Männer dagegen haben verwaschene graue und blaue Arbeitsoveralls an. Ich vermeide das übliche »*¿Hola, qué tal?* – Hallo, wie geht es?« und frage nur: »Auch heute arbeiten?«

Die Frau schluckt mehrmals und nickt wortlos.

Der Mann in Grau: Fidel habe nicht gesagt: Wenn ich tot bin, lasst den Dreck auf der Straße.

Der Gehweg ist sauber, aber vor mancher Villa, deren kunstvoll geschnitzte Türreliefs und klassischer Zierrat an bessere Zeiten erinnern, liegen Balkonteile, umgestürzte Säulen und hinter dem Zaun Schutthaufen. Als ich die Straßenkehrer – Adis Maris in Pink, Reynaldo in Grau und Gilberto in Blau – nach dem Weg zum Meer frage, meinen sie, dass ich auf der 18 richtig bin. Ich erzähle, dass ich mit meinen Gedanken an Fidel am Meer allein sein möchte. Doch sie raten mir, lieber in die Berge zu fahren. In der Sierra Maestra würde ich dem *Comandante en jefe* näher sein als am Meer.

Ansonsten sollte ich die *calle* 18 immer geradeaus gehen. Sie münde direkt ins Meer.

Nicht direkt. Zuerst trennt eine zweispurige Autostraße die 18 vom Meer. Dann ein Grünstreifen, der mit seinem kurzgemähten, schon braunen und borstigen Gras wie ein abgetretener Teppich aussieht. Danach die zweispurige Gegenfahrbahn und schließlich eine 8 Kilometer lange Ufermauer, der Malecón. Ich klettere auf die Mauer. Der Atlantik schlägt sich an den Steinen schaumig.

Auf dem Malecón sitzt ein Mann in einem blauen T-Shirt. Er kaut an einer nicht mehr brennenden Zigarre, hat den Rücken zum Katzenbuckel gekrümmt und hält eine Angelschnur ins Wasser. Gefangen hat er noch nichts.

Kein guter Tag heute, meint er, gibt mir die Angelschnur zum Halten und zündet sich seinen Stumpen wieder an.

An der Mauer hängen rot umrandete Schilder, die das Angeln verbieten. Allerdings nur von Booten aus. Er hat, sagt er lachend, zu wenig CUC, um sich eine Angel zu kaufen, geschweige denn ein Boot. Für einen großen Fisch würde ihm das private Restaurant am alten Fort vielleicht 3 CUC zahlen. Aber wie soll er einen großen Fisch ohne richtige Angel fangen?

Ich wünsche ihm »Petri Heil«. Das versteht er nicht. Aber er lacht.

Die Mauer endet 500 Meter weiter an der breiten, einer Bucht ähnelnden Mündung des Almendares, der – das hatte ich im Reiseführer gelesen – Havanna von Nord nach Süd zerschneidet. Auf der rechten Uferseite erhebt sich eine aus groben Sandsteinblöcken errichtete Festung. Davor stehen Bänke und Tische unter Sonnenschirmen. Wahrscheinlich befindet sich dort das private Restaurant, in dem der Angler gern einen großen Fisch verkauft hätte. Auf den Schirmen wird für die amerikanische Lucky Strike (mit kubanischem Tabak?) geworben. Heute sitzt dort noch niemand. Am linken Ufer stehen auf einer Landzunge mehrstöckige Gebäude. Auf deren Dächern prangen weithin sichtbare Losungen: »¡Viva Fidel!« und »¡Año 58 de la revolucion!«

Nicht überall schlägt der Atlantik an den Malecón. An manchen Stellen laufen die Wellen am Strand aus, der hier aus spitzen Steinen und Felsplatten besteht. Auf einer der vom Salzwasser glatt polierten und geschwärzten Platten hockt ein Afro-Kubaner in einem grauen T-Shirt. Seine kurze Hose leuchtet in allen Regenbogenfarben. Die krausen Haare hat der Mann zu einem kurzen Pferdeschwanz gebunden. Er wälzt wohl schon eine Viertelstunde lang seinen Dalmatiner von einer Seite auf die andere und schrubbt sein Fell mit Bürste und Meerwasser.

Dondo Ismael Polo am Malecón: »Kubaner flechten auch aus Disteln Körbe.«

Ich sage: »*Fidel muerto.*«

»*Sí.*« Er trauert auch. Doch den Zeitpunkt seines Todes hätte Fidel schlecht gewählt.

Der 54-jährige Dondo Ismael Polo ist Techniker einer Samba-Band. Sie hätten 6 Konzerte in der kommenden Woche gehabt. Nun werden sie 9 Tage lang keinen Peso verdienen.

Doch die Kubaner würden auch aus Disteln Körbe flechten. Also hätte er jetzt Zeit, die Mauer seines Hauses zu reparieren und seinen Hund Mindan zu striegeln.

Zwischen den Steinen liegen vom Meer abgenagte Tierskelette. Ich schaue Dondo fragend an.

Er sagt nur: »*Orula. Santería.*«

Ich verstehe ihn nicht, und er lacht.

Der Wind weht den Duft von frischem Brot herüber. In der Bäckerei stehen viele Leute. Ich gehe zum Hintereingang, vor dem zwei Männer Plastesäcke mit Brot auf die Gepäckträger ihrer Fahrräder stapeln. Daneben sitzt eine Frau hinter einem Tisch vor der kubanischen Fahne und einem Fidel-Bild. Als ich frage, ob ich ein Foto von ihr machen darf, nimmt sie eine Kladde vom Tisch und wedelt damit vor ihrem Gesicht herum. Sie ruft einen Wachmann, der einen tarnuniformähnlichen Overall trägt. Er will meinen Presseausweis sehen. Aber ich habe keinen. Draußen vor dem Hintereingang hängt ein Spruch von Che, der übersetzt etwa lautet: »Qualität ist eine Notwendigkeit der Revolution. Wenn man Qualität vernachlässigt, verwandelt sie sich in eine raffinierte Form von Verschwendung.«

Der Wachmann erklärt mir lächelnd den Unterschied zwischen Brot und der Revolutionsideologie von Che und Fidel: Brot sollte man schnell aufessen, bevor es schimmelt. Möglichst schnell. Fidels Ideologie aber ist für immer das tägliche Brot der Kubaner. Niemals kann sie verderben. Auch nicht mit dem Tod.

Er rät mir, einfach zu fotografieren, ohne zu fragen. Wer in Kuba viel fragt, dem wird wenig erlaubt. Dann drückt er mir ein halbes, noch warmes weißes Brot in die Hand. Und die Frau drinnen macht einen Strich in ihrer Kladde.

Ich teile das Brot mit einem etwa 60-jährigen kräftig gebauten Mann, der am Eingang zum Hafen auf einer Bank an der Flussmündung sitzt. Als ich ihm erzähle, dass ich schon im Atlantik vor Labrador gefischt habe, zeigt er mir den, wie er sagt, sonst für Fremde verbotenen Hafen. Angelplätze, Stege, Lagerschuppen und Bootshäuser sind nicht preußisch akkurat angeordnet. Schon halb mit Wasser vollgelaufene Boote sind an noch seetüchtige Kähne gekettet, und viele Netze hängen nur noch als Schutz vor den gierigen Möwen über den Ladeluken. Neben den Schuppen stapeln sich Fischkisten mit zerbrochenen Böden, Tische mit 3 Beinen, undichte Benzintonnen, Bettgestelle, verrostete Bleche. Alles Gerümpel der Welt scheint hier aufbewahrt zu werden.

Irgendwer wird es irgendwann brauchen, meint der Mann und krakelt, damit ich seinen Namen richtig schreibe, in mein Notizbuch: »Victor«.

Fidel habe ihnen das Lesen und Schreiben beigebracht. Deshalb: »*¡Por siempre Fidel!* – Für immer Fidel!«

Wobei es Fidel nicht direkt gewesen sei, ergänzt er. Aber der Comandante hat zwei Jahre nach der Revolution über einhunderttausend freiwillige Alphabetisatoren – meist Schüler und Studenten – für ein Jahr als Lehrer in die Dörfer geschickt. Damals gab es auf Kuba noch 23,6 Prozent Analphabeten. Ein Jahr später nicht einmal mehr 2 Prozent.

Als ich den Hafen fotografiere, führt er mich wegen der besseren Sicht auf einen langen Steg, der aus morschen Brettern, gesplitterten Holzplatten und dünnen Latten gebaut ist und gefährlich breite Lücken hat. Ich schaue ängstlich nach unten, aber Victor beruhigt mich. Das Wasser sei hier noch nicht tief, reiche nur bis zur Brust. Was soll da passieren?

Bevor wir uns verabschieden, zeigt er auf ein baufälliges Steinhaus neben dem Hafen. Das gehört ihm. Ich könne hier schlafen, ohne etwas zu bezahlen.

Aber ich werde in die Berge gehen.

Wachmann vor der Bäckerei: »Wer in Kuba viel fragt, dem wird wenig erlaubt.«

Inzwischen spazieren die ersten Touristen am Malecón entlang. Bei einem Pärchen, er in kurzen, das heißt bis zu den Knien reichenden Hosen, Turnschuhen und Socken, sie mit ebenfalls knielangem Rock, aber in eleganten Schuhen, tippe ich auf Engländer oder Deutsche. Es sind Deutsche. Birgit und Thomas Engel aus Aschersleben! Sie wollen Kuba noch einmal kubanisch »und nicht amerikanisch« erleben.

»Weshalb amerikanisch?«

»Heute ist Fidel gestorben, und morgen werden die US-Amerikaner kommen«, sagt der Mann.

In Aschersleben – klein ist die Welt – kenne ich Bernd Malcherek, einen Büchernarren und Kämpfer gegen den Abriss der jahrhundertealten Häuser am Halken. In diesen Häusern lebten und arbeiteten Schuster, Tischler und Töpfer. Von einem 11 Meter langen Firstbalken, der über

Für Fremde verbotener Hafen

mehrere Dächer reichte, rettete er zum Beispiel zweiein-
halb Meter aus dem Abrissschutt.

Die Frau lächelt nachsichtig. Der Malcherek sei schon
als Stadtverordneter der Grünen ein, um nicht Revoluzzer
zu sagen, aufsässiger Utopist gewesen. Sie kennt den verhinderten Stadtsanierer gut, denn sie arbeitet im Haupt-
amt der Stadtverwaltung. Beim Stadtrundgang in Havanna
hätte sie gesehen, dass in der Altstadt viele Häuser statt abgerissen restauriert werden. »Hier im armen Kuba!«

Was vielleicht einfacher als in Aschersleben wäre. »Bei
uns sind die alten Gebäude inzwischen Privateigentum,
und man kann nicht von Staats wegen … Hier dagegen
sind Grund und Boden generell und die Gebäude meist
staatliches Eigentum. Die Planung ist staatlich, die Res-
taurationsfirma staatlich. Nur das staatliche Geld wird
wohl immer knapper.«

Ich müsste das doch aus der DDR kennen, meint sie. »Die war 89 an dem Ende, das Kuba noch bevorsteht.«

Der Mann widerspricht. Es sei wahrscheinlich nicht möglich, die sozialistischen Strukturen und Entwicklungen in der DDR mit denen Kubas zu vergleichen. Der VEB Werkzeugmaschinenfabrik Aschersleben, in dem er gearbeitet hatte, sei trotz der modernen Maschinen nach dem Zusammenbruch der DDR pleitegegangen, aber sofort von einer italienischen Firma aufgekauft worden und produziere heute noch. »Wenn in Kuba der Staatssozialismus zusammenbricht, welcher Investor wird die durch jahrzehntelange USA-Blockade maroden Betriebe übernehmen wollen?«

»Und wird er zusammenbrechen?«, frage ich.

»Vielleicht jetzt, nach Fidels Tod ... Er war doch so etwas wie ein Wachposten der Revolution und des Sozialismus«, meint der Mann.

Zwei Straßen weiter höre ich Sprechchöre: »¡Nosotros somos Fidel!«

Bewohner des Internats Estancios Almendares haben sich im Hof versammelt und halten Fidel-Porträts in den Händen. Ich will mir das von nahem ansehen, aber alle Tore sind mit rot-blauem Draht geschlossen. Nur eines kann man, wenn man eine dicke Schraube herausdreht, öffnen. Doch als ich es versuche, quietscht es lauter, als der Redner redet. Vorsichtig probiere ich es noch einmal. Es quietscht wieder. Zwar könnte ich das verräterische Quietschen ignorieren, aber ich frage vorsichtshalber einen am Tor stehenden Mann, ob ich hineindarf. Er marschiert sofort zu einem anderen, der neben dem Wachhäuschen hinter einem Tisch sitzt, und redet lange mit ihm. Der Mann steht auf, läuft zu einem, der vor dem Haus steht. Der zuckt mit den Schultern und geht ins Haus. Nach 5 Minuten kommt er wieder und schreitet zu dem am Tisch Sitzenden. Der winkt den am Tor Stehenden zu sich, der zu mir kommt und verkündet, dass der Direktor entschieden hätte, ich als Ausländer könnte nicht an ihrer Gedenkfeier teilnehmen.

Beim Weiterlaufen ärgere ich mich, dass ich den Rat – wer in Kuba viel fragt, dem wird wenig erlaubt –, den ich in der Bäckerei erhalten hatte, schon eine halbe Stunde später vergessen habe.

Gegenüber hat ein kioskähnlicher Laden geöffnet. Auf einer Tafel wird ein Kilo Mortadella für umgerechnet 25 Eurocent angeboten. Darüber steht die Nummer 765. Nein, Mineralwasser oder kubanische Cola hat er nicht, entschuldigt sich der vielleicht 40-jährige Verkäufer Orvelis. Er holt mir aber aus dem dunklen Hintergrund seines Ladens ein Glas Wasser. Ich will nicht wissen, ob es abgekocht ist. Stattdessen frage ich, weshalb er die Mortadella so spottbillig anbietet.

Sie wird nur an Kubaner verkauft, die eine *Libreta*-Karte haben. Die *Libreta* sei die Grundversorgung, die jedem Kubaner im Monat zustehe. 3 Kilo Reis für 20 Centavo je Kilo (umgerechnet 15 Eurocent), 30 Brötchen für insgesamt 40 Centavo, dazu Öl, Kartoffeln, Fleisch, Eier. Diese Grundversorgung hätten Che und Fidel nach der Revolution eingeführt. Seitdem ist auf Kuba niemand verhungert.

Am linken Handgelenk trägt Orvelis eine klobige Armbanduhr. Wahrscheinlich nicht spottbillig. Vielleicht kann man als Verkäufer und Verteiler von *Libreta*-Wurst manchmal etwas beiseiteschaffen, denke ich. Neben der dicken Uhr hätte ich fast das dünne Armband aus grünen und gelben Perlen übersehen. Orvelis versucht mir zu erklären, dass die Farben Grün und Gelb ein Zeichen dafür sind, dass die Träger dem Gott *Orula*, dem mächtigsten Gott der alten *Santería*-Religion, huldigen.

»*Santería?* Was ist das?«, frage ich.

»Eine Religion der Afrikaner.«

»Hier auf Kuba?«

Ich hatte angenommen, dass die Kubaner früher vor allem Katholiken waren und heute zum großen Teil Atheisten sind. Und nun eine afrikanische Religon auf Kuba?

Die Sklaven hätten sie auf die Insel gebracht. Aber um die kubanisch-afrikanischen Götter der *Santería* zu begreifen, müsste ich erst besser Spanisch sprechen und verstehen …

Migdalia hat inzwischen die Bilder im langen Flur abgehängt. Ein Maler steht auf einer Leiter und streicht. Am 19. Dezember feiern sie Marias 87. Geburtstag. Dann muss hier alles wie neu aussehen.

Der Maler Leonardo versucht, die Wand zu weißen und gleichzeitig zum Fernseher am Ende des Flures zu schauen. Fidel in der Sierra Maestra, Fidel beim Einmarsch in Havanna, Fidel als Redner in der UNO, Fidel, zwischen Kindern auf einer Schulbank sitzend, Fidel bei Schießübungen, Fidel beim Angeln, Fidel beim Zuckerrohrschneiden.

Leonardo hat mit zehntausend kubanischen Soldaten in Angola gegen die südafrikanischen Rassisten gekämpft, informiert mich Migdalia und rückt den Fernseher zur Seite, damit er den *Comandante* besser sehen kann.

Als Julie klingelt, schaut Maria vom Balkon, und ich darf den Schlüssel hinunterwerfen. Julie versteht nicht, weshalb die Wohnung schon wieder gemalert werden muss. Nirgends ist ein Schmutzfleck zu sehen. In ihrem Zimmer dagegen …

Aber Migdalia verdient mit der privaten Vermietung an Ausländer so viele CUC, dass sie sich einen Handwerker und Farbe leisten kann. Trotzdem ist es nicht immer leicht. Sie muss für die Lizenz, gleich ob das Zimmer belegt ist oder leer steht, jeden Monat 35 CUC an den Staat zahlen.

Das Telefon schrillt, Migdalia reicht mir den Hörer. Es ist Hilda. Ob ich schon wüsste? Natürlich, alle Kubaner wissen es, sage ich.

»Ja, die in den USA auch. Die Exil-Kubaner in Miami tanzen heute auf der Straße, trinken Rum und schreien: Che und Fidel! Endlich! Che und Fidel! Es fehlt noch Raúl! Das schreien sie, diese *bandidos* … diese Verbrecher.«

Sie schweigt lange atemlos. Dann spricht sie so schnell, dass ihre deutschen Worte sich aneinander festhalten müssen, um nicht verlorenzugehen: »Ich werde der Revolution, solange ich lebe, treu bleiben! Fidel wird mit seinem Mut und seiner Weisheit immer bei mir sein. Immer. Was ich auch tue.« Als müsste sie sich entschuldigen, fügt sie hinzu: »Ich weine heute nicht mit den Augen, sondern mit meinem Herzen.« Irgendwann würde sie mir ihr Leben erzählen, verspricht sie. Damit ich sie verstehe.

Julie will wie jeden Sonnabend ihren Wocheneinkauf erledigen. Sie wohnt im angrenzenden Stadtbezirk Cerro. Bevor wir mit dem Bus zu ihr fahren, erläutert sie mir vorsorglich die Transportregeln in Havanna. »Die Busse, die manchmal auch umgebaute alte Lastkraftwagen sein können, kommen nicht regelmäßig. Man wartet und hofft. Es ist ratsam, nicht direkt an der Haltestelle zu stehen, sondern 50 Meter davor oder dahinter. Denn wenn der Fahrer sieht, dass zu viele warten, hält er einfach eher oder später. Dann musst du sehr schnell rennen.«

Der Bus stoppt am Haltestellenschild. Obwohl heute, wie Julie feststellt, wenige Leute unterwegs sind, würde normalerweise niemand mehr in den Bus hineinpassen. Beim Türöffnen quillt die Menschenmasse wie der Schaum eines Feuerlöschers heraus. Julie schreit: »Du musst drücken.« Aber ich muss nicht drücken. Das machen die hinter mir. Ich fühle mich wie ein Gepäckstück, das noch in den vollen Kofferraum des Autos gequetscht wird. Klappe zu. Ich stehe, notgedrungen schlanker geworden, nicht mehr vor, sondern im Bus. Ein Peso nacional für Julie und mich. Umgerechnet sind das 4 Eurocent.

Die Engels aus Aschersleben hatten mir erzählt, dass sie in ihrem Touristenhotel 3 CUC für ein Bier bezahlt haben, etwa 3 Euro. Dementsprechend rechnete Thomas Engel für zwei Busfahrkarten ebenfalls mit 3 CUC. Aber der Fahrer gab ihm 2 zurück.

Thomas Engel ahnte nicht, dass er damit immer noch so viel bezahlt hatte wie 50 Kubaner.

Weil ich in jeder Kurve mit den anderen nach rechts oder links schwanke, versuche ich mit einer Hand einen Haltegriff zu erreichen, aber ich kann den an den Nachbarn gepressten Arm nicht bewegen.

»Manchmal singen die Kubaner im Bus«, tröstet Julie.

»Wie das, ohne zu atmen?«

Nach einer reichlichen Viertelstunde werde ich in der Nähe der *Ciudad Deportiva* – der Sportstadt – aus dem Bus hinausgeschoben. Julie erzählt, dass 2016 hier die Rolling Stones bei ihrem ersten Konzert auf Kuba kostenlos aufgetreten sind. Hunderttausende – unter ihnen Zigarren rauchende Omas – sangen und tanzten auf dem Gelände, und Millionen Kubaner sahen die Rolling Stones später im Fernsehen und sangen und tanzten und rauchten zu Hause.

Die Kubaner seien sehr kulturbegeistert. Nach der Revolution wurden Tausende Kulturhäuser gebaut und heute international geachtete Kunsthochschulen gegründet. Und die Preise für Theater, Konzert und Kino sind immer noch niedrig: Ein Ballettabend im Staatstheater kostet für Kubaner – Ausländer bezahlen europäische Preise – 20 Peso (also umgerechnet nicht einmal einen Euro), ein Kinobesuch 2 Peso und ein klassisches Konzert 10 Peso. Ein Theaterabend ist billiger als ein Kilo Süßkartoffeln auf dem freien Bauernmarkt.

Auf dem freien Bauernmarkt drängeln sich die Käufer noch nicht. Die Verkaufstische der Landwirte sind reichlich mit Zwiebeln, Apfelsinen, Melonen, Mangos, Süßkartoffeln, Tomaten, Papayas, Knoblauch, Salat, Manioks und Malangas gefüllt. In den staatlichen Läden wird das Kilo Gouda für 200 Peso nacional, also 8 CUC, das Kilo Barsch für 75 Peso (3 CUC), das Kilo Weißbrot für 12 Peso nacional, das Kilo Kaffee für 300 Peso nacional und kubanischer Rum von 150 bis 300 Peso nacional angeboten.

An dieser Stelle sind zwei weitere Zwischenbemerkungen notwendig. Erstens will ich Julies Information wiederholen, dass ein kubanischer Arbeiter, Lehrer oder Angestellter im Monat rund 500 Peso nacional, das sind 20 konvertierbare CUC (etwa 20 Euro), verdient. Und zweitens mein Versprechen, dass ich von nun an die beiden kubanischen Währungen – ein konvertierbarer CUC gleich 25 Peso nacional – weder miteinander noch in Euro oder in Eurocent umrechnen werde.

Ein Chef der staatlichen Läden hat Julie und mich als Ausländer unter den Kubanern entdeckt und führt uns persönlich in die Fleischhalle, wo er Schweineohren und Haxen anpreist. Er hätte uns gegen einen Aufpreis auch eine halbe Sau verkauft. Um ihn nicht zu enttäuschen, nimmt die Vegetarierin Julie im Nachbarladen schließlich eine große Büchse Tomatenmark mit.

An einem Gemüse- und Obststand des freien Bauernmarktes lässt sie sich Tomaten, Süßkartoffeln und Zitronen abwiegen. Der Händler ist noch keine 30, er heißt Yasmany.

Ich frage ihn, ob er um Fidel trauert.

»Ja, um den Menschen Fidel. Aber nicht um die schlechten sozialistischen Marktregelungen. Die haben er und seine *compañeros* erlassen, damit wir freien Händler keine freien Preise mehr machen können. Bei Tomatenmangel hatten Spekulanten alle Tomaten aufgekauft und trieben die Preise in die Höhe. Ein Kilo kostete fast ein Viertel der Rente eines Pensionärs. Deshalb beendete der sozialistische Staat das Experiment mit den freien Preisen auf dem freien Bauernmarkt. Schluss mit lustig! Seitdem gibt es auch hier staatlich verordnete feste Höchstpreise.«

Damit ich Yasmany unauffällig fotografieren kann, kauft Julie noch eine Malanga.

Auf dem Weg zu ihrer Wohnung mahnt sie mich, immer nach oben zu schauen. Manche Balkone sind schon so alt und baufällig, dass ab und an ein Betonbrocken herunterfällt. Beim Weiterlaufen sagt sie: »Schau immer nach unten! Auf den Gehwegen gibt es manchmal sehr große und sehr tiefe Löcher.«

»Wohin denn nun? Nach oben oder nach unten?«

»Am besten immer geradeaus.«

Sie bleibt vor einer offenen Tischlerwerkstatt stehen. Als ich beinlose Stühle, Schränke ohne Hinterwand, morsche, aber noch mit Eisenriegeln beschlagene Bretter und anderes Gerümpel ungläubig betrachte, sagt der Tischler, der in seinen weiten Hosen und einem grell bunten Hemd wie ein Künstler wirkt: »Wir brauchen hier all das Alte, um Neues zu bauen. Wir werfen in Kuba nichts weg!«

Julie fragt nach dem Biedermeierschrank, den er restauriert hat und der vor 3 Tagen noch an der Tür stand. »Hast du ihn verkauft?« Miguel nickt.

Er ist zufrieden mit seinem Leben. Für 25 Peso nacional und nach einer zwei Monate dauernden Antragsbearbeitung hat er die private Handwerkerlizenz erhalten. In 3 Monaten zahlt er, wie jetzt alle privat Arbeitenden, lediglich 210 Peso für die Krankenversicherung. Für alle anderen Kubaner ist das Gesundheitswesen kostenlos. Auch das sei eine der Wohltaten, die Fidel für sein Volk erkämpft hat.

»Fidel war schon sehr alt. Nach alldem, was er in seinem Leben erreicht hat, konnte er mit 90 beruhigt sterben«, meint der Tischler. »Als Chávez gestorben ist, haben hier viele geweint. Weil der venezolanische Revolutionär nicht mal 60 war. Ich bin kein Kommunist und auch kein Revolutionär. Das sind mir zu große Worte. Ich bin nur ein kubanischer Handwerker.« Seitdem er privat für CUC arbeitet, also kapitalistisch wirtschaftet, geht es ihm ziemlich gut. Aber offensichtlich nicht gut genug.

Der 35-Jährige ist nicht verheiratet und hat keine Kinder. »Die Frauen, die ich kennenlerne«, sagt er, »schauen jetzt auch in Kuba nur noch aufs Geld!«

Julie hat vor dem Haus, in dem sie wohnt, einen Papaya-Baum gepflanzt. So kann sie in ihrer Gasse, in der überwiegend ähnliche alte Häuser mit prunkvollen Säulen oder zumindest Säulenstümpfen stehen, den Eingang nicht verfehlen.

Allerdings wusste sie beim Pflanzen noch nicht, dass Papaya in Kuba ein umgangssprachliches Wort für Vagina ist. Wobei die Papaya auch in der Zweideutigkeit nicht völlig zu Unrecht vor dieser Tür steht. Ihre Vermieter, an deren Wohnungstür ein blauer Anker prangt, würden manchmal noch um Mitternacht von Liebespaaren aus dem Bett geklingelt. Dann räumen sie ihr Schlafzimmer und beziehen die noch warmen Betten neu. Die Frau schläft den Rest der Nacht nebenan bei den Kindern und der Mann im Sessel in der Wohnstube. Für 10 bis 20 CUC, die das liebeslustige Paar bezahlt.

Nach wie vor sei es in Kuba schwierig mit der Liebe für die jungen Leute. In den ersten Jahren nach der Revolution waren die meisten Kubaner katholisch, und die Eltern wachten streng darüber, dass die jungen Paare nicht vor der Hochzeit miteinander schliefen. Also ließen die Männer um Che und Fidel einige der von ihren Besitzern verlassenen Hotels als Herbergen für Liebespaare umfunktionieren. Hatten sie 10 Peso bezahlt, konnten Mann und Frau (nicht Mann und Mann!) eng umschlungen an dem Portier vorbei in ein Zimmer gehen. Damals gab es lediglich eine oft unüberwindbare Schwierigkeit: *No sábana –* Keine Bettwäsche zum Wechseln.

Heute sind diese ehemaligen Liebeshotels restauriert und werden wieder touristisch genutzt. Also bleiben den Verliebten in Havanna nur die Parks, die leider die ganze Nacht beleuchtet werden. Oder ein privat vermietetes Zimmer für ein paar Stunden.

Julie hat Glück. Außer in ihrer kleinen Wohnung kann sie bei Jorge Luis übernachten. Nur wenn dessen jüngerer Bruder am Wochenende nach Hause kommt, nicht. Dann teilt Jorge Luis mit ihm das Bett. Mutter Hilda (ein häufiger Name in Kuba) schläft immer auf der Couch.

»Wenn ich morgens aus der Wohnung ging, hat seine Mutter oft einen Eimer Wasser vor mir ausgeschüttet und zur Wohnungstür hinausgekehrt. Ich dachte zuerst, es sei meinetwegen. Doch das ist ein altes Ritual: Silvester, aber auch an anderen Tagen, schütten die Kubaner Wasser aus ihren Wohnungen auf die Straße, um den Dreck und die Sorgen und die Misserfolge fortzuspülen. Hilda macht das jeden Tag, um die bösen Geister und das Böse, das andere ihr wünschen, wegzuwischen«, erzählt Julie.

Bevor sie mir die berühmte Altstadt von Havanna zeigt, sollten wir uns etwas zu essen holen, schlägt sie vor. Ich stelle mich gegenüber an einer privaten Pizzabude an und lese auf der Preisliste, dass eine kleine Pizza 10 Peso, also umgerechnet (Verzeihung!) nicht einmal 50 Eurocent kostet.

Zwar steht auf dem Ladentisch ein amerikanisches Radio, doch auch der Pizzabäcker Arnaldo hat den Stecker herausgezogen.

»Das Beste, was Fidel getan hat, war der Bau von Schulen und Arztpraxen in allen Dörfern«, meint er. »Das Revolutionärste aber war die Erlaubnis, Pizza auch privat verkaufen zu dürfen. Denn kubanischer Sozialismus und italienische Pizza gehören einfach zusammen.«

Morgen will er seine Pizzeria für 5 Stunden schließen. So lange wird er wahrscheinlich in der Schlange stehen müssen, um auf dem Platz der Revolution an Fidels Urne vorbeigehen zu können.

Wir essen die mit Oregano gewürzte Gouda-Pizza auf Julies Dachterrasse, zu der von der Wohnung eine Wendeltreppe führt. Wenn man die aufgehängte Wäsche zur Seite schiebt, kann man weit über die Stadt schauen, denn in dieser Gegend sind die Häuser nicht nur mit Säulen verschönert oder verschandelt, sondern alle etwa gleich hoch. Auf den Dachterrassen stehen schwarze Benzinfässer und die Aggregate von Kühlanlagen, und Julie hat in der prallen Sonne zwölf Glasflaschen mit Trinkwasser aneinandergereiht. Nach 12 Stunden Sonnenscheindauer wird das Wasser, das sie sonst in einem Topf abkochen müsste, keimfrei sein. Das ist Julies und keine der kubanischen *inventos* – Erfindungen.

Inventos, die auch aus dem Mangel geboren werden und den Alltag bequemer machen, sind in Kuba sehr wichtig.

Ohne Erfindungsgeist würde in Havanna der öffentliche Verkehr wahrscheinlich zusammenbrechen.

In die Altstadt fahren wir mit einer *máquina*. Der Besitzer hat einen Lieferwagen zu einem Personentransporter umgebaut. Diese *máquinas*, die mindestens eine Lizenz für funktionstüchtige Räder, Bremsen und eine sichere Lenkung haben müssen, rattern immer auf derselben Marschroute hin und her.

Wir hocken in dem zum »Fahrgastraum« umfunktionierten fensterlosen Kasten auf den Seitenbänken. Die Kubaner fragen, woher wir kommen. Nachdem ich »Germania« geantwortet habe, jubelt einer von ihnen: »Deutschland gut. Deutschland Bayern München. Deutschland gut. Deutschland Bier und Deutschland Bayern München.« Er weiß es aus dem kubanischen Fernsehen.

Als die *máquina* am Park der Brüderlichkeit ihr Ziel erreicht hat, steigen wir zu zehnt aus. Eigentlich – *verdaderamente*, doch dieses Wort hat in Kuba keine bindende Wirkung –, eigentlich ist diese *máquina* nur für 6 Personen zugelassen. Aber die Kubaner stehen unentwegt, manchmal stundenlang, an den Straßen und winken jeder sich nähernden *máquina* hoffnungsvoll zu. Unser Fahrer hat zweimal gehalten, noch 4 Leute hineingepfercht und 40 Peso zusätzlich verdient.

Vom Park der Brüderlichkeit aus erblicke ich die riesengroße Kuppel des Capitolios. Ich stehe staunend, und der Bayern-Fan sagt lachend: »Kuba gut! Kuba Capitolio! Deutschland gut! Deutschland Bayern München!«

So unwirklich, wie die ersten Begegnungen in Havanna für mich sind, ist für Julie mein gestriges Gespräch auf dem Friedhof und erst recht meine Bemerkung, dass 10 Stunden nach meinem Friedhofsbesuch Fidel gestorben ist.

Doch das Unwirklichste dieses 26. November erleben wir auf dem Weg zum Capitolio. Plötzlich ruft es hinter uns: »¡*Hola, Landolf!*« Und noch einmal und lauter: »¡*Hola, Landolf!*«

Bevor wir uns umdrehen, sagt Julie: »Das kann nicht wahr sein. Du bist erst einen Tag in Havanna, läufst durch die von Menschen überquellende Altstadt und wirst mit deinem Namen gerufen.«

Uns grinst ein gut gekleideter Mann an. Meine Gedächtnismühle kreiselt. Langsam dämmert es mir, und als der Mann »*Cementerio de Colón*« sagt, erkenne ich Joaquín.

Er hätte geahnt, dass wir uns nicht erst in Deutschland, sondern schon auf Kuba wiedersehen, denn plötzlich saßen viele Kolibris auf dem Grab der Eltern. »Flogen fort, setzten sich wieder, flogen fort, kamen zurück.«

Nahverkehr in Havanna

Was wir vorhätten?

»Capitolio«, sage ich.

Das Capitolio werde noch lange stehen, das könne ich auch morgen besichtigen. Heute sollten wir zusammen essen, trinken und reden.

Er läuft sehr lange mit uns durch die Altstadt. Zeit zum Umschauen bleibt nicht, denn Joaquín erzählt, fast ohne Luft zu holen. Zuerst von den Ureinwohnern Kubas, den Indios, die vor 500 Jahren von den spanischen Eroberern nach entsetzlichen Massakern besiegt und kolonisiert wurden.

»Die Spanier nahmen den Häuptling Hatuey gefangen. Bevor sie ihn töteten, sollte er den katholischen Glauben annehmen, sonst würde er nach dem Tod nicht in den Himmel kommen, sondern in der Hölle schmoren müssen. Der Häuptling fragte: Und wohin kommt ihr Spanier nach dem Tod? – Natürlich in den Himmel. – Dann will ich in die Hölle, sagte der Häuptling und wurde von den Spaniern verbrannt.«

Joaquín führt uns ins »Sevilla«, eines der vornehmsten Hotels in Havanna. Als wir in den weichen Sesseln im Vestibül sitzen, bestellt er sofort Mojitos. »Wenn du in Kuba bist, musst du zuerst einen Mojito trinken!«

»Heute, an Fidels Todestag, an dem nirgends Alkohol ausgeschenkt wird?«

Ein Kellner lächelt, nickt zu der Bestellung, und Joaquín sagt: »Weshalb sollten Ausländer in den Touristenhotels wegen Fidels Tod auf ihre Drinks verzichten müssen?« Außerdem würde man ihn kennen. Er habe 14 Jahre in einem großen Hotel in Havanna als Chef des Koffer- und Gepäcktransportes gearbeitet.

Im Mojito aus kubanischem Rum, kubanischem Rohrzucker, kubanischer Minze und Mineralwasser überwiegt der Rum. Ich schlage Joaquín vor, dass wir mit Julies Hilfe unser Friedhofsgespräch über sein Leben fortsetzen. Noch bevor wir ausgetrunken haben, bestellt er einen zweiten Mojito.

Ich wiederhole, was er gestern Vormittag am Grab der Eltern gesagt hat: Mit seinem Vater habe er auch seine Ideale der Revolution unter der Sargplatte begraben.

»Hat dein Vater gewusst, dass du seine revolutionären Ideen nicht mehr mittragen willst?«

»Vielleicht. Er redete am Ende seines Lebens sehr wenig. Aber ich habe eine Trauer in ihm gespürt.«

»Was hat dir der Vater für dein Leben mitgegeben?«

»*Sinceridad* – Ehrlichkeit.«

»Und die Mutter?«

»*Sinceridad* – Ehrlichkeit.«

Danach muss ich nichts mehr fragen. Wenn Joaquín erzählt, lässt er andere selten zu Wort kommen.

»Hör zu! Mein Vater besaß vor der Revolution eine kleine Tischlerei. Dort baute er mit meinem Onkel Stilmöbel aus Edelhölzern. Als der Onkel eines Tages vor der Werkstatt stand, um zu rauchen, kamen Polizisten vorbei und schleppten ihn ins Gefängnis. Damals hatten die Revolutionäre um Fidel und Che in der Sierra Maestra den Kampf gegen das Regime von Batista begonnen. Doch der Onkel war kein Anhänger Fidels. Er war überhaupt unpolitisch. Trotzdem schlugen und folterten sie ihn. Erst danach schloss sich mein Vater bei Santa Clara der Rebellenarmee an. Er gehörte zu denen, die später mit Fidel siegreich in Havanna einmarschierten.

Er hat sich auch nicht beklagt, als seine Tischlerei nach dem Sieg der Revolution, also auch seinem Sieg, verstaatlicht wurde und er dort nur noch als staatlicher Angestellter arbeitete. Nicht nur sein Verdienst war höher, sondern er konnte neben seiner Arbeit studieren. Das wäre früher unmöglich gewesen. Er wurde Experte für alternative Tropenmedizin. Und blieb sein Leben lang ein Revolutionär.

Heute würde ich ihm sagen: Vater, ich habe dich nie verraten, auch wenn ich deine Ideen nicht mehr vertrete. Ich habe deine Theorie der Revolution nur auf den Prüfstein der Praxis gelegt. Das hat schon Marx, oder war es Lenin?, verlangt. Ich würde ihn fragen: Weshalb habt ihr uns früher im Namen der Revolution verboten, amerikanische Filme zu sehen? Und weshalb habt ihr immer nur gepredigt, dass der Kapitalismus schlecht ist? Ihr habt die Dialektik missachtet, denn der schlechte Kapitalismus hat den Menschen auch Gutes, beispielsweise die moderne Technik, gebracht. Das würde ich ihm heute sagen.«

Julie fragt, ob sie Jorge Luis anrufen soll, damit er ins Hotel kommt. Ich nicke.

»Hör zu!«, redet Joaquín weiter. »Mein Vater hat einen Impfstoff gegen Hepatitis C mitentwickelt. Wir mussten wegen der von den USA verhängten Blockade in Kuba alles selbst entwickeln. Dann kam 1989 der Zusammenbruch der mit Kuba verbündeten Sowjetunion. Danach besaßen wir zwar noch Freunde, aber nur noch Freunde, die selber in Schwierigkeiten steckten. Doch immer noch hatten wir den mächtigsten und reichsten Feind der Welt: die USA. Sie waren Vaters Gegner und auch meiner. Weshalb? Vielleicht weil ich als Trainer und Masseur mit Boxern gearbeitet habe. Wenn ein starker Boxer einen schwachen Boxer nicht besiegen kann, obwohl er es wieder und wieder versucht, dann wird der starke Boxer irgendwann unfair und hinterhältig gegenüber dem schwachen. Und das mächtigste kapitalistische Land, die USA, muss diese Schmach schon 57 Jahre ertragen. Durch uns, das kleine sozialistische Kuba!

Wir haben den USA militärisch Paroli bieten können. Ich war von 1980 bis 1983 bei einer militärischen Spezialeinheit. Wir entschlüsselten damals sogar die geheimsten technischen Details des modernsten Spionageflugzeugs der Amerikaner, des SR-71, des schwarzen Vogels. Auch die Flugzeugträger der USA, die vor unserer Küste lagen, haben wir angepeilt und abgehört. Diese Aktion hatte

Fidel als Chef der Armee angeordnet, vorbereitet und selbst geleitet.

Danach arbeitete ich im Hafen und studierte Metalltechnologie. Ich wurde verantwortlich für Seetransporte. Allerdings nur bis 1990, als die sozialistische Ländergemeinschaft zerbrach, die Öltanker ausblieben und unser Import um 80 und der Export um 60 Prozent schrumpfte. Wir nennen diese Zeit Spezialperiode. Damals saßen die Exil-Kubaner in Miami schon auf gepackten Koffern, weil sie annahmen, dass Fidels Kuba nicht überleben wird. Sie sitzen heute immer noch auf ihren gepackten Koffern!

Wir hatten kaum noch etwas zu essen. Um den Magen am Abend zu täuschen und nachts schlafen zu können, tranken wir viel Wasser. Wasser, in das wir andächtig einen Löffel Marmelade rührten. Alle hungerten. Alle. Gleich, ob sie Ärzte, Wissenschaftler, Doktoren, Arbeiter, Politiker oder Lehrer waren. Damals habe ich gedacht, dass es auf Kuba nur an einem Ort noch Geld und Essen gibt: dort, wo ausländische Touristen essen und schlafen! Ich begann in einem Hotel zu arbeiten, wurde der Chef der Gepäckabteilung. Die Direktoren wechselten, aber ich blieb 14 Jahre der Kofferchef. Nicht immer kamen die fachlich besten Direktoren, sondern oft die ›Revolutionäre für Geld‹. Macht frisst auch die guten Charaktereigenschaften eines Menschen auf. Das ist im Sozialismus genauso wie im Kapitalismus. Einige der weißen Chefs liebten es nicht, wenn ihnen ein dunkelhäutiger Angestellter widersprach. Sie duckten die Farbigen, die mehr wussten als sie. Wissen ist Freiheit. Ich wusste nicht nur über Koffer, sondern auch über Philosophie besser Bescheid. Doch ich bin kein Weißer!«

Julie steht auf und geht zur Tür. Dort schaut sich ein schwarzer Kubaner suchend um. Sie bringt ihn zu uns. »Das ist Jorge Luis.«

Er ist einen Kopf größer als sie und hat krause Haare. Mein erster Eindruck: ein großer lieber Junge. Und der erste Eindruck trügt nicht.

Joaquín erzählt indessen noch einmal, wie er sich, bevor er ins Ausland gegangen ist, im Hotel mit Ausländern angefreundet und einige 100 Dollar Trinkgeld angesammelt habe. Durch italienische Ärzte, die in seinem Hotel übernachtet hatten, lernte er einen Koch des Papstes kennen, der vom Stehen am Herd Rückenschmerzen hatte. Joaquín massierte ihn. Nicht nur in Italien, sondern später auch in Spanien arbeitete er als Masseur. Vom Cousin des Sohnes von Diktator Franco erhielt er nach dessen Heilung ein großzügiges Honorar und konnte dadurch weiterreisen. Trotzdem bot er überall noch Fitnessstunden an, gab Boxunterricht und lebte schließlich ein paar Jahre illegal mit einem Besuchsvisum auf Teneriffa. Dort war er auch Schweißer, Erntehelfer, Maurer und Krankenpfleger.

Jorge Luis, der mit leuchtenden Augen und offenem Mund Joaquíns Rede verfolgt, unterbricht ihn leise und fragt, ob sie in diesen Ländern auch Industriekletterer und Restauratoren brauchen.

Solche Leute würden überall gesucht, bestätigt Joaquín. »Doch bevor man aus Kuba weggeht, sollte man hier studieren und arbeiten. Dann ist man den Arbeitern in den

anderen Ländern wegen unserer guten Ausbildung überlegen. Man muss viele Ideen haben und sie durchsetzen.
Gegen alle Widerstände durchkämpfen. Das können wir.
Und was gefällt uns einfachen Kubanern? Mal ehrlich:
hübsche Frauen und Singen, Tanzen und Rumtrinken.«

Ich will noch fragen: »Und was gefällt den einfachen
kubanischen Frauen?« Aber er klopft Jorge Luis schon heftig auf die Schulter und meint: »Ich bin ein durchschnitt-
licher Kubaner. Ich fühle und denke wie die meisten. Und
du, mein Freund Jorge Luis, bist auch einer.« Dann sagt
er lachend: »Wir haben jetzt Hunger.« Die Mojitos hat er
bereits bezahlt.

Vor den 4 »El Trofeo«-Restaurants mit unterschiedlichen Preisen für unterschiedliche Bedürfnisse und unterschiedliche Geldbeutel stehen lange Schlangen. Wie in einer Bar bestimmen Einlasser, wer hinein darf. In der DDR
bewerkstelligten das infolge von Arbeitskräftemangel die
»Sie werden platziert«-Schilder.

Ein Ausländer winkt einem Türsteher mit einem
50-Euro-Schein. Doch der lässt sich entweder nicht bestechen oder kann den Geldschein nicht erkennen. Nach
einer halben Stunde dürfen wir in das preiswertere Restaurant im obersten Stock und rennen die Treppe so
schnell hinauf wie Kinder bei der Bescherung. Die bequemen Polstersessel sind mit weißen Tüchern belegt. Die
Kellner tragen Anzug und Fliege. Gefülltes Barschfilet,
mit Emmentaler Käse überbackener Serrano Schinken.

Beim Essen spricht Julie lange über ihre Sorge, dass die
deutsche Botschaft Jorge Luis eventuell kein Besuchsvisum ausstellt. Joaquín zeigt auf die grün-gelben Arm-

bänder, die er und Jorge Luis tragen. »Du musst vor dem Botschaftstermin zu deinem *Padrino*, dem *Santería*-Priester, gehen. Er wird dir raten. Und Gott *Orula* wird dich und Julie vor allem Unglück in Kuba und Deutschland bewahren. Du musst Julie dem Gott anvertrauen. Geht hin!«

Julie widerspricht. Sie möchte sich nicht einer fremden, für sie unverständlichen Religion anvertrauen. Doch Joaquín versichert, dass auch Mitglieder der kommunistischen Partei den alten Göttern Opfer bringen und die *Santería*-Priester um Rat bitten. »Vielleicht hat das sogar Fidel gemacht. Wie hätte er sonst den Hunderten Mordanschlägen entgehen können? Im Exil in Mexiko soll er auch die weiße Kleidung der *Santería*-Jünger getragen haben.«

Als wir uns verabschieden, erzähle ich Joaquín, dass ich noch einmal auf den Friedhof gehen werde, um Marciel, die Studentin der Veterinärmedizin, wiederzusehen. «Dann nehme ich frische Blumen für das Grab deiner Eltern mit.«

Von Francisco, dem früheren Nationaltrainer der kubanischen Fußballer, der als 12-Jähriger in die Berge gegangen war und den Bauern dort das Schreiben und Lesen beibrachte, dem missglückten Ausflug ins Ferienparadies Varadero und meinem ersten Pakt mit Gott Orula

Migadalia serviert mir das Frühstück immer an dem aus Edelholz gefertigten Flurtisch neben der Westminsterstanduhr. Die Frauen essen in der engen Küche. Zwei können am Tisch sitzen, während die dritte kauend neben der Anrichte steht.

Heute, am Sonntag, fehlt Maria. Besorgt frage ich, ob es ihr wegen der Trauer um Fidel schlechtgeht, aber sie ist wie jeden Sonntag schon in die Kirche gegangen. In ihrem Zimmer hängen über dem Doppelbett Bilder der Jungfrau Maria und dem gekreuzigten Jesus. In einem Regal stehen viele Apostelfiguren. Ein Bild von Fidel entdecke ich nicht.

Ich werde heute in den 150 Kilometer von Havanna entfernten, am Meer gelegenen Touristenort Varadero fahren. Noch zu Hause hatte ich den Mitgliedern der deutschen Freundschaftsgesellschaft »Cuba sí« versprochen, nach ihrer dreiwöchigen Kuba-Reise dort am Abschiedsabend aus meinen Büchern zu lesen. Was wahrscheinlich wegen der Trauer um Fidel schwierig werden wird. Denke ich. Und streiche alle lustigen Episoden.

Um 12 Uhr soll ich in Havanna abgeholt werden. Ich

freue mich auf die freie Zeit bis zur Lesung um 20 Uhr. Ich werde in der Sonne am Strand sitzen.

Denke ich.

Pünktlich steht ein Škoda Fabia (!) vor dem Haus. Der vielleicht 40-jährige mich neugierig, aber freundlich musternde Besitzer grüßt auf Deutsch: »Ich bin Boris.« Und zeigt auf den neben ihm sitzenden älteren Afro-Kubaner: »Und das ist mein Freund Francisco.«

Weil ich über das neue Auto staune, erklärt mir Boris, dass in Kuba inzwischen auch Autos und sogar Häuser privat verkauft werden dürfen. Über den Weg des Škoda von Tschechien nach Kuba verrät er nichts. Mit seinem Bruder hat er vom Vater eine private Handelsfirma für Fahrstühle übernommen. Allerdings dürfen die Aufzüge nicht an private, sondern nur an staatliche Kunden verkauft werden. Und die Reparatur der von ihnen gelieferten Aufzüge ist vorerst nur staatlichen Betrieben erlaubt.

Er sagt es ohne Häme und freut sich, dass er in zwei Stunden seinen besten deutschen Freund Michael Stibbe wiedersehen wird. »Wir kennen uns schon über 30 Jahre. Er kommt sehr oft als ›Cuba sí‹-Tourist hierher, und jedes Mal treffen wir uns.«

Nachdem wir am Malecón entlang- und an der alten Festung vorbeigefahren sind und den Tunnel unter der Meerenge durchquert haben, erblicke ich weite Grasflächen, Palmenwälder, das Meer und Sandstrände. An der *autopista* stehen Männer, die Bananenbündel oder große Fische verkaufen wollen. Boris erzählt, dass er und Francisco in der nur aus 3 Mannschaften bestehenden Altherrenliga von Havanna Fußball spielen. Franciscos Mannschaft belegt zur Zeit den zweiten Platz und seine den dritten, also den letzten. Wobei das kein Wunder wäre, denn Francisco Fariñas Gutiérrez hat schon als linker Stürmer in der kubanischen Nationalmannschaft gespielt. »Und danach war er viele Jahre Nationaltrainer.«

Ich frage Francisco nach seinem wichtigsten Tor, das er in der Nationalmannschaft geschossen hat.

»Das war das Tor, das angeblich kein Tor sein sollte! Bei den Olympischen Spielen in Montreal spielten wir 1976 gegen die Polen, die schon einmal Dritte der Weltmeisterschaft geworden waren. Es stand, und das war eine Sensation, sehr lange 0:0. Aber dann kam eine Flanke von unserem Halbrechten, ich war schneller als die polnischen Verteidiger und traf. Wir führten 1:0. Doch als ich schon die Arme hochriss, pfiff der Schiedsrichter Abseits. Das war nie im Leben ein Abseits. Es war ein Tor!«

Zumindest hatte das nicht anerkannte Tor die Kubaner derart beflügelt, dass der Fußballzwerg Kuba das 0:0 gegen den Fußballriesen Polen bis zum Schluss halten konnte.

»Weil Kuba nur wenige Verkehrsflugzeuge besaß und durch die Blockade der USA keine neuen kaufen konnte, mussten wir zu internationalen Fußballspielen oft mit einem Schiff über den Atlantik schippern. Einige aus der Mannschaft waren beim ersten Spiel noch seekrank. Während einer Rückfahrt von einem verlorenen Spiel kam unserem Dampfer das Boot von Fidel entgegen. Der *Comandante* setzte über, drückte jedem die Hand, bedankte sich und hielt eine Rede, in der er uns ansporrte, international so erfolgreich zu werden wie die kubanischen Boxer und die Baseballspieler.«

Boris, der Chilene, und Francisco, der Fußballtrainer

Auch im Jahr 1970 waren sie nach einer Auslandsreise von Fidel empfangen worden. Danach aber wurden sie sofort mit großem Applaus und Fotos in der Zeitung für einen Monat in die *zafra*, die Zuckerrohrernte, geschickt. Damals hatte Fidel dem Land das Ziel gesteckt, einen neuen Rekord aufzustellen: 10 Millionen Tonnen Rohrzucker zu produzieren. Aber dafür mussten rund 100 Millionen der 4 Meter hohen, armdicken Zuckerrohrstangen, die etwa 15 Prozent Zucker enthalten, mit Macheten geschlagen, mit Ochsenkarren oder LKW transportiert und in Zuckermühlen verarbeitet werden. Jeder Kubaner vom Säugling bis zum Greis hätte statistisch über 10 Tonnen Zuckerrohr ernten müssen. Damals standen die Betriebe still, fuhren in Havanna Taxis nur bei Notfällen, fielen Vorlesungen aus und schlossen Geschäfte, weil die Arbeiter, die Taxifahrer, die Professoren, die Verkäufer und eben auch die Sportler der Nationalmannschaften (nicht nur die Fußballer) in der *Gran zafra* – der großen Zuckerrohrernte – arbeiteten.

»Die 10 Millionen Tonnen Zucker waren zwar kein Abseits-, aber ein Eigentor, das sich Fidel geschossen hatte. Weder die Menschen noch die maroden Transportmittel, die altersschwachen Zuckermühlen oder die wenigen Raffinerien waren in der Lage, die Kampagne erfolgreich zu beenden«, sagt Francisco. Statt 10 erreichte man 8,5 Millionen Tonnen.

Am 26. Juli 1970 entschuldigte sich Fidel für diesen alle Kräfte aufzehrenden utopischen Plan beim Volk und gestand: »Ich bin verantwortlich für diese Niederlage.«

Eine andere Kampagne ist erfolgreicher gewesen. Nach der Revolution begannen die *compañeros* eines ihrer wichtigsten Vorhaben zu verwirklichen: das Analphabetentum zu beseitigen. In Kuba sollte jeder die Möglichkeit erhalten, Universitäten zu besuchen. Bauern sollten auch Agraringenieure, Direktoren von Zuckerfabriken, Biologen, Chordirigenten werden können, hatte Che gefordert.

Die Gegner der Revolution wollten nicht, dass die Bauern Wissen – also Freiheit – erhalten. Sie erschossen 31 der ersten Alphabetisatoren, die mit Fibeln, Schreibheften und Bleistiften in die Berge gezogen waren. Sie zündeten provisorische Schulgebäude an und durchsiebten die Schultafeln mit MPi-Salven.

»Ich war damals erst 12 Jahre alt, aber schon ein guter Schüler«, erzählt Francisco. »An einem Morgen habe ich der Mutter gesagt: Ich gehe heute nicht zur Schule. Ich fahre mit anderen Brigadisten in die Berge zu den Bauern und werde ihnen Lesen und Schreiben beibringen! Sie wickelte ein Hemd und eine Decke zusammen, packte Brot und gekochte Süßkartoffeln ein und umarmte mich länger als sonst. Wir waren 9 Kinder zu Hause.«

Ich frage ungläubig: »Mit 12? Du als Lehrer für Erwachsene? Mit 12 ein Alphabetisator?«

Statt zu antworten, stimmt er ein Lied an, mit dem sie sich auf dem Weg in die Berge Mut gemacht haben. »Zwölfmal mussten wir in der Provinz Granma Flüsse und Berge überqueren. Die Kaffeebauern dort lebten in strohgedeckten Holzhäusern. Am Tag arbeiteten sie auf den Feldern, und abends saßen sie mit uns bei dem spärlichen Licht der Öllampen. Ich hatte mich verpflichtet, 3 Analphabeten das Lesen und Schreiben beizubringen. Nach 6 Monaten unterschrieben sie mit ihrem Namen, dass ich ein guter Lehrer war. Ich fühlte mich damals nicht mehr wie 12, sondern wie ein Erwachsener. Ich habe meine 3 Schüler leider nie wiedergesehen. Ihnen Wissen zu geben war einer meiner Erfolge im Leben. Vielleicht sind sie heute Professoren.«

»Und dein größter Erfolg als Trainer?«

»Die knappe 0 : 1 Gruppenniederlage gegen die USA beim COPA DE ORO 2002 in Kalifornien, den die USA schließlich gewannen.«

Nach etwa zwei Stunden kommen wir in das sich fast 20 Kilometer am Sandstrand der Halbinsel Hicacos erstreckende Touristenparadies Varadero, das schon der DDR-Schlagerstar Andreas Holm besungen hatte. Das Interessanteste, das ich auf der langen Hauptstraße sehe, ist ein Simson-Moped, beladen mit einer 2-Zentner-Frau, einem guten Dutzend aneinandergebundener Malerbürsten, 3 Kartons Mineralwasser, einem Sack mit Ich-weiß-nicht-Was drin und zuoberst 3 Bündeln Holz. Wir haben Mühe, sie zu überholen. Schilder weisen den Weg zum Delphinarium, Kulturpalast, Museum und zu Hotels. Aber auf keinem steht »*Playa de Oro* – Strand des Goldes«.

Während wir das Hotel suchen, erzählt Boris, dass Varadero bis 1959 das Luxusferiendomizil von superreichen Amerikanern, kubanischen Zuckerbaronen und »großen Banditen wie Al Capone und Batista« war.

Etwas außerhalb endlich »Playa de Oro«. Das Hotel ist neu gebaut. Es könnte mit seiner großzügigen Lobby, den Bars und Pools auch in der Türkei, in Tunesien oder Ägypten stehen. Und auch die mit schlapprigen Bermudashorts an der Bar hockenden Männer unterscheiden sich nicht von denen in Antalya, Djerba und Hurghada. Zwei tragen »Cuba sí«-T-Shirts. Von ihnen erfahren wir eine der beiden schlechten Nachrichten des Tages: Der Freund von Boris, Michael Stibbe, ist heute nach einer gefährlichen Herzattacke in das Krankenhaus nach Matanzas gebracht worden. Die zweite: Boris muss um 19 Uhr wieder in Havanna sein. Das hatte er mir gegenüber zwar nicht erwähnt, aber den Verantwortlichen für den Abschiedsabend längst mitgeteilt. Doch diese Information war verlorengegangen.

»Nun bist du einmal hier«, sagt der Reiseleiter. Er wird versuchen, die Leute zu finden, damit ich vielleicht schon um 15 Uhr etwas lesen kann.

Also keine freie Zeit. Kein Meer. Kein Strand.

Ein Dutzend Touristen versammeln sich in einem Beratungszimmer. Der Reiseleiter, ein drahtiger Kubaner mit faltiger indianischer Lederhaut, fragt mich, nachdem ich von der Not der Griechen in den Zeiten des Spardiktats der »Troika« gelesen habe, nach meinen ersten Eindrücken vom sozialistischen Kuba. Nun rede ich von Fidel. Ich sage, dass ich mit den Kubanern um ihn trauere. Als ich danach über die Zukunft von Kuba mutmaße, spreche ich auch über die Möglichkeit, dass in privaten Bereichen kapitalistische Produktionsweisen entstehen könnten, über den ungleichen Verdienst von staatlich und privat angestellten Arbeitern und die Freigabe der Preise. Der kubanische Reiseleiter widerspricht sehr energisch. Alle Touristen hätten sich während der dreiwöchigen Rundreise überzeugen können, dass der Sozialismus in Kuba durch nichts und nirgendwo in Frage gestellt wird. Wahrscheinlich würde ich eine dem kubanischen Sozialismus und Fidels Revolution fremde Auffassung vertreten. Andere aus der Gruppe pflichten ihm bei. Wir streiten, bis wir wieder in der von Palmen geschmückten Lobby des Hotels stehen. Eine Frau aus Westdeutschland nimmt mich zur Seite. Sie hätte den Eindruck, dass die älteren mitreisenden ehemaligen Genossen aus der DDR von Kuba das verlangen, was sie selbst nicht geschafft haben: den Sieg des Sozialismus über den Kapitalismus. »Aber leben wollen sie hier nicht.«

Ich möchte die Chance nutzen, den morgen nach Hause fliegenden Touristen einen Brief mitzugeben. Doch weder an der Rezeption noch im Souvenirladen und auch nicht am Zeitungs- und Bücherstand gibt es ein leeres Kuvert. Findig nimmt die Frau an der Bar ein Stück Papier, faltet es und verklebt es mit einer Paste, die sie ansonsten beim Mixen in die Becher schüttet.

Boris drängt zum Aufbruch. Er möchte noch Michael im Krankenhaus besuchen.

»Dann wirst du deinen Termin in Havanna auf keinen Fall schaffen«, sage ich.

»Ein Freund ist wichtiger als alle Termine«, entgegnet er.

Matanzas ist größer als Varadero, aber in der Nacht finsterer als das gut beleuchtete Touristenzentrum. Als wir endlich vor dem Eingang zur Klinik stehen, wissen wir nicht, wo und wen wir nach dem Patienten fragen sollen. Einen Pförtner sehen wir nicht. Die Eingangstür steht weit offen, und so laufen wir aufs Geratewohl durch einen langen Flur. Nur wenige der umherwieselnden Frauen und Männer sind in das Weiß oder Blau von Medizinern gekleidet. Boris fragt eine Frau, die einen Ring mit vielen Schlüsseln trägt, nach einem Deutschen, der heute mit einer Herzattacke eingeliefert worden ist. Davon weiß Xiamara nichts, aber sie bringt uns zur Kardiologie. Im Fahrstuhl sitzt eine alte Frau auf einem Hocker. Wahrscheinlich darf nur sie die Knöpfe drücken.

Die Mitarbeiter der Abteilung essen im Flur Reis mit schwarzen Bohnen, als Beilage gegrillte Süßkartoffeln und ein gebratenes Ei.

»Außer den Magenkranken bekommen alle in der Klinik, in der bis zu 1000 Patienten behandelt werden können, dasselbe Essen. Ärzte, Techniker, Schwestern, Putzfrauen … Meistens Reis und schwarze Bohnen, die Beilagen wechseln«, sagt die Schlüsselfrau.

Der Krankenhausaufenthalt sei kostenlos, kein Kubaner – außer den *cuentapropistas* – müsse auch nur einen Peso für die Krankenversicherung oder die spätere Rente einzahlen. Alles würde aus dem Staatshaushalt beglichen. Und die medizinischen Erfolge Kubas wären international anerkannt. So betrage die Säuglingssterblichkeit in Kuba 4,7 Prozent, in den USA 5,9 und in Mexiko 16,3 Prozent. Dieser Erfolg sei auch Fidel persönlich zu verdanken. »In den ersten Jahren nach der Revolution mussten die Ärzte alle Todesfälle von Säuglingen direkt an sein Büro melden. Die Ursachen wurden genau analysiert und Gegenmaßnahmen eingeleitet. Fidels Ziel waren null Prozent. Eine medizinische Utopie. Aber besser eine Utopie, als gar nichts zu tun.«

Weil Xiamara bemerkt, dass ich mir Zahlen aufschreibe, rät sie mir, als ausländischer Tourist in einer staatlichen kubanischen Klinik keine Fragen mehr zu stellen. »Nur schauen und zuhören.« Die verantwortliche Ärztin steht vom Essen auf, als wir ihr vorgestellt werden, und öffnet die Tür zum Krankenzimmer. Michael Stibbe liegt in der zweiten Reihe des 6-Bett-Zimmers. Ich warte zuerst an der Tür. Die Flügel der Ventilatoren kreisen an der Decke. Auf dem Bildschirm des kleinen Fernsehers, der zwischen dem ersten und zweiten Bett neben Michael steht und vor dem ein Krankenpfleger hockt, schießen, schreien und morden die Helden eines amerikanischen Actionfilms. Über den Betten hängen Infusionsflaschen, Schläuche und Aufzeichnungsgeräte für Puls- und Herzfrequenz.

Kabel, die Daten nach draußen übertragen, fehlen genauso wie (das erfahre ich später von Michael) Notfall-Klingelknöpfe an den Betten. Wahrscheinlich muss hier niemand extra gerufen werden, denn sobald die Ärztin aufgegessen hat, setzt sie sich, weil Boris dolmetschen kann, an Michaels Bett. »Das macht sie oder die Schwester jede Stunde mindestens einmal«, sagt Michael.

Dieses Mal bleibt die Ärztin eine halbe Stunde und fragt und schreibt in ihr Büchlein und fragt und schreibt … Ob er in den 3 Wochen der Exkursion Berge hinaufgestiegen ist. Wie hoch die gewesen wären. Ob er dabei hastig atmen musste. Ob der deutsche Arzt ihn nach dem Einsetzen der beiden Stents vor den Anstrengungen eines Fluges und einer Kuba-Rundreise gewarnt hat. Ob sein Kopf schmerzt. Ob ihn die Erlebnisse in Kuba froh oder traurig gemacht haben.

Bevor sie geht und den vor dem Fernseher sitzenden Pfleger anweist, dass er besonders die Pulskurve des deutschen Patienten beobachten soll, sagt Michael: »Frau Doktor, mir ist kalt. Ja, kalt auf Kuba. Mich friert es, sehr. Bitte geben Sie mir doch eine zusätzliche Decke.«

Die Ärztin, die ihn gerade noch aufmunternd angelächelt hat, schaut nun, als ob er verlangt hätte, anstelle von Reis und schwarzen Bohnen abends Kaviar und Champagner zu bekommen.

»Wir haben für jedes Krankenbett eine Decke. Nur eine!«, sagt sie und geht. Aber nach einer Minute kommt sie wieder und hat eine Decke in der einen Hand. In der anderen ein Stück Papier. Michael muss auf der Inventarliste der Station den Erhalt einer zusätzlichen Decke quittieren.

»Wir verwalten hier den Mangel«, sagt die Ärztin. Und Michael ergänzt: »Ja, sie verwalten den Mangel in Kuba. Freundlich und mit herzlicher Fürsorge. Wir verwalten in Deutschland den Reichtum, aber ...«

Gegen 20 Uhr fahren wir zurück. Francisco und Boris reden über Zement, Farbe und Steine. Sie bauen gemeinsam eine Wohnung zur *casa particular*, einer gegen CUC vermietbaren privaten Unterkunft, aus.

Francisco, der Alphabetisierer, später Sportlehrer und über 25 Jahre Nationalspieler und Trainer der kubanischen Nationalmannschaft war, erhält 800 Peso Rente, also 35 CUC im Monat. Doch eine neue Hose kostet 45 CUC.

Boris hofft, dass die CUC-Währung bald abgeschafft wird. »Es darf, wie von Partei und Regierung geplant, in Kuba nur noch eine Währung geben. Dadurch können wir den Unterschied zwischen Arm und Reich leider auch nicht beseitigen. Aber wir müssen nicht mehr ständig umrechnen und die Menschen in CUC-Besitzer und Nicht-CUC-Besitzer einteilen und zuschauen, wie sich Kubaner dadurch auseinanderleben. Statt mit der zweiten Währung sollten Ausländer auch in Peso nacional bezahlen. Allerdings viel höhere Preise als die Kubaner.«

Als wir wieder in Havanna sind, frage ich Boris, wo er Deutsch gelernt hat.

»Ich habe von 1974 bis 1988 in Frankfurt/Oder gelebt und mit Michael Fußball gespielt.« Boris sieht zwar wie ein Kubaner aus, aber er ist Chilene. Wie viele andere vom Tod bedrohte Chilenen hatte er nach Allendes Sturz Asyl in der DDR erhalten. »Mein Vater Danielo war einer der Leibärzte von Präsident Allende. Er war bei ihm, als Pinochets Putschisten 1973 die Moneda stürmten und Allende sich erschoss. Danach schleppten sie meinen Vater ins Fußballstadion von Santiago de Chile, in dem Tausende Chilenen ermordet wurden. Er kam nur frei, weil …«

Doch darüber sollten wir uns ein anderes Mal unterhalten. Er will jetzt, um 21 Uhr, seinen Termin nachholen und in den nächsten Tagen versuchen, dass Michael in die kardiologische Spezialklinik nach Havanna verlegt wird.

Am Morgen versperrt mir Leonardo mit seinen Malerutensilien den Weg zum »Buenos días, Havanna!«-Balkon. Der Fernseher läuft. Fidel in der Sierra Maestra, Fidel beim Einmarsch in Havanna, Fidel als Redner vor der UNO, Fidel, zwischen Kindern auf einer Schulbank sitzend, Fidel bei Schießübungen …

Migdalia sagt streng zu Leonardo: »Pass auf, dass du nicht kleckerst!« Sie hätte ihn nicht ermahnen müssen. Heute schaut er nicht mehr zum Fernseher, sondern nur auf seine Farbeimer, den Pinsel und die Wand.

Julie holt mich zur ICAP-Gedenkfeier für Fidel ab. Das Institut für Völkerfreundschaft hat Fidel ein Jahr nach dem Sieg der Revolution gegründet. Es sollte das revolutionäre Kuba mit der Welt und die Welt mit dem revolutionären Kuba verbinden und die Solidarität der Völker untereinander befördern. Heute arbeiten in allen Provinzen Kubas über 400 Frauen und Männer im ICAP mit 2150 Freundschaftsgesellschaften in aller Welt zusammen.

Vor dem säulenflankierten Eingang der im Kolonialstil errichteten prunkvollen Villa stehen über 100 zumeist junge Kubaner. Sie rufen »*¡Yo soy Fidel!* – Ich bin Fidel!«, halten sich an den in die Höhe gereckten Händen und applaudieren den Rednern wie bei einer Siegesfeier. Ich weiß nicht, wer vor unserer Ankunft schon gesprochen hat, aber nun reden nur noch Frauen. Leidenschaftlich und laut und frei und emotional und das Pathos nicht scheuend und trotzdem kurz und knapp. Manchmal eine Hand in der Tasche der Jeans, manchmal mit geballter Faust und manchmal wild gestikulierend. Nie leise trauernd.

Die Länderbeauftragte für Italien: »Ich habe die Nachricht von Fidels Tod in Rom gehört. Ich wollte es zuerst nicht glauben. Aber dann, am Tiber stehend, dachte ich: Alle Flüsse der Welt vereinen sich im Meer, in einem Meer, das für uns Solidarität heißt.«

Die »Venezolanerin«, die während ihrer Rede mit beiden Händen wie ein angreifender Boxer herumfuchtelt: »Fidels Revolution hat auch Venezuela aus der Gewalt der USA-Konzerne befreit.«

Die »Deutsche«: »Menschen sterben, aber von manchen, wie von *compañero* Fidel, sind die Ideen unsterblich.«

Die »Kolumbianerin«: »*¡Gracias, gracias, gracias, Fidel!* Danke, Danke, Danke Fidel! Danke für deinen Internationalismus. Danke, dass du uns gelehrt hast, wie wir Widerstand leisten können. Danke, dass du uns gesagt hast, wie ehrlich die Worte sein müssen, die wir aussprechen.«

Die »Chilenin« trägt eine Sonnenbrille. »Damit niemand meine Augen sieht. Es muss, wenn die Welt noch gerettet werden kann, ein neuer Jesus auferstehen!«

In der Ferne Kanonenschläge. Ich vergesse, sie zu zählen. Neben mir sagt eine junge Kubanerin, der die schwarzen glatten Haare bis auf den Rücken fallen: »Jetzt beginnt die Zeremonie auf dem Platz der Revolution. Hunderttausende werden in den nächsten Tagen vor Fidels Urne für Sekunden verharren.«

Neben ihr steht ein älterer Mann, der seine Kleidung heute vielleicht bewusst gewählt hat: eine weiße Jacke mit rotem Streifen und eine blaue Hose – Weiß, Blau und Rot sind die Nationalfarben Kubas. Er will ein kleines Fidel-Porträt, das sich die meisten schon an ihre Blusen geheftet haben, an seiner Jacke befestigen. Erfolglos. Das Mädchen versucht, ihm zu helfen. Schließlich kleben sie es an seine Umhängetasche. Das Mädchen heißt Lauren und ist 19 Jahre alt. Weil sie »immer neugierig bleiben möchte« und obwohl ihre Eltern sehr arm sind, wird sie an die Universität gehen und Journalistik studieren. Antonio Avilas ist 63 Jahre alt, war Mathematik-Professor und ist Pensionär. »Du musst arbeiten, kämpfen und stets ehrlich zu dir und zu anderen sein. Dann wirst du *Comandante* Fidel nahe bleiben«, rät er ihr.

Zum Schluss – alle Reden waren zusammen nicht halb so lang wie eine von Fidel gewesen wäre – spricht die Chefin des ICAP.

Sie reagiert auf Äußerungen Trumps, der nach Fidel Castros Tod das »Regime der Ungleichheit« in Kuba verdammt und die Söldner euphorisch gelobt hatte, die 1961 von den USA aus Kuba angegriffen hatten. »Dieser Trump ist für uns nur ein *come mierda* – ein Scheißefresser. Ein Trump kann uns Kubanern keine Bange machen!«

Sehr lauter und sehr langer Beifall.

Ein graubärtiger Hüne von Mann, der zu seinem weiten dunkelblauen Hemd einen dunkelblauen, tief ins Gesicht gezogenen Hut trägt, geht ans Mikrofon und singt, nein, er schreit, dass Palmen sich im Sturm zwar beugen, aber niemals stürzen.

»Viele Kubaner sind Poeten«, sagt Julie. Reinier Valdés ist Poet und Sänger. Als wir ihn später treffen, meint er: »Ich musste, als ich das Lied für Fidel sang, schreien, sonst hätte ich geheult«, und lädt uns in die Bar »La Casita 18 de Artex« ein, in der er sonst jeden Freitag singt.

Nach den Reden trage ich mich in das Kondolenzbuch ein, das in einem der unteren Räume ausliegt. In dem Zimmer rahmt viel Gold die lila gepolsterten Möbel, die Spiegelwände und die Landschaftsbilder. Auch die Türflügel haben goldglänzende Beschläge und sind mit Blättermotiven geschmückt. Reichtum der Vergangenheit.

Aber in der engen Besuchertoilette der Villa fehlt Toilettenpapier. Eine sehr alte Frau an der Wache sagt, dass es oben in der Mitarbeitertoilette natürlich Papier gibt. Aber im Besucher-WC, da könnte man 10 Rollen hinlegen, und eine Stunde später würde man kein einziges Blatt mehr finden …

Im parkähnlichen Hof steht ein Baum, dessen Stamm nur von 3 Männern umfasst werden kann. Von den unteren Ästen hängen wie ein Haarvorhang Tausende Luftwurzelfäden herunter. Dünne, wie Wünsche im Wind schaukelnde Luftwurzeln, denke ich. Keiner, den ich danach frage, kennt den Namen des Baumes.

Draußen warten inzwischen moderne Busse der ICAP-

Die Studentin Lauren und der Mathematik-Professor

Reisegesellschaft. Ich sinke in den bequemen Sitz. Niemand drängelt. Alle bekommen einen Platz. Herz, was willst du mehr?

Die Busse fahren zum Platz der Revolution, aber sie halten schon kilometerweit davor. Wir steigen zwar am Ende der Menschenschlange aus, doch diese schiebt sich noch nicht als Zweierreihe vorwärts, sondern wird von durcheinanderstehenden Gruppen gebildet. Wir vom ICAP sind das Schlangennest! Und bleiben es eine ganze Weile. Noch stehen oder sitzen wir unter schattenspendenden Bäumen. Bauern kauen Zuckerrohrstängel, junge Leute schwärmen aus, um irgendwo eine Stelle mit Internetempfang zu finden, Liebespaare liegen im Gras, Männer spielen Domino.

Während wir warten, erzählt mir Yodier, der im ICAP für Kontakte zu Solidaritätsvereinen in den deutschsprachigen Ländern verantwortlich ist, wie er Deutsch gelernt hat.

»Meine Mutter war eine der kubanischen Arbeiterinnen im Reifenwerk Riesa. Als sie 1988 schwanger wurde, schickte die Leitung sie nach Kuba zurück. Ich wurde zwar nicht in der DDR geboren, aber ich bin im Mutterleib sozusagen mit deutschen Nudeln und deutscher Butter und deutscher Wurst groß geworden und besitze dadurch deutsche Gene. In meiner Jugend, die Mutter arbeitete als Leiterin eines Kinos im Osten von Kuba, und ich konnte umsonst sogar Filme wie ›Erdbeer und Schokolade‹ ansehen, also damals begann meine Mutter mit mir deutsch zu sprechen.«

In den ersten beiden Stunden sind wir 400 Meter vorangekommen und stehen nun in der Sonne. Vor uns sehen wir zwar Hunderte aufgespannte Schirme, aber noch nicht einmal die Silhouette des sich auf dem Hügel des Platzes der Revolution erhebenden Martí-Monuments. Erst dort werden wir an Fidels Urne vorbeigehen. In 5 Stunden? Oder in 6? Ich rede mir unterwegs ein: Ja, ich will es. Egal, wie viele Stunden wir hier noch anstehen. Ich will es … Ich will es … Ich will es …

Nach 3 Stunden haben wir immer noch nicht die Stelle erreicht, an der die zwischen Gittern geordnete Schlange aus dem Schlangennest herauskriecht. Ich möchte das T-Shirt ausziehen, um es mir in der prallen Sonne um den Kopf zu wickeln. Doch hier steht heute keiner mit freiem Oberkörper. Wer noch Wasser in einer Flasche hat, teilt es mit den Umstehenden, und Yodier sagt: »Kuba überlebt nur durch die Solidarität.«

Auf der linken Seite des schattenlosen Platzes nähert sich, Fahnen schwenkend, Losungen hochhaltend und Parolen rufend, ein tausendköpfiger Pulk von Studenten. Sie müssen sich auf alle Fälle hinter uns anstellen. Denke ich. Aber sie stürmen nach vorn. Nichts stimmt jetzt mehr. Vor uns stehen zusätzlich drei- oder viertausend, die sich nicht an die Regeln halten wollen …

Ich überlege, dass ich es morgen noch einmal versuchen könnte. Und als Julie erwähnt, dass Jorge Luis in der Nähe an einem alten Haus arbeitet und anschließend zur *Santería* geht und der *Padrino* auch Julie und mich erwartet, schaue ich mich unauffällig um, ob uns einer von den ICAP-Leuten beobachtet. Danach stehlen wir uns still und heimlich zurück in den Park und von dort auf eine menschenleere Straße. Ich will den Gedanken, dass ich es nicht geschafft habe, bis zu Fidel zu gehen, sondern zu den afrikanischen Göttern fliehe, nicht zu Ende denken.

Wenige Minuten später stehen wir vor einem zweigeteilten Eckhaus. Die eine Hälfte verfällt, die andere ist renoviert. An der schon verputzten Wand hängt Jorge Luis an einem Seil und streicht die Fassade. Julie sagt, dass er ein zweites Seil besitzt. Aber entgegen seinen Versprechungen würde er sich meist nur mit einem sichern. Als er uns bemerkt, klettert er auf das Flachdach, also die Terrasse des Hauses, winkt und schreit, dass wir durch die Zimmer des Hausbesitzers gehen und dann zu ihm heraufsteigen sollen.

Der Hausbesitzer Lázaro ist Besucher gewohnt. Doch meist wären es Kontrolleure von der Behörde, sagt er. Er hilft uns, durch das Chaos von Maurer- und Malerutensilien zu steigen, und geht mit auf die Dachterrasse. Jorge Luis hat das Seil ausgeklinkt, den Sturzhelm abgesetzt und seine Arbeitsklamotten gegen Jeans und T-Shirt getauscht.

Lázaro, ein Mann von vielleicht 40, erzählt stolz, dass er die eine Haushälfte für 5000 CUC gekauft hat. Nun braucht er noch einmal 10 000 CUC für die Renovierung.

»So viel verdient ein Kubaner doch nicht im ganzen Leben«, sage ich.

Er nickt. »Hier in Kuba bestimmt nicht.«

Er hat einige Jahre in Spanien und in der Schweiz gearbeitet. »Wie andere Kubaner auch. Es war eine ökonomische Notwendigkeit.« Er sagt es so, als müsste er sich dafür entschuldigen.

Doch in seinen Adern würde eben kubanisches Blut fließen. Deshalb ist er nach Havanna zurückgekommen. »Klopfe in der Schweiz an eine Tür, weil der Nachbar dir Mehl borgen soll. Da öffnet dir niemand. Hier in unserer Straße wird dir jeder aufmachen. Kubaner tragen die gegenseitige Hilfe genauso wie die Revolution im Herzen.«

»Und die Probleme beim Bau? Kein Zement, keine Steine«, frage ich.

»Die Probleme lachen wir weg. Und warten. Wenn wir keine Kohle zum Kochen haben, nehmen wir altes Holz. *No hay problema.*«

Die Dachterrasse hat Lázaro an den Kanten zentimetergenau bis zur Hälfte neu verputzen lassen. Nun teilt eine Trennlinie schon von oben das Haus in privat Neu und staatlich Alt.

Jorge Luis drängelt. »Wir müssen gehen! Der *Padrino* wartet.«

Er wartet nicht. Als wir in der 22. Straße hinter einem mannshohen Bretterzaun die Hoftür öffnen, stapelt er in einem an den Seiten und sogar oben mit Maschendraht verschlossenen Verschlag Eimer und Töpfe und räumt Steine und Stoffreste in eine Ecke. Auf dem Boden des Verschlages liegen Federn.

Nachdem der *Padrino* ihn begrüßt hat, küsst Jorge Luis die große schlanke Frau des *Padrinos* vorsichtig auf die Wange, wie es in Kuba üblich ist. Sie hat in einem Raum gegenüber dem Verschlag eine junge Frau frisiert und zupft ihr die über der Oberlippe gewachsenen Haare mit den Fingernägeln aus.

Im Wohnzimmer gießt uns *Padrino* Yunior (das ist

keine Generationsbezeichnung, sondern ein in Kuba ge-
bräuchlicher Vorname) Mineralwasser ein und räumt, bevor er uns zum Sitzen auffordert, Bilder, Hosen, Zeitungen, Notenblätter, Tonschalen und Vasen von den Sesseln.
Der Fernseher läuft. Fidel in der Sierra Maestra, Fidel
beim Einmarsch in Havanna, Fidel als Redner vor der
UNO ...

Wir sollen einen Moment Geduld haben, sagt der *Padrino*. Er muss sich für die *Santería* umziehen. Sein blau-
rot-weißes T-Shirt und die kurzen grauen Hosen lässt er
an. Aber setzt eine grün und gelb gemusterte Mütze auf.
Dann führt er uns in einen sehr schmalen, mit Trommeln,
Paketen, Tüchern, bestickten Kissen und Mineralwasser-
kisten zum Bersten vollgestopften Raum, schaltet zuerst
den Deckenventilator ein (ich hoffe, dass die Götter der
Santería mich hier vor Erkältung schützen werden), zündet zwei Kerzen an, führt, ohne sich zu verbrennen, die
Flammen an seinen nackten Armen hin und her, stellt die
Kerzen an die Ecken eines mit Ornamenten versehenen
Fußbodenquadrates, ermahnt uns, diese Fläche nicht mit
Erde zu beschmutzen, sondern nur barfuß zu betreten,
hockt sich auf den Boden, lässt Jorge Luis in die Mitte treten und beginnt, während Jorge Luis zwei besondere
Steine in den Händen hält, einen wohl 10 Minuten dauernden gleichförmigen Singsang. Nimmt eine Kette, an
der 8 kleine muschelförmige Kokosschalen hängen, reicht
sie Jorge Luis, der sie in beiden Händen schüttelt und danach dem *Padrino* zurückgibt, der sie nach mehreren
Orula-Ausrufen und nachdem er sie mit den beiden heiligen Steinen berührt hat, auf die Ornamente wirft und

zählt, wie viele der Schalen auf der nach außen gekrümmten dunklen und wie viele auf der hellen inneren Seite liegen geblieben sind, trägt die Ergebnisse als Plus- und Minus-Symbole in eine Kladde ein, wiederholt alles mehrere Male, zählt die Symbole zusammen, liest daraus, dass Jorge Luis in Zukunft ...

Sein Handy klingelt. Er telefoniert sehr lange. Dann schaut er wieder auf sein Heft und liest daraus die von *Orula* vorhergesagten Erfahrungen, Erfolge, Möglichkeiten und Ereignisse im weiteren Leben von Jorge Luis sehr laut vor. *Orula*, der schon bei der Erschaffung der menschlichen Welt zugegen war, kennt das Schicksal eines jeden Menschen. Von Jorge Luis weiß er: »Dein Gott *Changó*, der dich seit langem beschützt« – er ist der Gott des Blitzes, der Kriege und der Kraft des Mannes –, »wird bei dir sein, wenn du zur deutschen Botschaft gehst. Der Gott der Wege *Elegua* wird dich dann auf deiner Reise nach Deutschland begleiten. Aber *Orula* mahnt, dass du schon jetzt die deutsche Sprache lernen musst, dass du, wenn du mit Julie zusammenbleiben willst, nicht mehr in Havanna wohnen sollst, dass du Geduld haben musst mit ihr und sie mit dir.«

Eine Dreiviertelstunde hatten die Götter Zeit für Jorge Luis. Ich friere und versuche, mich neben dem noch nicht ausgepackten meterhohen Karton einer Trommel vor dem Wind des Ventilators zu schützen. Dann setzt sich Julie in die Mitte. Und wieder ruft der *Padrino* zuerst *Orula* an, gibt ihr die heiligen Steine, schüttelt die Kette mit den muschelförmigen Schalen, wirft sie auf die Erde, zählt das Ergebnis zusammen und bestimmt aus der Summe die

Seitenzahl in einem dicken Buch, das *Orula* geschrieben hat, und verkündet daraus, dass Julie, wenn sie zukünftig ihr Leben und ihre Liebe den Göttern anvertraut, vor allem Unglück bewahrt werden wird.

Als der Padrino weiterspricht, verzerrt sich Julies Gesicht, ihre Arme und die Schultern sacken herunter, und sie stöhnt: »*No, no, no.*«

Der Padrino hat ihr *Orulas* Orakel inzwischen vollständig verkündet. Jorge Luis wird das Besuchsvisum für Deutschland nur erhalten, wenn sie, die eingefleischte Vegetarierin, der jedes getötete Tier leidtut, zwei Hähne für *Yemayá*, den Gott des Meeres, opfert und die kopflosen Tiere zum Meer bringt.

Ich habe keine Chance, die aufgeregte Julie zu beruhigen, denn nun gibt der *Padrino* mir die Steine und die Kette mit den 8 Schicksalsmuscheln. Danach spricht der für mich verantwortliche Gott, ich glaube, es ist *Elegua*, mit dem *Padrino*, und der *Padrino* spricht mit mir. Ich müsste vor allem den Versuchungen der jungen schönen Kubanerinnen widerstehen. Ich nicke. Der *Padrino* schaut mich zweifelnd an und mahnt noch einmal: »Vor allem alte Männer sind hier in großer Gefahr.« Und als ich beteure, dass ich widerstehen werde, ergänzt der *Padrino*, dass selbst die Götter nicht vor den Versuchungen des Weibes gefeit waren. Sogar *Orula* hätte sich, obwohl er verheiratet war, durch ein Loch in der Wand heimlich an anderen Frauen ergötzt.

Die Muschelkette scheppert wieder auf den Boden. 6 Schalen zeigen mit der dunklen Seite nach oben, nur 2 mit der hellen. »*Orula* sagt, dass du …«

Der Santería-Padrino: »Hüte dich vor kubanischen Frauen.«

Das Handy klingelt. Ein Musiker will ihm eine Trommel abkaufen.

»… wenn du dich den *Orishas*, unseren alten Göttern, anvertraust und ihnen Opfer bringst, von einer sonst unvermeidlichen Krankheit und Operation verschont bleiben wirst. Die Götter werden dich auch vor missgünstigen anderen Schriftstellern schützen, deine Bücher werden noch mehr Menschen lesen, und außerdem werden die Götter dafür sorgen, dass sich deine 4 Söhne« – hier irrt *Orula*, ich habe 4 Töchter – »nicht miteinander streiten und immer in Harmonie mit dir leben werden.«

Schließlich lässt *Orula* mir noch mitteilen, dass ich künftig bei all meinen Vorhaben und Reisen von Glück, Erfolg und Weisheit begleitet werde.

Danach darf ich *Orula* konkrete Fragen stellen. Zuerst möchte ich wissen, was der Gott, der das Verhalten der

Menschen ständig beobachtet, mir rät, damit ich das Leben der Kubaner und die Entwicklung ihres Landes begreife.

»Das Schicksal Kubas?«, fragt der *Padrino*.

»*Sí*«, sage ich.

Fünfmal weiße und dreimal dunkle Schalen. »*Orula* meint, dass du alles gut beobachten und keine Begegnung vergessen darfst. Die Kubaner musst du ohne Scheu wie Freunde ansprechen, mit ihnen Rum trinken und auf deine Gesundheit achten. Und *Orula* sagt es noch einmal: Hüte dich vor kubanischen Frauen.«

Über die Zukunft Kubas spricht *Orula* nicht mit mir.

Als Opfer werde ich meinen Körper mit 5 Guaven einreiben müssen, sie dann zum Meer bringen, hineinwerfen, untertauchen …

Am Ende der *Santería* lege ich 3 CUC unter eine dicke, bunt angemalte Frauenfigur.

Wieder im Wohnzimmer, bringt uns der *Padrino* Tee. Er verdient seinen Lebensunterhalt als Musiker, hat die Musikschule in Havanna besucht, beherrscht Trommel, Posaune und Klavier und tritt mit seiner Band sogar im Ausland auf. Nicht allein der revolutionäre Kampfgeist, sondern auch der Glaube an ihre Götter hätte die Kubaner bisher befähigt, ihr Land vor den Yankees zu verteidigen, sagt der *Padrino*. Die Verbindung zu den Göttern hat er von seinem *Padrino* und nicht, wie es in Kuba üblich ist, vom Vater erlernt und der von seinem Vater und der wiederum vom Vater und der vom Vater, den die Spanier vielleicht als einen von Hunderttausenden Sklaven aus Afrika nach Kuba geholt hatten. Sie wollten die Sklaven in Kuba christlich missionieren, doch die behielten ihre afrikanischen Götter, ihren religiösen Trommelkult, die Tieropfer und die Verbindung zum Orakel. Sie vermischten ihre Religion zwar mit christlichen Ideen und denen der Revolution (Fidel erlaubte die *Santería*), aber bei allen Problemen riefen sie ihre alten Götter an.

»Dadurch sind wir Kubaner vor allen Katastrophen geschützt. Immer werden wir einen Ausweg aus den Konflikten finden. Wir können, solange wir die Verbindung zu unseren alten Göttern erhalten, jedes Problem lösen. Wird unsere Verbindung zu den *Orishas* gekappt, ist auch der Sozialismus in Kuba am Ende.«

Sagt der *Padrino*.

Und Jorge Luis umarmt Julie immer wieder und beteuert, dass jetzt alles gut werden muss mit dem Visum und seiner Reise zu ihr.

Als ich den *Padrino* noch einmal nach der Zukunft Kubas frage, weicht er aus. Er sagt lediglich, dass Fidels Macht nun von Raúl übernommen wird und dass man neue Wege in Kuba gehen muss. Die Wirtschaft und die Politik sollten wie in anderen amerikanischen Ländern gestaltet werden. »Aber ohne dass Menschen wie in Mexiko verhungern.«

Ich muss meine für die Hitze in Kuba viel zu langen Haare unbedingt kürzen lassen und hoffe, dass sich *Orulas* Weissagung über mein künftiges Glück bei allen Vorhaben vielleicht gleich jetzt – bevor ich das Opfer gebracht habe – erfüllt, und bitte die Frau des *Padrinos*, mir die Haare zu schneiden. Aber sie frisiert nur Frauen.

»Keine Ausnahme für mich? *Orula* hat doch …«
»Nein, keine Ausnahme!«

Die Tür zum Maschendrahtverschlag steht offen. Übermorgen früh, einen Tag bevor Jorge Luis zur deutschen Botschaft geht, werden dort 2 Hähne gackern. Julie jammert, dass sie noch nie ein Tier getötet hat oder töten ließ. Und dass ein Hahn auf dem privaten Markt 5 CUC kostet. So viel, wie sie in einer Woche für Brot, Gemüse, Obst und Käse ausgibt. »Mir wird schon schlecht, wenn ich nur daran denke.«

Aber Jorge Luis küsst sie und dankt ihr, dass sie mit ihm zum *Padrino* gegangen ist.

Weil ich Hunger habe, setzen wir uns in eines der kleinen privaten Restaurants, in denen es zu Reis und schwarzen Bohnen auch Fisch und Fleisch gibt, gleich ob man in Peso nacional oder CUC bezahlt. Ich esse Tintenfisch. Julie bestellt »*Tamales*«, eine in Bananenblätter gewickelte Masse aus Maismehl.

»Meine Mutter bereitet sie vorzüglich zu, und sie sind auch die Lieblingsspeise meines Gottes *Changó*«, erklärt Jorge Luis.

Während wir auf das Essen warten, regt sich mein schlechtes Gewissen: Die *compañeros* vom ICAP werden immer noch am Platz der Revolution ausharren, um sich Schritt für Schritt Fidel zu nähern.

Die Köchin bringt Jorge Luis gebratene dicke Schweinerippen zum Reis. Er sagt, wohl um Julie aufzumuntern: »Das ist das beste Schweinefleisch, das ich je gegessen habe.« Und immer wieder: »Das ist das beste Schweine-

fleisch, das ich je gegessen habe. Das beste Schweinefleisch …«

Er will uns die zwei Hähne und die 5 Guaven auf dem
Markt kaufen. Zwei Hähne für 10 CUC. Das Essen im
privaten Restaurant hat für alle insgesamt nur 8 CUC gekostet.

Migdalia und Maria sitzen zu Hause vor dem Fernseher
und schauen sich seit Stunden den Marsch der Millionen
zu Fidel an.

Weil im Fernsehen zu sehen ist, dass die Schlange nachts
kürzer wird, schlägt Migdalia vor, sofort zum Platz der Revolution zu gehen.

Aber ich bin zu müde. Wir einigen uns, morgen früh
schon um 6 Uhr aufzustehen. Dann werden wir mindestens eine Stunde, bevor die Schlange sich vorwärtsbewegt,
dort sein.

»Und wir sind der Schlangenkopf«, hofft sie.

Doch am nächsten Morgen sind wir nur der vordere
Teil des Verdauungstraktes der Schlange.

Dabei waren wir pünktlich um 6 Uhr aufgestanden.
Aber als ich auf dem »Guten-Morgen-Havanna«-Bal-
kon stand, sah ich, dass auf der Straße 20 oder 30 Busse
parkten. Dicht an dicht, und niemand saß darin.

»Sie sammeln sich, um ab Nachmittag Hunderttausende auf den Platz der Revolution zur großen Gedenk-
veranstaltung für Fidel zu fahren. Wir müssen also laufen«, sagte Migdalia.

Nachdem wir einen Kilometer an der gelben Mauer des
Cementerio de Colón entlanggegangen waren, erblickten

wir von weitem den Hügel und den über 100 Meter hohen fünfeckigen Obelisken für José Martí.

Heute müssen wir nicht kilometerweit vor den seitlichen Absperrgittern in einer großen Menschentraube warten. Wir stehen schon in der Dreierreihe zwischen den Gittern vor dem Zeltlager der Fernseh-, Rundfunk- und Zeitungsreporter aus aller Welt. Noch dösen einige Journalisten in ihren Liegestühlen – vielleicht haben sie die Nacht hier verbracht – oder sitzen, die Füße auf provisorische Schreibtische gelegt, vor ihren Übertragungswagen. Nur einige neu hinzugekommene Reporter hetzen an den Absperrungen entlang und befragen die dahinter Wartenden, weshalb sie hier 3, 4 oder 5 Stunden stehen. Einige geben, nachdem sie zum x-ten Mal die Antwort »*Yo soy Fidel* – Ich bin Fidel« gehört haben, schnell wieder auf.

Vor uns stehen zwei Männer in einem Werbe-T-Shirt für »Diabetologie. Hausärztliche Versorgung. F. Spreckelson«. Davor: »Supervision Integral«. Davor: »Obama very good«. Und davor japanische Schriftzeichen. Noch weiter nach vorn kann ich nicht blicken, die Sonne steht jetzt genau über dem monumentalen Obelisken. Hinter uns parken Krankenwagen, von denen während unserer Wartezeit keiner losfahren muss. Nur einmal tragen zwei Helfer einen Spastiker auf einer Bahre an uns vorbei zum Hügel. Und wie auf der Autobahn, wo nach einem Unfall die Autos rechts und links zur Seite fahren, um in der Mitte eine Rettungsgasse zu bilden, öffnen wir unsere Reihen, als blumengeschmückte Kinder in gelb-braunen Bienchen-Kostümen nach vorn rennen. Keiner protestiert, wenn dem Blumenkind die Großmutter, der Großvater, der Bruder, zwei Schwestern und Mutter und Vater als Begleiter hinterherlaufen.

Migdalia hat sich einen großen Hut aufgesetzt. Aber noch brennt die Sonne, der wir ausgeliefert sind, nicht erbarmungslos. Hinter uns verteilt ein Mädchen mit weißer Bluse und auffallend langen, fast bis zu den Knien reichenden schwarzen Haaren und einem goldgemusterten Haarband Zitronenbonbons. Als ich sie mit ihren Eltern fotografiere, stellt sie der Vater vor: »Dachel Lorena Almerás«, und ergänzt: »*Seis años* – 6 Jahre.«

Während der nächsten Wartestunde versuche ich, mich mit Dachels Vater auf Spanisch und Englisch zu verständigen. Es wird leichter, als er sagt, dass auch er ein *marinero*, ein Seemann, ist. Er kennt alle großen Ozeane. Sein Schiff lag auch in der Nähe von Hemingways Jacht, als der mit Fidel Schwertfische angelte. Fidel liebte Hemingway, denn Hemingway war ein großer Kämpfer. Wie er.

Endlich bewegen wir uns vorwärts. Ich vermute, dass die Kubaner umso stiller werden, je mehr wir uns dem Obelisken und der Halle nähern, in der die Urne von Fidel steht. Mitnichten. Sogar ein sehr alter Mann, den eine Frau stützt, redet nun. Das heißt, er spricht nur mich an. Ein Deutscher. Er ist 1925 in Pirna geboren und wohnt jetzt in – wie er es immer noch nennt – Karl-Marx-Stadt. Sein Vater hat den damals 15-jährigen Konrad zu Treffen von Sozialdemokraten in die Sächsische Schweiz mitgenommen. »Ich habe damals Flugblätter gegen Hitler von den Felsen ins Elbtal geworfen.« Der Mann ist sehr kurzatmig. Die Begleiterin, eine Kubanerin, reicht ihm das Asthmaspray.

Auf dem Weg zur Trauerhalle

»Teddy Thälmann konnten wir, nachdem die Faschisten ihn ermordet hatten, nicht ehren«, sagt der alte Mann. »Umso glücklicher bin ich, dass Genosse Fidel, noch bevor ich zurückfliegen muss, gestorben ist und ich dem großen Revolutionsführer heute die letzte Ehre erweisen darf.« Danach schweigt er.

Ich erinnere mich, dass ich als 12-Jähriger um Stalin geweint hatte. Mein Großvater, ein privater Steuerberater, und meine Großmutter, eine fleißige Kirchgängerin, waren, gelinde gesagt, keine Anhänger der Sowjetunion und der neuen antifaschistischen Ordnung in unserem Dorf Lohmen. In der Sächsischen Schweiz! Klein ist die Welt auf Kuba!

Ich ahnte, dass sie den Tod Stalins nicht bedauerten. Doch ich, ein Pionier, war sehr traurig. Und damit sie es nicht bemerken konnten, schlich ich mich in den Ziegen-

Defilee vor Fidels Urne

stall und heulte am Hals unserer Milchziege um Väterchen Stalin ...

Nach 3 Stunden stehen wir auf dem Hügel. Vielleicht 50 Meter vor dem Eingang zur Gedenkstätte fordert einer der vielen nicht uniformierten Ordner einen sehr graubärtigen Kubaner auf, die Mütze abzunehmen. Es ist eine zerknautschte Schirmmütze, wie sie meistens auch Fidel trug. Der Graubärtige weigert sich und entgegnet, dass er von Fidel gelernt hat, lediglich das zu machen, was er für richtig hält.

Erst vor dem Eingang zur Halle nimmt er die Mütze ab.

In der lichtdurchfluteten Halle deute ich vor Ehrenwache, Fidels Portrait und seiner unter Blumen begrabenen Urne im Gehen eine Verbeugung an. Aber ich denke in diesem Moment nicht an ihn als revolutionären Kämpfer, als Hoffnung auf die Veränderungen in lateinamerikanischen Ländern und auch nicht als den von den USA am meisten gehassten Regierungschef. Stattdessen erinnere ich mich an ein Buch, das 1987 in der DDR erschienen war und dessen 340 Seiten ich in einer Nacht verschlungen hatte. »Nachtgespräche mit Fidel«. Der brasilianische Dominikanerpater Frei Betto hatte sich vom 23. bis 26. Mai 1985 insgesamt 23 Stunden mit Fidel Castro über Religion, Revolution, Demokratie, Diktatur und die Gemeinsamkeit von Christentum und Sozialismus unterhalten.

Fidel Castro, der in der DDR immer nur als linientreuer Marxist und Verteidiger der sozialistischen Ideale verehrt wurde, hatte unter anderem gesagt: »In Jesus begegnet uns eine uneingeschränkte Option für die Armen [...] Ich denke, Marx hätte die Bergpredigt unterschreiben können.« Fidel, der von sich behauptete: »Ich bin kein Kommunist und bin auch nie einer gewesen«, meinte, dass auch der christliche Glaube die sozialistische Gesellschaft positiv beeinflussen könnte.

Der *Comandante* blieb ein Vertrauter und Freund des brasilianischen Paters. Gestern hatte Frei Betto erklärt: »Es starb der letzte große Führer des zwanzigsten Jahrhunderts; der Einzige, der den Erfolg seines eigenen Werks erleben durfte, der kubanischen Revolution.«

Als wir vom Hügel hinuntergehen, Migdalia wischt sich die Augen, traben wir wie aus einer Koppel entlaufene Pferde außerhalb der Wege über den Rasen. Die Warteschlange auf der Gegenseite ist inzwischen bestimmt schon 3 Kilometer lang. Doch aus der Entfernung sehen wir nicht, ob sie sich vorwärtsbewegt.

Wir laufen wieder an der Mauer des Friedhofs entlang. Migdalia erzählt, dass Fidel nicht hier, sondern, nachdem seine Urne durch alle Provinzen gefahren worden ist, am Sonntag in Santiago de Cuba auf dem Friedhof neben Martí und den Helden der Revolution beerdigt wird.

Das weiß ich schon, denn Andreas Knobloch, der ND-Korrespondent, hatte mir dieser Tage ein Gespräch mit dem Deutschen Michael Diegmann versprochen, der zurzeit mit Kubanern die Kuppel vom Capitolio restauriert. Gestern rief er an, weil Michael Diegmann in aller Frühe nach Santiago de Cuba fahren musste, um dort den Grabstein für Fidel mit vorzubereiten. Ein Granitblock, auf dem nur eine Metallplatte mit der Inschrift »FIDEL« angebracht werde. Nichts weiter.

Von der Großmutter Maria, für die Trump ein »schlimmer Hallodri« ist, einem in Kuba nicht einlösbaren 30 000-Euro-Scheck und den Skeletten der Tieropfer am Malecón

In der Wohnung sagt Großmutter Maria, dass ich mir unbedingt das Revolutionsmuseum anschauen müsse. »Das habe ich mitgegründet.«

Und weil ich sie ungläubig anschaue, meint sie, wir sollten in mein Zimmer gehen. Dort werde sie mir erzählen, weshalb sie erst mit 14 Jahren ihre ersten Schuhe bekommen hat. Sie setzt sich auf die Bank, die unter einer Grafik mit einer nackten kubanischen Schönen steht. Zeigt nach oben und lacht.

Und beginnt von dem großen Zuckerrohrfeld zu erzählen, das ihnen nicht gehörte, und von dem kleinen Haus, dass ihr Vater gebaut hatte. Der Fußboden – festgestampfte Erde. Die Wände – zusammengenagelte Bretter. Das Dach – fächerförmig übereinandergelegte Wedel der Königspalme. Innen gab es zwei Zimmer. Keine Elektrizität. Holzfeuer. Öllampe. »Jeden Sonnabend wuschen sich alle in einem Bottich. 5 Mädchen, ein Junge und die Mutter und der Vater.«

Der Vater schnitt für den Großgrundbesitzer Zuckerrohr.

»In der toten Zeit nach der Ernte mähte er Gras. Manchmal hatte er keine Arbeit und wir keine Krume Brot. Noch ärmer waren die Köhler, die für die Zuckerfabriken in Holzmeilern Kohle herstellten.«

Die Schule konnte Maria nur in der ersten Klasse besuchen. »Die dicke Luisa war unsere Lehrerin. Doch als sie krank wurde, kam keine neue.« Maria ist heute noch Analphabetin.

Mit 11 Jahren putzte sie beim Apotheker zweimal in der Woche das Haus und wusch und fütterte täglich die Kinder. Dafür gab er ihr 5 Peso. Die Mutter, die für Wohlhabende die Wäsche wusch und bügelte, erhielt mehr. »Trotzdem war ich bestimmt glücklicher als sie über das von mir verdiente Geld.«

Der Vater wurde von den *hacendados*, den Grundbesitzern, in Naturalien entlohnt. Deshalb konnte er Maria auch keine Schuhe kaufen. »Ich trug Sohlen aus Plaste. Die waren mit Schnüren festgebunden. Aber als ich 14 Jahre alt wurde, erhielt ich sie: meine ersten Schuhe! Sie waren weiß und an der Spitze mit einem grünen, einem roten, einem gelben Kreuz und einem glitzernden Punkt aus Metall geschmückt. Um Mitternacht bin ich heimlich aufgestanden, habe die Lampe angezündet und mich vor den Spiegel gestellt. Ich hatte zwei Diamanten an den Füßen. Wir hatten kein Radio. Menschen mit viel Geld besaßen ein großes Radio, aber ich, ich hatte richtige Schuhe.«

Später nähte sie Kleider. Mit 17 Jahren bekam Maria ihr erstes Kind. Der Mann war, wie sie sagt, ein Hallodri, der nicht arbeiten wollte. Sie ließ sich scheiden und hat seine Fotos aus ihrem Album herausgerissen.

Sie schweigt einen Moment und meint, dass sie nichts

mehr aus ihrem Leben erzählen möchte. Dafür aber über ihren Vater.

Ich solle dessen Geschichte aufschreiben. Doch dafür müsste ich wissen, wie die reichsten Kubaner und die noch reicheren US-Amerikaner vor der Revolution auf Kuba gelebt hätten.

»Je ärmer wir waren, umso besser ging es denen. Wir hatten kein Geld, um von unserem Dorf in die großen Städte zu fahren. Aber manchmal kamen Verwandte aus den großen Städten zu uns und erzählten, wofür die *hacendados* dort ihr Geld ausgaben. Sie ließen sich prachtvolle Villen bauen, sie gingen zu den schönsten Prostituierten, in die größten Hotels, die teuersten Restaurants und die dunkelsten Spielhöllen. Sie machten unser Kuba zum Sodom und Gomorrha für die Yankees. Die kamen mit der Fähre hierher. Sie wollten mit ihren Ausschweifungen nicht das eigene Land beschmutzen. Dazu brauchten sie Kuba. Mit dem Gewinn aus Zucker und Tabak ließ Batista, dieser Hurensohn, dieser Knecht der USA, weder Schulen noch Krankenhäuser für die Armen bauen. Nein, nur Bordelle und Spielhöllen für die Amerikaner.« Das müsste ich wissen, damit ich die Geschichte ihres Vaters verstehen könnte, sagt Maria.

»Viele Jahre war in Kuba das Leben immer gleich. Der Vater schnitt Zuckerrohr und danach Gras, und die Mutter wusch Wäsche. Dann landete Fidel am 2. Dezember 1956 mit der ›Granma‹ und 81 Revolutionären im Osten. Nur 12 schafften es, sich in die Berge der Sierra Maestra durchzuschlagen. Doch viele Bauern schlossen sich den *compañeros* an. Und alles änderte sich.

Batistas Soldaten streiften durch die Dörfer und verhafteten und folterten. Sie erschossen jeden, der in den Verdacht geriet, die Revolutionäre zu unterstützen. Unser Vater traf sich nachts im Schutze der mannshohen Zuckerrohrstauden mit anderen Bauern. Sie verfassten ein Flugblatt und sammelten Geld für die Revolutionsarmee. Nur die Mutter wusste das, aber sie schwieg. Sie wollte uns Kinder nicht mit ihrer Angst anstecken. Angst vor dem eventuellen Tod des Vaters. Von dem gesammelten Geld kauften die Bauern Gewehre für die Revolutionäre.«

Erst später, als die Todesangst dem Jubel über den Sieg der Revolution gewichen und Batista mit der Staatskasse geflohen war (»Sie hätten den Mörder nicht davonfliegen lassen dürfen, sondern erschießen müssen!«), erzählte der Vater den Kindern von den Nächten auf den Feldern. Die Revolutionäre machten ihn zum Chef der Polizeistation. Er erhielt ein Stück Land, baute mit einem Freund ein Haus aus Steinen. Alle im Ort bekamen Elektrizität, einen Arzt, und die Kinder konnten zur Schule gehen.

»Aber unser Vater blieb ein einfacher Mensch. Er war glücklich, weil er für die Familie ein Steinhaus gebaut hatte. Und er begann Schreiben und Lesen zu lernen. Zuerst konnte er die Namen seiner 6 Kinder schreiben. Alles hätte gut werden können. Aber er vergiftete sich an einem schlechten Stück Fleisch. Er bekam eine Embolie und war fast 5 Monate, wie Mama sagte, ein ›Mann ohne Gedanken‹. Vom Staat erhielt er kostenlos sehr viele teure Medikamente, doch er wusste, dass er trotz dieser Medikamente nie wieder gesund werden würde. Wie wir früher regelmäßig im Bottich gebadet hatten, ging er nun sonnabends vor dem Essen zum Duschen. Einmal kam er nicht zurück. Wir fanden ihn im Schuppen. Er hatte sich an einem Balken aufgehängt. Er war kein Analphabet mehr und hatte uns einen kleinen, seinen ersten Brief geschrieben. Darauf stand: ›Das viele Geld, das die Revolution für meine Medizin ausgeben muss, soll sie für andere, denen die Medizin noch hilft, verwenden.‹«

Großmutter Maria schweigt. Schließlich sagt sie: »Mein glücklichster Tag war, als *Comandante* Fidel mit seinen *compañeros* in Havanna einmarschiert ist. Der traurigste war der Tod meines Vaters und der meines zweiten Mannes. Er starb vor 25 Jahren. Obwohl er nebenan auf dem Cementerio de Colón liegt, gehe ich schon lange nicht mehr zu seinem Grab. Ich möchte auch nicht, dass später einer zu meinem Grab kommt. Vom Friedhof schleppst du nur die Trauer mit ins Haus. Sie hockt dann wie ein böses Tier in der Wohnung und saugt dir die Lebenskräfte aus. All die Kraft, die man hier täglich für das Leben braucht.«

Maria zählt auf, dass sie 7 Jahre lang in einer Abteilung der Kriegsmarine gekocht, in einer Molkerei gearbeitet und ihr Geld als Näherin und Wäscherin verdient hat.

»Und das Revolutionsmuseum mitgegründet?«, frage ich ungläubig.

»Ja, ich bin eine der Gründerinnen. Ich war von Anfang an dabei. Ich habe dort 8 Jahre geputzt.«

Sie steht auf, geht in ihr Zimmer, kommt mit einem alten Umschlag zurück und zeigt mir zwei Bilder. Zuerst einen farbigen Druck der Gottesmutter Maria und dann das mit Bleistift gezeichnete Porträt einer schönen jungen

Frau. Maria vor 65 Jahren. Das Blatt ist schon vergilbt,
die Ecken sind eingerissen.

»Man müsste es rahmen lassen«, sage ich.

»Ja, wenn ich einmal Geld habe, werde ich in die Stadt
gehen und mir einen Rahmen kaufen.«

Sie steckt die beiden Marias wieder in den Umschlag
und murmelt: »Gott möge unser kubanisches Volk be-
schützen.« Und im gleichen Atemzug, nur etwas lauter:
»Fidel war auch immer für andere da. Wie Jesus. Er hat
uns erst aus der Masse der Armen zu einzelnen Menschen
gemacht. Zu einzelnen denkenden Menschen.«

Ich frage, was nach Fidels Tod aus Kuba werden wird.

»Raúl ist nicht Fidel. Fidel erklärte die Politik, die Welt
und das Leben so einfach, dass auch ein ungebildeter
Bauer alles verstanden hat.« Heute sei alles komplizierter.

»Dazu dieser Trump! Weshalb haben die Amerikaner

freiwillig solch einen schlimmen Hallodri gewählt? Er wird uns Guantanamo, das Stück Kuba, das sie sich angeeignet haben, nicht zurückgeben, sondern dort weiter foltern. Von dort werden auch die amerikanischen und kubanischen Kapitalisten kommen, um Kuba zu erobern. Sie wollen nicht mehr an das Unrecht erinnert werden, das sie unserem Volk angetan haben. Sie sprechen nur noch von den Ländereien, den Zuckerrohrfabriken und den Villen, die sie wiederhaben möchten.«

Außerdem würde dieser Trump keine Migranten in seinem Land dulden. »Doch dort leben auch unsere Landsleute, die Kubaner, die gegen Fidel waren. All diejenigen, die aus Kuba geflohen sind. Wo werden sie hingehen? Was wird aus diesen heimatlosen Menschen? Darüber muss ich in den schlaflosen Nächten oft nachdenken. Mir bleibt nicht mehr viel Zeit zum Leben. Aber diese jungen Menschen? Was wird aus ihnen?«

Sie geht in die Küche, um Reis und schwarze Bohnen für das Mittagessen zu kochen. Maria erklärt mir, dass man die schwarzen Bohnen mindestens eine Nacht einweichen muss, sonst bleiben sie hart. Alles braucht seine Zeit.

Unten stehen inzwischen noch mehr leere Busse. Maria: »Es ist gut, dass heute Hunderttausende zum Platz der Revolution gefahren werden. Aber vielleicht verbraucht man dabei die Staatsreserven an Erdöl, und es wird wieder Stromabschaltungen geben.«

Ich tröste, dass sie doch mit Gas kochen. Und nehme mir vor, Maria in den nächsten Tagen einen Bilderrahmen für ihr Porträt zu kaufen.

Julie und ich fahren nicht mit einem der Busse, sondern laufen am Friedhof vorbei. Auf der breiten Allee vor dem Platz der Revolution malen sich ein Mädchen und ein Junge gegenseitig mit bunten Stiften »FIDEL« auf die Stirn. Ein Mann versucht, von einem langen, frisch abgesägten Ast alle Seitentriebe abzuschneiden. Es gelingt ihm nicht. Und als er die kubanische Fahne oben angebunden hat, flattert darunter wie ein Wimpel ein Zweig mit grünen Blättern. Der Mann geht, die provisorische Fahne in die Höhe haltend, sehr schnell die Allee entlang und drängt sich dann in das Menschenmeer. Um vielleicht die Bühne mit den aus aller Welt angereisten Staatsoberhäuptern zu sehen, drängelt Julie weiter nach vorn. Aber ich will in der Nähe unseres Fahnenträgers bleiben, denn in der Menge würden wir wahrscheinlich auseinanderdriften.

Eine junge Frau vor uns hat eine bessere Sicht. Sie sitzt auf den Schultern eines kräftigen Mannes und fotografiert von oben. Wahrscheinlich ist sie leichter zu ihm hinaufgeklettert, als sie herunterkommt. Ich helfe ihr. Tatrana Monge Herrera kommt aus Costa Rica, ihr bärtiger Untermann Pablo Ascanio Oro aus Puerto Rico. Beide studieren an der international renommierten Filmhochschule in San Antonio. Tatrana schreibt zur Zeit ein Drehbuch für einen 90-Minuten-Film, in dem eine junge Frau, die noch nicht weiß, wie, wofür und wo sie leben soll, durch die Welt reist.

Ich frage, ob sie ihr kräftiger Mann, wenn sie die Welt erkunden würde, bei solch einer Reise begleiten sollte.

»Nein«, sagt sie. »Pablo ist nicht mein Mann, nur eine schöne Romanze.« Er würde sie alleine fahren lassen. »Jeder sollte frei für sich entscheiden können. Auch das haben wir hier gelernt.«

Sie fühlen sich in Kuba wohl. Im Gegensatz zum Leben in ihren Ländern würden sie hier die Sicherheit, die Solidarität der Menschen untereinander und die Förderung und Würdigung der Kultur spüren.

Tatrana redet noch einmal über ihr Filmprojekt. »Am besten ist es, wenn jeder Mensch wie ein Fluss seinen Lauf bestimmt und danach im Meer endet, in dem alle Flüsse münden.«

»Ja«, bestätigt ihre »Romanze«, »wie hier auf diesem Platz.«

An der kubanischen Filmhochschule studieren viele ausländische Kommilitonen. 70 Prozent der Studienkosten bezahlt der kubanische Staat. Sie würden sich allerdings auch zum Teil selbst versorgen. »Wir halten sogar Schweine an der Hochschule«, sagt die junge Frau. Vor einigen Jahren hätte es ihr dort wahrscheinlich noch besser gefallen. Damals besaß die Schule einen großen Garten, den ein kubanischer Vegetarier angelegt hatte. Doch die neue Leitung wollte lieber Schweine statt Malangas.

Vegetarier! Ich sollte von einem deutschen Verein vegetarische Rezepte an einen kubanischen Vegetarier übergeben. Doch in diesen Tagen, in denen Kuba trauert, bin ich auch kein Briefträger …

Ich will der jungen Filmemacherin wieder auf die Schultern ihrer aktuellen Romanze helfen, lasse es aber, weil die ersten Worte der Nationalhymne gesungen werden und sich wie Wellen nach hinten ausbreiten. Alle singen. Und sehr laut.

Die ersten Reden. Die Lautsprecher knarren, und einer echot hinterher. Ich verstehe nur einzelne Worte. Und immer wieder: »Fidel!« Die große Leinwand ist so weit entfernt, dass ich nur Schemen der Staatsmänner erkenne.

Auch an der Seite des Menschenmeeres haben wir keine bessere Sicht, und es plärren die Lautsprecher. Das Dolmetschermikrofon ist nicht laut genug eingestellt. Selbst wenn sie nichts verstanden haben, klatschen die neben uns Stehenden,. Der Beifall brandet von vorn nach hinten.

Um einen Mann, der ein rotes Halstuch trägt, sammelt sich eine neugierige Gruppe. Er empfängt auf seinem Handy die Direktübertragung der Veranstaltung im Fernsehen.

Von weitem entdecke ich unseren Fahnenträger, der nach ungefähr zwei Stunden nur noch bei besonders begrüßenswerten Rednern (einer davon ist der griechische Regierungschef Tsipras) seine provisorische Fahne schwenkt. Neben ihm stehen Sanitäter mit in die Höhe gereckten Tragbahren. Sobald einem im Gedränge der Hunderttausend schlecht wird, machen alle eine Gasse frei. Wenn die Sanitäter den Kranken zu einem der Sammelpunkte bringen, traben die Familienangehörigen hinterher. Gewehrschüssen gleich knallen die leeren Getränkedosen unter den Füßen der Umherlaufenden. Auf den wenigen freien Plätzen sitzen inzwischen Frauen, die ihren Proviant auspacken. Andere halten Bilder von Fidel in die Höhe und lassen sich fotografieren.

Ein BBC-Reporter drängt sich dazwischen. Manchmal tritt er auf ausgestreckte Füße, ohne sich zu entschuldigen. Und immer wieder fragt er, was die Menschen fühlen, wenn sie die »Show« hier erleben. Manche drehen sich weg, nachdem sie das Wort »Show« gehört haben. Eine Frau, die ein großes gerahmtes Fidel-Porträt in der Hand hält, überhäuft er mit seinen Fragen. »Was denken Sie darüber, dass kein Staatsmann aus den USA zur Kondolenzfeier angereist ist? ... Stört es Sie, dass die Lautsprecher nicht ordentlich funktionieren? ... Meinen Sie, dass der Sozialismus in Kuba nach Fidels Tod zu Ende geht?« Wahrscheinlich antwortet sie nicht in seinem Sinn. Er bricht ab und geht weiter. Latscht wieder auf Füße von Sitzenden.

Die Befragte ist noch verwirrt, als ich sie fotografiere. Seit 15 Jahren unterrichtet Yirssy Gareia Farquetti Naturwissenschaften in einer Grundschule. »Inzwischen haben die Kinder sich sehr verändert«, sagt sie. »Sie sind aktiver geworden und widersprechen häufiger. Ich habe jetzt eine 5. Klasse mit 25 Kindern. Zu Hause habe ich nur eins.«

Julie unterhält sich mit zwei Touristen aus den USA, die für 9 Tage privat nach Kuba gereist sind. Das ist jetzt auch von den USA aus möglich. Aber sie dürfen in keinem staatlichen Hotel schlafen und in keinem staatlichen Restaurant essen gehen. Es ist ihnen verboten, den kubanischen Staat zu unterstützen.

Wir kämpfen uns bis zu unserem Astfahnenträger nach vorn. Als ein Redner wie viele andere mit »¡*Por siempre Fidel!*« endet, schreit er, wie alle anderen, die um ihn herumstehen: »¡*Yo soy Fidel!*« Fernando baut auf seinem vom Staat gepachteten Feld privat Tomaten und Paprika an. Die verkauft er auf dem freien Bauernmarkt. Die »Fahnenstange« hat er sich neben seiner *machamba* von einer Erle abgesägt. »Es war sehr schwer, sie im Bus hierherzubringen. Das Fahnentuch hatte ich in die Hosentasche gesteckt. Deshalb ist es ein wenig zerknittert.« Er schwenkt die Fahne mit der linken Hand. Der grüne Blattwimpel ist inzwischen abgerissen.

Gegen 23 Uhr bin ich wieder bei Migdalia. Sie verfolgt mit Maria die Kundgebung. Und nun sehe auch ich Bühne, Redner, Fahnen und die aus Lichtschlangen gebildeten Porträts von Martí, Che und Fidel. Das Meer von Hunderttausenden Kubanern. Raúl spricht als Letzter: »Wir werden den Sozialismus niemals und niemandem preisgeben.«

In meinem Zimmer trinke ich eine kleine Taschenflasche Wodka aus. Eigentlich sollte ich sie bei meiner Briefträgermission zusammen mit den Kabelbindern dem Autoreparateur schenken. Aber heute brauche ich selbst einen Schnaps gegen das hämmernde Uhrwerk in meinem Kopf.

In dieser Nacht schreibt Julie eine E-Mail an Freunde, Familie und Bekannte in Deutschland: »… so einen Menschen wie Fidel Castro gibt es nicht mehr auf der Welt. Öfter habe ich in den letzten Tagen Vergleiche mit Martin Luther King oder Jesus gehört. Er war ein Revolutionär, der für die Menschheit, für Freiheit, Gleichheit, internationale Solidarität, für Gerechtigkeit und gegen globale Machtverhältnisse gekämpft hat … Ich schreibe und fühle, dass ich nicht beschreiben kann, was hier eigentlich passiert ist oder passiert … Raúl hat verkündet, dass Fidel keinen Personenkult wollte: keine Statuen, keine nach ihm benannten Plätze, Straßen, Gebäude …

Nächtliche Trauerkundgebung

Ich bitte Euch: Glaubt nicht den Hassreden vieler westlicher Medien. Lasst diesem Volk seine Trauer, lasst ihm seine Freiheit, die so hart erkämpft werden musste mit so vielen Opfern, hinterfragt kritisch die Gründe ... Eure Julie.«

Großmutter Maria steht am Morgen schon sehr früh, auf ihren Schrubber gestützt, vor dem Fernseher. Der am Abend noch mit platt getretenen Getränkedosen, Papierfetzen und Palmenzweigen übersäte Platz der Revolution ist blitzsauber. Und Maria hat die Farben, die der Maler Leonardo auf dem Fußboden verkleckert hat, mit Schmierseife und Wasser beseitigt.

»Er kommt nicht mehr. Es ist ihm wohl zu viel Arbeit. Wir werden uns einen anderen Maler suchen«, erklärt Migdalia, die im Schaukelstuhl die Fernsehübertragung verfolgt.

»Por siempre Fidel – Für immer Fidel«

Im Stechschritt paradieren vor dem Martí-Monument Generäle in ordensgeschmückten Uniformen und mit blank gewienerten Stiefeln. Mit ausgestreckten Armen tragen sie Fidels Urne bis zu einem offenen Fahrzeug. 4 Sitze im Führerhaus, dahinter die blumengeschmückte Ladefläche.

Erneuter Stechschritt: Die Militärs legen zuerst die kubanische Flagge über die Urne und danach eine Glashaube darüber. Kanonen schießen Salut.

»Jetzt beginnt die Fahrt durch die Provinzen bis nach Santiago de Cuba. Den Weg zurück, den Fidel mit seinen *compañeros* Anfang Januar 1959 nach Havanna marschiert ist«, kommentiert Migdalia.

Die Fernsehkameras folgen dem Konvoi im Schritttempo. Kilometerlange Spaliere. Die übrigen Straßen sind fast menschenleer. Erst eine Stunde später beginnt die

Stadt wieder zu atmen. Vorsichtig wie eine aus der Narkose aufgewachte Patientin.

Der Maler hat ein Buch in der Wohnung vergessen. Ich schlage vor, es ihm morgen als Briefträger nach Hause zu bringen.

Heute nicht. Heute ist der letzte Tag, um *Orula, Changó* und die anderen afrikanischen Götter durch unsere Opfer gütig zu stimmen. Morgen wird Jorge Luis seinen Visumantrag in der deutschen Botschaft abgeben …

Die Hoftür des *Padrinos* steht offen. Links sitzt schon die erste Kundin im Friseurstuhl. Doch Julie schaut nicht nach links, sondern auf den Verschlag gegenüber. An der Maschendrahtdecke hängen Eimer und Tücher, und auf dem Fußboden liegen zwei an den Füßen zusammengebundene Hähne. Als Jorge Luis sie hochhebt und in die Wohnung des *Padrinos* trägt, beginnen sie mit den Flügeln zu schlagen.

Der Fernseher ist eingeschaltet. Die von Polizeikrädern eskortierte Lafette fährt jetzt durch Felder, auf denen Campesinos mit Macheten Spalier stehen.

Wir gehen in den Raum, in dem uns der *Padrino* vor zwei Tagen mit den Göttern verbunden hat. Er setzt sich eine grün-golden glänzende Kappe auf, zündet zwei Kerzen an, legt sie brennend neben den Opfertopf, stellt sie dann auf, wirft Kokosschalen in die Luft, um zu erfahren, ob die Götter bereit sind, unsere Opfer anzunehmen. Jorge Luis reicht dem *Padrino* die Hähne. Sie gackern nur noch kläglich. Der *Padrino* spuckt Rum durch ihre Flügel, bestäubt die Hähne und uns mit weißem Pulver und schwenkt sie dann in der Luft. Wahrscheinlich erinnern sie sich dabei ans Fliegen, denn nun gackern sie lauter und schlagen heftiger mit den Flügeln.

Die blasse Julie wird noch blasser. Ich stelle mich vorsorglich hinter sie.

Der *Padrino* bestreicht, während wir uns im Kreis drehen müssen, Julies Körper und dann auch unsere mit den flatternden Hähnen. Mir läuft trotz der Wind machenden Flügelungetüme an der Decke der Schweiß den Rücken entlang. Der *Padrino* bittet Jorge Luis, einen Hahn zu halten. Den anderen legt er mit dem Hals auf den Rand des Opfertopfes. Er nimmt ein Messer, kniet vor dem Opfertopf und beginnt, unentwegt Gebete sprechend, dem Hahn den Kopf abzuschneiden. Doch so sehr er das Messer hin- und herzieht, minutenlang ritzt er nur die Haut. Entweder ist das Messer zu stumpf, der Halswirbel zu hart oder die rituellen Gebete sind zu lang. Das Blut tropft spärlich.

Bevor sie umfallen kann, halte ich Julie nun – wie Großmutter Maria am Morgen nach Fidels Tod – mit beiden Armen fest. 10 Minuten beim ersten Hühnerkopf und noch einmal 10 Minuten beim Absäbeln des zweiten. Wenn mein Großvater einer Henne, die für unseren Suppentopf bestimmt war, den Kopf mit dem Beil abschlug und ich sie nicht ordentlich festhielt, rannte sie noch ohne Kopf über den Hof. Julies Opfertiere zuckten nur in den ersten Minuten. Trotzdem ist es dem *Padrino* nicht gelungen, alles Hühnerblut aufzufangen. Der Topf steht in einer roten Lache.

Als ich mich drehen muss und der *Padrino* mich mit

den 5 Guaven abreibt, hält der glücklich lächelnde Jorge Luis seine Julie fest.

Im Wohnzimmer bringt uns die Frau 3 Gläser Wasser. Nur Jorge Luis trinkt.

Die Fernsehkameras schwenken von der fahrenden Lafette mit der Urne zu einer Königspalme, die vor einem kleinen Haus steht. Seine Vorderfront ist zur Hälfte von einem Fidel-Foto verdeckt.

Der *Padrino* verabschiedet uns nach einer Fotosession. Julie trägt, seinen Anweisungen folgend, ihre toten Hähne und ich die 5 Guaven in Plastebeuteln zum Meer. Zuerst die 22. Straße entlang, dann über die 11. zur 12.

In Havanna sind die Straßen nach New Yorker Muster nummeriert: die parallel zum Atlantik laufenden mit ungeraden, die Querstraßen mit geraden Zahlen.

Während Julie und ich unsere Beutel mit Unbehagen

Die Mauern sind noch stabil

tragen, schleppt Jorge Luis seit dem Morgen sein Bündel mit sichtbarem Stolz. Weil die Mutter, der er noch nichts vom Visumantrag erzählt hat, ihn morgen fragen würde, weshalb er im besten Hemd und den guten Hosen zur Arbeit gehen will, wird er bei Julie schlafen und trägt die sorgsam ausgesuchten »Botschaftsklamotten« schon heute mit sich herum.

Das Ufer, an das der schäumende Atlantik hier mit Urgewalt schlägt, ist mit scharfkantigen Steinen bedeckt.

»Wir nennen sie Hundezähne«, sagt Jorge Luis. Doch selbst einem langbeinigen Hund, den sein Besitzer mit Stockwürfen zum Schwimmen animiert, sind Brandung und spitzes Gestein heute zu gefährlich. Er verweigert den Gehorsam und kommt winselnd zurück. Julie und ich balancieren auf den Hundezähnen zwischen Plasteabfällen, Knochenresten, Hühnerskeletten, federlosen Flügeln und einem Ziegenschädel mit Kieferknochen.

»Als mein Bruder Harlyn zum ersten Mal im Ausland starten durfte, hat er den Göttern einen Ziegenbock opfern müssen. Heute ist er einer der schnellsten Sprinter von Kuba«, sagt Jorge Luis.

Julie und ich – sie im Bikini, ich mit Badehose – kriechen auf allen vieren über das schwarze Gestein. Endlich stehen wir in der Brandung. Mit einer Hand halten wir uns an einem Felsbrocken fest. Nun müssen wir nur noch die Beutel schwungvoll ins Meer werfen, kurz untertauchen und dabei an unsere 3 wichtigsten Wünsche denken.

Aber Julie wirft nicht. Sie zerrt die blutigen Hähne an den Beinen aus dem Beutel, schleudert sie in die Brandung und erklärt mir, dass sie wenigstens die Tüte nicht im Meer, in dem schon Millionen Tonnen feinster schädlicher Plasteteilchen schwimmen, entsorgen möchte. Ich folge ihrem Beispiel, tauche dann mit dem Kopf in Salzwasser, aber bevor ich die 3 Wünsche fürs Leben gedacht habe, wirft mich die Brandung gegen die Hundezähne.

Ich frage Julie, die unsere Plastebeutel im Rucksack verstaut, nicht nach ihren 3 Wünschen. Ich glaube, dass ich sie kenne.

Jorge Luis geht glücksstrahlend wie ein Kind nach der Bescherung zur Arbeit. Julie ermahnt ihn zwar, dass er sich an der Hauswand mit zwei Seilen festhaken soll, doch sie weiß, dass er nur eines benutzen wird.

Mir schlägt sie vor, uns an einer ungefährlicheren Stelle im Atlantik »sauberzuschwimmen«.

Hinter zwei achtstöckigen Hochhausrohbauten, an denen Sträucher und Bäumchen aus Fenstern wachsen, klettern wir auf eine an den Seiten geteerte und von Algen und Moosschlamm glitschige Betonfläche. Ein Kai ohne Schiff. Julie springt von oben ins Meer. Ich bin zu ängstlich und rede mir ein, dass ich mich nicht »sauberschwimmen« muss. Meine Hände riechen nach dem Duft der Guaven.

Die Mauern der Hochhäuser sind noch stabil. Ich sage, dass man die Hochhäuser für Wohnungen umbauen könnte.

»Dafür fehlt dem Staat das Geld.«

»Dann müsste die Regierung ausländische Investoren suchen«, entgegne ich.

»Luxuswohnungen am Meer, die in einem Monat so viel Miete kosten, wie ein kubanischer Arbeiter in zwei Jahren nicht verdient? Das gab es in Kuba schon vor 60 Jahren.«

»Also einfach verfallen lassen?«

Man müsse einen Kompromiss finden. Einerseits sollten die Unternehmer und Investoren so viel als möglich Profit machen können, andererseits dürften ihrem privaten Gewinnstreben die sozialistischen Ideen, also mietfreie oder von allen bezahlbare Wohnungen, kostenlose Schulbildung und medizinische Betreuung, nicht geopfert werden. »Zwei Drittel der Wohnungen könnte der Investor, damit er was verdient, an Ausländer und neureiche Kubaner vermieten. Das restliche Drittel müsste er dem Staat, der ihm dafür die Pacht für die Grundstücke erlässt, zur Verfügung stellen. Und der könnte dadurch sozial schwache Familien mit einer Wohnung versorgen.«

Ich sage: »Eine schöne Utopie.«

Julie widerspricht. Das sei die einzige Chance, dass Kuba eine Insel bleibt, auf der eine sozialistische Regierung versucht, eine Alternative zur globalen Profitgesellschaft zu schaffen. Auf dem Lande verpachtet die Regierung inzwischen staatlichen Acker an Bauern oder Genossenschaften. »Aber sie wird den Boden niemals an internationale Monopolgesellschaften verkaufen, die dann ohne Rücksicht auf die dort lebenden Menschen die Natur zerstören, indem sie beispielsweise genetisch verändertes Soja anbauen.«

Morgen wird Julie Jorge Luis zur deutschen Botschaft begleiten, und ich muss trotz der neuntägigen Trauer endlich meine »Arbeit« als deutscher Briefträger in Havanna beginnen. Also rufe ich Hilda an und hoffe, dass sie mir dabei helfen kann.

Obwohl sie nicht weit von Migdalia entfernt wohnt, möchte sie sich mit mir in einem privaten Restaurant in der Nähe treffen. Es ist nicht größer als ein Zimmer, von dem die Küche abgetrennt wurde. Die Toilette ist nur zu benutzen, wenn niemand in der Küche arbeitet. 4 Tische stehen im Raum und 2 vor dem Haus. Neben der Durchreiche zur Küche hängt eine Tafel mit den Preisen. Reis mit schwarzen Bohnen und Fisch oder Fleisch jeweils 2 CUC, mit Garnelen 3 CUC, ein Mineralwasser 1 CUC.

Hilda beeindruckt mich nicht nur wegen ihrer akzentfreien deutschen Aussprache, sondern auch ihrer ausgesuchten Garderobe. Heute trägt sie ein gemustertes blaues Kleid. Ihr gefällt das kleine Restaurant, denn in einem *pa-*

Hilda

ladar gibt es ein besseres Angebot als in den staatlichen Gaststätten. Es sei klug von Fidel gewesen, privates Wirtschaften zu genehmigen und den Staat durch Steuern an den Gewinnen zu beteiligen.

Ich möchte dieses Thema nicht beim Essen besprechen und frage lieber, wie ich meine Arbeit als Briefträger am besten beginnen soll.

Der Anfang mit dem 30 000-Euro-Scheck sei nicht erfreulich gewesen, gesteht sie. Man konnte ihn trotz der Hilfe eines Bekannten, der im kubanischen Außenhandelsministerium arbeitet, nicht einlösen. Das hängt mit der gegen Kuba verhängten Geldtransferblockade zusammen. Jetzt müsse KarEn in Deutschland nach einem anderen Weg suchen, das Geld für die Hurrikan-Opfer zu überweisen.

Ich zeige ihr die Briefe der VR-Bank Bad Salzungen/

Schmalkalden, die in Kuba Millionen Euro investieren und Windräder und ein Touristenzentrum bauen und finanzieren möchte. Zwar soll ich die Briefe persönlich in den Ministerien für Wirtschaft und Tourismus abgeben, aber vielleicht weiß Hilda einen sicheren offiziellen Weg.

Hilda hat beim kubanischen Handelsrat in Berlin und in dem von Raúl Castros Ehefrau Vilma geleiteten Institut für Sexualerziehung in Kuba gearbeitet. Sie hat Tamara Bunke gekannt, ist als Dolmetscherin für kubanische Politiker eingesetzt worden, übersetzt und organisiert immer noch für KarEn.

Trotzdem wäre es auch für sie schwer, eine Verbindung zu den kubanischen Ministerien herzustellen. Doch bei meiner Suche nach dem Solardorf La Guinea, in dem durch Spenden Strompaneele gebaut worden sind, könnte sie mir eventuell helfen. Es müsste sich in der Nähe von Las Terrazas, einem durch Fidel initiierten Erholungsgebiet, befinden.

Beim Abschied frage ich Hilda, weshalb wir uns nicht in ihrer Wohnung treffen.

Sie, die sonst temperamentvolle Frau, sagt leise: »Ich habe nur einmal im Leben einen Ausländer in meine Wohnung mitgenommen. Es war Dr. Heinrich Brückner, mein bester deutscher Freund, der unter anderem das Buch ›Denkst du schon an Liebe?‹ schrieb und mit dem ich ein kubanisches Buch über Geburt und Kinderpflege vorbereitet habe. Ich kann meine Wohnung keinem Ausländer zeigen. Ich habe kein Geld, um sie auszubessern. Wenn es regnet, tropft es durch das Dach!« Hilda erhält rund 500 Peso nacional Rente.

Ich entgegne, dass es mich nicht stört.

»Aber ich schäme mich.« Sie umarmt mich und sagt, wie um mich zu trösten: »Irgendwann erzähle ich dir mein Leben. Damit du Kuba und mich ein wenig besser verstehst.«

Am anderen Morgen füllt Migdalia meine Tasse nur zur Hälfte mit dem starken Kaffee. Der neue Maler hat noch einen Gehilfen mitgebracht, aber Maria hat nicht mehr Kaffee als sonst gekocht.

Bevor die beiden Frauen beginnen, die Bilder ab- und die Sessel zuzuhängen, sucht Migdalia das Buch, das Leonardo hier vergessen hat.

Julie und Jorge Luis warten jetzt in der deutschen Botschaft. Ich hasse Behördengänge. Außerdem glaube ich, dass der Antrag von Jorge Luis komplikationslos genehmigt wird und ich die Zeit sinnvoller nutzen kann. Ich werde im Auftrag von Egon Hammerschmied die 100 Euro an Alberto Suzarte übergeben, damit er sich eine neue Batterie für sein Auto kaufen kann. Migdalia rät, dass ich mit dem Bus 222 fahre, dann mit dem 174er oder dem P6 bis zur Haltestelle Mantilla.

Um 10 Uhr warte ich an der Haltestelle. An manchen Stationen reihen sich die Neuankommenden ordentlich ein, indem sie laut »¿Último? – Der Letzte?« fragen. Der Letzte meldet sich, egal ob er mit seinem prallen Einkaufsbeutel auf einer Mauer sitzt oder in der Reihe in ein Streitgespräch verwickelt ist. Man muss sich merken, wie der Letzte aussieht, am besten, was er anhat, denn wenn der Bus kommt, ist man nach dem blauen oder gelben oder roten T-Shirt an der Reihe, um sich hineinzuzwängen. An der 23. fragt niemand. Doch es murrt auch niemand, als nach einer halben Stunde immer noch kein Bus zu sehen ist. Und nachdem eine Frau aus einem staatlichen Laden auf der anderen Straßenseite kommt und triumphierend ein gelbes Plasteeimerchen schwenkt, rennen mindestens ein Dutzend der Wartenden – auch Männer – in den Laden und kommen mit ebensolchen gelben Plasteeimerchen mit einer Art Brotaufstrich heraus.

Nach fast einer Stunde hält ein zum Bus umfunktionierter LKW. Er hat zwar keine Liniennummer, aber eine Frau sagt mir, dass er an der »Coppelia« in Richtung Mantilla abbiegen wird. Sein Holzaufbau ist mit Armeetarnfarbe gestrichen. Vielleicht weil einige Frauen durch die Fensterluken draußen Wartende mit gelben Eimerchen entdeckt haben, steigen 5 sofort aus.

Ich schaffe es, mich mit vielleicht 10 anderen hineinzuzwängen. Nach 6 Stationen werde ich von Aussteigenden hinausgedrückt und kann mich, weil die Wartenden schneller, stärker und kampfeslustiger als ich sind, nicht mehr hineinquetschen.

An dieser Station gibt es nur einen Obststand. Ich hole mir eine viertel Melone und spucke die Kerne auf die Straße. Zwei wartende Männer spielen nach einer halben Stunde immer noch Domino. Einige Frauen singen mit ihren Kindern.

Verzweifelt halte ich ein Taxi an und zeige dem Fahrer die Adresse. Er findet das Haus. Aber die Tür ist verschlossen. Ich bezahle die verlangten 12 CUC und bitte, dass er einen Moment wartet. Doch er schüttelt den Kopf, reicht mir mein Notizbuch, das noch auf dem Sitz lag, und fährt weg.

Ein alter Afro-Kubaner hat meine vergebliche Suche beobachtet. Mit einem dicken Bambusstock kommt er zu mir und sagt, dass *compañero* Alberto wahrscheinlich wieder als Reiseleiter mit Touristen unterwegs ist. Als ich die Straße hilflos entlanglaufe, klopft er mir von hinten auf die Schulter, schlägt vor, mich zurückzufahren, legt den Gehstock zur Seite, schiebt ein uraltes Moped aus dem Vorgarten und bedeutet mir, dass ich mich auf die mit Draht zusammengebundene Beifahrerbank setzen soll. Der Motor springt sofort an. Aber am Rahmen fehlen die Fußrasten. Also versuche ich, meine Füße während der Fahrt von dem heißen, schwarze Rauchwolken ausspuckenden Auspuff möglichst fernzuhalten. Es gelingt mir nicht immer. Als wir endlich vor Migdalias Wohnung halten, denke ich: Nie wieder!

Ich will dem Mann 5 CUC geben, doch er nimmt sie nicht. Er sagt: »*Amigo alemán* – deutscher Freund.« Und fährt, schwarze Wolken wie ein Mississippi-Dampfer hinter sich herziehend, knatternd zurück. Wahrscheinlich wird er zwei Liter Sprit verbrauchen. Ein Liter kostet fast 2 CUC.

Julie ist von der Botschaft zurück, wartet bei Migdalia und blättert in Leonardos Buch.

Ich frage: »Alles klar mit dem Besuchsvisum für Jorge Luis?«

Sie schüttelt den Kopf.

Ursprünglich hätte die Botschaft Jorge Luis per E-Mail

für morgen, also den 2. Dezember, eingeladen. Aber das ist ein wichtiger kubanischer Feiertag. Am 2. 12. 1956 landeten Fidel, Raúl, Che und ihre *compañeros* mit der »Granma« auf Kuba und begannen den Partisanenkampf gegen die Batista-Diktatur.

»Deshalb wurde der Termin von der Botschaft später telefonisch auf heute vorverlegt. Doch davon wussten die Angestellten nichts. Wir sollten als Beweis die erste Mail mit dem Termin zeigen. Aber wie? Kein Internet. Endlich erstand ich eine Internetkarte und fand auch eine Stelle mit Internetzugang. Nun hatte ich die E-Mail zwar auf dem Laptop, aber in der Botschaft wollte man sie ausgedruckt. Der Copyshop war geschlossen.«

Um ein Besuchsvisum zu erhalten, müssen die Kubaner nicht nur eine Einladung vorlegen, sondern auch nachweisen, dass der oder die Deutsche für alle eventuellen Kosten, für Krankenbehandlung, Rückflug und anderes, aufkommen kann.

»Wir haben zusätzlich einen Brief meiner Mutter und Fotos von ihrem Besuch bei Jorge Luis in Havanna abgegeben. Dazu natürlich alle Fragen für die Botschaft beantwortet: Verdienst von Jorge Luis, Arbeitsverhältnis der Mutter und des Bruders, Wohneigentum, schulpflichtige Kinder ...«

Jahrelang hatten die Gegner des revolutionären Kubas verlangt, dass Fidels Regierung das Menschenrecht auf Reisefreiheit garantiert. Seit 3 Jahren dürfen alle Kubaner reisen, wohin sie wollen. »Aber die Staaten, die seinerzeit Kuba anklagten, lassen diese Kubaner nun monatelang oft erfolglos um ein Besuchsvisum betteln«, sagt Julie.

»In der Botschaft saß eine Frau neben Jorge Luis, die zum fünften Mal versuchte, ein Visum zu erhalten, das jedoch wieder abgelehnt wurde. Sie hatte schon fünfmal die 60 CUC für das Botschaftsgespräch bezahlt. Von Jorge Luis wollten sie noch mehr Unterlagen, Zeugnisse von Schule und Berufsausbildung sehen.«

Von Leonardo und anderen kubanischen Helden in Angola, der sichersten Methode, die »Drei-Schritt-Schlange« zu töten, und dem erfahrenen Chirurgen, der am Wochenende auf dem freien Bauernmarkt Malangas verkauft

Julie ruft den Maler an, dass wir ihm sein vergessenes Buch bringen. Leonardo wohnt in einem einstöckigen Haus, das sich an andere ebenso kleine anlehnt. Vom Erdgeschoss führt eine Wendeltreppe hinauf in seine Wohnung. Er kommt uns gebückt entgegen und warnt, dass wir auf der Treppe den Kopf einziehen müssen. Und lacht verschmitzt. Ansonsten bleibt der 62-Jährige, der mit seiner Schirmmütze und dem blauen T-Shirt noch jung wirkt, bei unserer Begegnung sehr ernst. Seine Worte wählt er sorgsam und beobachtet uns aufmerksam. Viel Platz hat er in seiner Stube nicht. Sie ist gleichzeitig seine Küche. Auf dem einzigen Tisch steht ein großer Kühlschrank. Neben dem Tisch die mit bunten Bändern geschmückte Miniausgabe eines Weihnachtsbaumes aus Plaste. Dahinter eine Regalwand mit Büchern, und davor dreht sich nur ein Tischventilator. Trotzdem ist es im Raum angenehm kühl, denn die Wohnung wird durch 15 offene, mit Schnüren zu schließende Luken zwischen Deckenbalken und Außenwänden gekühlt. Außerdem ist die Balkontür nur mit einem dünnen Tuch geschlossen.

»Ich habe eine Wohnung mit 15 natürlichen Ventilatoren und einem Balkon, von dem aus du das Meer siehst«, sagt er stolz und erklärt uns unvermittelt, dass der Ex-Mann seiner Schwester in Frankreich nach einer Rückenoperation wie ein Bettler dahinvegetiert. »Er war in Kuba der Meister aller Magier. Der größte Zauberer im großen Touristenzentrum auf Cayo Coco. Vor den Urlaubern ließ er Tauben fliegen, zauberte mit Karten und Händen so geschickt, dass er viel Trinkgeld in Dollar und Euro einsammeln konnte. Mit noch nicht 40 wurde er allerdings von einer 52-jährigen französischen Touristin verzaubert. Ihretwegen nahm er das gesparte Geld, verließ Kuba und ging zu ihr nach Frankreich. Weil er keinen Job als Zauberer fand, schlief er einen Monat in einem Bauwagen. Später arbeitete er auf der Baustelle. Als das gesparte Geld alle war, erhielten sie einen Kredit über 30 000 Euro. Doch was macht dieser Trottel, er kauft sich davon ein Auto. Inzwischen ist seine Französin verschwunden und sein Rücken kaputt. Ich würde nie«, beteuert Leonardo, »nie wegen einer Ausländerin aus Kuba weggehen. Ich würde ihr sagen: Komm du zu mir! Ich habe hier eine Wohnung mit Balkon und 15 Ventilatoren.«

Er blättert in dem mitgebrachten Buch. Darin hat er über seine Zeit als kubanischer Soldat in Angola geschrieben. Er wird noch ein Buch über das Leben seiner Familie verfassen, auch über den großen Magier.

Ich krame aus meinem Rucksack ein Päckchen Stifte heraus und schenke sie ihm. »Für dein nächstes Buch.«

Er legt sie unter den Weihnachtsbaum. Und kocht uns Kaffee.

Sein Leben sei sehr normal gewesen. »Bis auf diesen einen Schritt damals. Zuerst nur ein Bein anheben und ein wenig nach vorn strecken. Das Bein hätte ich einfach wieder zurückziehen können. Aber es aufsetzen und das zweite Bein nachholen? Blitzschnell oder langsam? Oder gar nicht?«

Leonardo wurde 1954 in der Provinz Oriente geboren. Der Vater war Zuckerrohrbauer. »Aber er liebte andere Frauen mehr als die Arbeit und lebte oft nur vom Geldbeutel der Großmutter.«

Nach dem Sieg der Revolution nahm Leonardos Cousin die Mutter, den 5-jährigen Leonardo und dessen beide Schwestern mit nach Havanna. Zwei Jahre später heiratete die Mutter noch einmal und ging aufs Land zurück.

Sie bekam ein eigenes Stück Land. Man musste es urbar machen, auf ihm wuchs *marabú*, der kubanische Dornenstrauch, der sich mit seinen Wurzeln im Boden unausrottbar breitmacht wie ein falscher Gedanke im Kopf.

Kurz vor seinem 18. Geburtstag, es fehlten noch ein paar Tage, meldete sich Leonardo zum Militär. 3 Jahre hat er an der Grenze patrouilliert, dabei Kuba fast einmal umrundet.

Danach arbeitete er in einer Papierfabrik. Gleichzeitig begann er ein Studium als Ingenieur für Qualitätskontrolle. »Aber nach zwei Jahren der Schritt. Erst ein Bein vor und dann das zweite …«

In diesen Jahren kämpften kubanische Soldaten in Angola, Moçambique und Rhodesien gemeinsam mit den nationalen Befreiungsbewegungen gegen die vom südafrikanischen Apartheidsregime und den USA unterstützten konterrevolutionären Truppen, und Mediziner, Lehrer und

Berater halfen beim Aufbau der vom Kolonialismus befreiten Länder. Von 1960 bis 1991 waren es rund eine halbe Million kubanische Soldaten und Entwicklungshelfer.

»Diese solidarische Hilfe hat das kleine Kuba Milliarden gekostet. Manchmal frage ich mich: Wäre es für uns besser gewesen, sich aus all dem herauszuhalten und stattdessen das Geld für unsere Entwicklung, für ein angenehmeres Leben in Kuba zu nutzen? Doch vielleicht hätten die Amerikaner es dann nicht nur einmal versucht, Kuba militärisch zu besiegen. Alle Länder, denen wir damals in ihrem Kampf für Unabhängigkeit geholfen haben, geben uns diese internationale Hilfe heute zurück. Sie ist unser Schutz gegen jeden Versuch der USA, Kuba anzugreifen. Besser weniger zu essen als amerikanische Bomben auf Kuba!«

Er kocht uns einen zweiten Kaffee.

»Also passt auf, mit diesem Schritt. Während des Studiums ließ der Direktor alle männlichen Studenten antreten. Eine lange Reihe. Dann sagte ein fremder *compañero*: Wer einem mit Kuba befreundeten Land in dessen Kampf um Freiheit und Unabhängigkeit als Soldat helfen will, soll vortreten! – Mehr sagte er nicht. Ich war damals 22. Blitzschnell überlegte ich: Fidel war bei dem Sturm auf die Moncada-Kaserne 27, Che bei den Kämpfen in der Sierra Maestra 28. Und ich? Mit 13 zur Kaffeeernte in der Sierra Maestra. Mehr nicht. Doch ich wollte auch einmal ein Held sein. Nur dieser eine Schritt.«

Er zeigt auf mein Notizbuch. »Es ging alles viel schneller, als du es jetzt aufschreiben kannst. Man denkt schneller und leichter, als dass man schreibt …

Ich stellte also das linke Bein vor, und ohne auch nur eine Sekunde zu zögern, vollendete ich den Schritt mit dem rechten und stand plötzlich mit einigen von uns einen halben Meter vor den anderen.

Zuerst Training bei der Flugzeugabwehr. Aber kein Offizier sagte uns, in welchem Land wir kämpfen werden. Im Januar starteten wir, immer noch nicht wissend, wohin es geht, mit einer Transportmaschine. Bei der Zwischenlandung in Conakry erhielten wir dann die Information: Ihr werdet in Angola gegen die von der südafrikanischen Apartheidregierung und den USA unterstützten Truppen der UNITA kämpfen. Ihr müsst die Regierungssoldaten der MPLA vor den Angriffen der südafrikanischen Flugzeuge schützen.

Unsere Abwehrraketen konnten feindliche Flugzeuge nur in einer Höhe von maximal 3500 Metern treffen. Aber die Maschinen der Südafrikaner flogen 4000 Meter hoch. Und höher. Wir mussten also warten, bis sie herunterkamen und die Bodentruppen zielgenau im Visier hatten. Wir waren sozusagen Auge in Auge selbst ein gutes Ziel für sie.«

»Angst?«, frage ich.

»Nein! Wir Kubaner hatten dort keine Angst. Nicht einmal vor der sogenannten Drei-Schritt-Schlange. Wenn sie dich beißt, hast du noch genau 3 Schritte. Dann bist du tot. Du musst sie sofort mit dem Gewehr aufspießen und mit dem Stiefel zertrampeln. Das haben wir immer getan. Nur ein Politoffizier war nicht schnell genug.«

Nun grient Leonardo doch einmal. »Die Angolaner sagten zu uns kubanischen Soldaten: Mach meiner Schwester ein Kind! Aber einen Sohn, damit der später so mutig wird wie ihr.«

Nach zwei Jahren fuhr Leonardo mit dem Schiff zurück nach Santiago de Cuba.

»Wir wurden bei der Ankunft wie Helden gefeiert. 2077 kubanische Kämpfer, die in Angola getötet wurden, hat man auf dem Friedhof von Santiago de Cuba beerdigt.«

»Du hast Angola überlebt und gehörst nun als Held zu den privilegierten Revolutionären?«

»Nein, privilegierte Revolutionäre sind keine Revolutionäre mehr. Ich habe danach wie alle anderen gearbeitet.« Zuerst als Qualitätskontrolleur in einer staatlichen Baufirma. In der Spezialperiode reiste er im ganzen Land umher, um Material und Aufträge zu besorgen. »Damals gab es fast kein Benzin mehr. Ich musste tagelang mit einem der wenigen Überlandbusse in die Provinzen fahren, um ein paar Säcke Zement organisieren zu können.«

Weil er schon in Angola fotografiert hatte, kündigte er und begann in einem Krankenhaus als Operationsdokumentarist zu arbeiten. »Das erste war eine Knieoperation. Der Arzt rief nach dem Fotografen. Ich lief in meinen Alltagsklamotten und mit der Kamera in den OP-Raum. Sie schmissen mich sofort raus. Umziehen. Wieder rein. Als ich das aufgeschnittene Knie sah, wurde mir, der ich als Soldat in Angola gekämpft hatte, schlecht. Ich schleppte mich, um nicht kotzen zu müssen, zum Ventilator.«

Später fotografierte er in einem medizinischen Forschungszentrum.

»Ich zeige meine Fotodokumente auch bei Ausstellungen und bekam Preise. In den USA wurde damals behauptet, Kuba würde in seinen Forschungszentren biologische Waffen entwickeln. Um diese gefährliche Behauptung zu entkräften – im Irak war die später international widerlegte Lüge von biologischen und chemischen Waffen der Grund für den Angriff der USA –, ließ Fidel die Mitarbeiter der ansonsten geheimen Forschungsinstitute öffentlich über ihre Arbeit berichten. Sie standen auch der internationalen Presse Rede und Antwort. Keine Spur von biologischen Waffen. Stattdessen wurden im Lande bitter benötigte Medikamente, deren Einfuhr die USA mit ihrer Blockade verhinderten, entwickelt und hergestellt. Bei dieser Veranstaltung habe ich auch mein schönstes Porträt von Fidel gemacht.«

Es ist das Titelbild seines Fotoalbums.

Er holt vom Regal zwei Fläschchen mit Pillen. »Die helfen gegen Asthma, lindern die Schmerzen bei Krebs, die verhindern Mundgeruch, beseitigen Sodbrennen, fördern die Verdauung: Anamu und Abexol.«

Weil man auch keine chemischen Stoffe einführen durfte, hätte man die Medikamente vor allem aus »der Natur« hergestellt. Abexol zum Beispiel aus Bienenwachs. Durch das Embargo hätte es in Kuba an allem gefehlt.

»Wir mussten den Toten die Herzschrittmacher herausschneiden, sie sterilisieren und den Lebenden wieder einpflanzen.«

Doch heute ist das kubanische Gesundheitsweisen in vielen Bereichen sozialer und moderner als in den USA. »Wir haben eine Lebenserwartung von über 81 Jahren. Wenn ich dem Durchschnitt entspreche, habe ich also mindestens noch 19 Jahre vor mir. Pro 10000 Einwohner praktizieren bei uns 75 Ärzte.« (In Deutschland sind es keine 41, in den USA 26 und in Mexiko 21.)

Aus eigener Kraft entwickelten die kubanischen Wissenschaftler Impfstoffe gegen Meningitis, Hepatitis, Cholera und Medikamente gegen Krebs. Im vergangenen Jahr testeten sie ein international einmaliges Mittel gegen Brustkrebs.

»In unserer Augenklinik beherrscht man eine Operationsmethode, die es nirgendwo sonst gibt, um die Entwicklung von Nachtblindheit zu verhindern«, erklärt Leonardo und sagt dann leise: »2011 ist meine Frau an Krebs erkrankt. Ihr konnte niemand mehr helfen«, und wechselt sofort das Thema.

Natürlich würden auch in Deutschland und Amerika hervorragende Medikamente entwickelt. »Es gibt aber einen Unterschied. Die in den Konzernlabors entwickelten Medikamente bringen nur den Konzernen und ihren Aktionären Gewinne. Die bei uns entwickelten Medikamente und Patente verschaffen dem Staat Gewinne. Und der Staat kann dieses Geld dann beispielsweise für Programme zur Früherkennung von Gebärmutterkrebs oder Brustkrebs verwenden. Obwohl, der Staat sollte endlich …«

Eine lange Pause und eine noch längere Erklärung, bevor Leonardo sagt, was der kubanische Staat endlich sollte.

Er hat 2011 bei dem Forschungsinstitut gekündigt und nur noch seine kranke Frau gepflegt. Danach gründete er sein Ein-Mann-Unternehmen und wurde ein *cuentapropista*.

»Ich kann sehr viel. Ich kann Geräte reparieren, malern,

Omnibus fahren, Häuser bauen, fotografieren, Qualität kontrollieren. Also habe ich mir die Genehmigung besorgt, Kühlschränke und andere elektrische Geräte neu zu lackieren. Dazu braucht man Sprühgeräte. Und wenn ich keine Aufträge habe, streiche ich auch Wände wie bei Migdalia. Aber nur bis einer mit einem Kühlschrank kommt. Wie gesagt, ich kann alles.«

Ich unterbreche Leonardo zum ersten Mal. »Was sollte denn der kubanische Staat endlich …?«

»Der Staat sollte endlich Menschen, die nicht arbeiten wollen und den ganzen Tag im Schaukelstuhl liegen, die *Libreta* entziehen. Wenn sie nicht arbeiten wollen, sollen sie den Arzt selbst bezahlen, die Schulbücher, den Universitätsbesuch des Kindes! Arbeiten könnten sie in Kuba überall. Beispielsweise die Dornbüsche roden und auf dem gewonnenen Boden Gemüse anbauen.

Ich habe eine Tochter. Sie ist jung und schön, hat schon zwei Kinder und arbeitet in einem staatlichen Chemiebetrieb. Aber weil sie sich ein modernes Handy kaufen möchte, was sie von ihrem staatlichen Verdienst nicht kann, hat sie sich eine Lizenz zum Verkauf von Töpfen besorgt. Und der Arzt, der meine krebskranke Frau operierte, verdient sich am Wochenende an einem Gemüsestand der freien Bauernmärkte ein paar CUC dazu. Die Revolution wurde doch nicht für die Faulenzer gemacht. Sie wurde gemacht, damit die Fleißigen im Land alle Möglichkeit erhalten, sich, auch wenn sie nicht vermögend sind, entwickeln zu können.«

Er geht mit uns auf den Balkon. Ich kann ein schmales Stück Wasser am Horizont erkennen. »*¡El mar!* Hier hast

du einen Meerblick umsonst. Wenn du mehr Meer haben willst, musst du laufen. Eine halbe Stunde laufen.«

Hinter seinem Balkon steht ein Würfelhaus. »Davon haben wir in unserer Baufirma viele errichtet. In jedem Stadtteil, in jedem Dorf wurden solche und ähnliche Ärztehäuser gebaut. Unten die Praxis, und oben wohnen, damit sie ständig helfen können, die Ärztin oder der Arzt. Natürlich mietfrei.«

Das Haus nebenan hätte – Leonardo sagt nicht der Staat, sondern – Fidel der dort früher praktizierenden Ärztin Adelfa geschenkt. »Als Dank für ihren Einsatz in Haiti, Venezuela und Brasilien. Sie wohnt dort mit ihren zwei Enkeln, der 12-jährigen Sheyla und der 3-jährigen Ludmila.«

»Und die Mutter der Kinder?«

Das sei eine traurige Geschichte. »Die Frau ist mit einem Angolaner, der mit ihr in Havanna Pädagogik studiert hatte, nach Angola gegangen. Sie glaubten dort besser als in Kuba zu leben. Bei der Geburt der zweiten Tochter starb sie. Der Mann hat Großmutter Adelfa weinend gebeten: Hol die Kinder nach Kuba, damit sie dort sicher leben und zur Schule gehen können. Die drei leben sehr ärmlich. Manchmal backe ich für die Kinder eine Pizza.«

Als ich frage, ob er noch Erinnerungsstücke an die Zeit als Soldat in Angola hat, holt er aus einem Schrank eine breite rote Schärpe. In großen gelben Buchstaben darauf das MPLA-Symbol. An ihr hängen etliche Orden. Über die möchte Leonardo nicht sprechen.

Schließlich will er uns nach dem Blick auf das Meer noch sein zweites Wunder zeigen. Gegenüber vom Haus öffnet er unter einem mit Büschen bewachsenen Flachdach ein Tor. In dieser Höhle steht ein vorsintflutliches mintgrünes Auto.

»Es fährt noch. Schafft 60 km/h. Ein Chevrolet.« In meinem Notizbuch steht: Baujahr 1941. Ob ich es richtig aufgeschrieben habe? Ich kenne mich nicht aus mit alten Autos.

Er lässt es an. Es bewegt sich wirklich. Wenn wir wollten, könnte er mit uns an einem der nächsten Tage eine Stadtrundfahrt machen. Es braucht für 100 Kilometer allerdings rund 40 Liter Benzin.

Wir reden nicht davon, wie die Luft in Havanna durch die Oldtimer, die Touristen herumkutschieren, verschmutzt wird. Heute noch nicht.

Lieber möchte ich mit der Ärztin über ihre Arbeit in Venezuela, Haiti, Brasilien und ihre Enkel aus Angola sprechen.

Leonardo wird sie fragen, und bevor wir uns verabschieden, möchte ich noch wissen, weshalb der große Zauberer in seiner jetzigen Not nicht zurückkommt.

»Das wäre ein Beweis, dass er wie andere Kubaner im Ausland gescheitert ist. Aber wer gibt schon gern seine Niederlagen zu.«

»Und wenn er eines Tages hier vor deiner Tür steht?«

»Ich habe zwar keine extra Küche und kein großes Schlafzimmer, aber 15 natürliche Ventilatoren und einen Balkon mit Meerblick. Und er gehört zu unserer Familie, der große Zauberer, dieser Trottel.«

Auf dem Heimweg erzählt Julie, dass es, nachdem sie die Terminverschiebung durch die Botschaft nachgewiesen hat, Hoffnung für das Besuchsvisum gibt.

»Bei seinem ersten Besuch hat Jorge Luis alles richtig gemacht. Trotz der Glasscheibe und der Mikrofonkommunikation versuchte er, dem dahinter sitzenden Botschaftsangestellten immer gerade in die Augen zu schauen. Er hielt auch die Hände nicht verschränkt. Also gab er mit Augen und Händen zu verstehen, dass er nichts zu verbergen und im Antrag alles offen und ehrlich beantwortet hat.«

Für morgen, den 2. Dezember, sollte ich mir abends nichts vornehmen. »Morgen bist du zum Geburtstag von Jorge Luis eingeladen. Wir sind bei ihm zu Haus. Seine Mutter, sein Bruder, ein paar Freunde und der Onkel, der einen Schweinekopf und Rum besorgt hat.«

Fröhliche Musik werde es wegen der Staatstrauer keine geben. Sie ist deshalb nicht gram. »Gewöhnlich verstehst du dann dein eigenes Wort nicht mehr. Man kann nicht miteinander sprechen, wenn Kubaner feiern!«

Leonardos Chevrolet: »Er fährt noch.«

»Hat er wirklich am 2. Dezember Geburtstag? Dem Tag, an dem die ›Granma‹ mit 82 Revolutionären in Kuba anlegte?«

»Ja! Jorge Luis ist ein ›Granma‹-Kind.«

Er wird 30. *Sein* Geburtstag wird gefeiert. Die große Militärparade zum 60. »Granma«-Jubiläum ist wegen der Trauer um Fidel verschoben.

Eigentlich sollte die »Granma« schon am 30. November 1956 auf Kuba landen. Sie war planmäßig 5 Tage zuvor in Mexiko ausgelaufen. Doch an Bord der *verdaderamente* – eigentlich – für 12 Personen zugelassenen Jacht befanden sich 82 Männer. Und ihre Waffen. Der »Alten Dame« beziehungsweise »Großmutter« stand das Wasser bis über die Kiellinie. Sie bewegte sich sehr langsam und musste außerdem unterwegs stoppen und auf Suchkurs wechseln, weil ein Mann über Bord gegangen war. Inzwischen wartete am vorgesehenen Landeplatz der Rebellenführer Crescencio Pérez mit 100 bewaffneten Männern, um sich mit den Kämpfern der »Granma« zu vereinen. Weil das Funkgerät auf dem Schiff versagte, erfuhr er nichts von der Verspätung. Die Soldaten des Diktators rieben den wartenden Rebellentrupp auf.

Die »Granma«, die zwei Tage später ankam, war schon auf See von Batistas Flugzeugen geortet worden. Bei der Landung wurde sie von MG-Schützen erwartet. 70 Kämpfer starben. Nur 12 erreichten die Sierra Maestra. Von hier aus organisierten sie den Partisanenkrieg gegen Batista und seine mit modernsten Waffen ausgerüstete Armee. Nach zwei Jahren war die Gruppe der 12 auf eine revolutionäre Armee von 3000 Kämpfern angewachsen. Tausende marschierten auf Havanna zu. Damit erwachte, wie Fidel sagte, die Insel Kuba zu ihrem zweiten Leben.

Das erste Leben:

Am 27. Oktober 1492 erreichte Kolumbus die Nordküste von Kuba. Er schrieb in sein Logbuch: »Das ist das schönste Land, das menschliche Augen je gesehen haben!« Damals lebten etwa eine halbe Million Indios auf der Insel. Sie betrieben Landwirtschaft, bauten Baumwolle an, beherrschten die Töpferei und die Metallverarbeitung. Und sie trugen Goldschmuck! 1511 landeten mit dem spanischen Kommandeur Diego Velázquez etwa 300 Soldaten auf der Insel. Sie raubten den Indios das Gold, mordeten die Männer, vergewaltigten die Frauen. Ein schrecklicher Blutzoll. Nach nicht einmal 100 Jahren war die Urbevölkerung bis auf wenige Tausend ausgerottet.

Als das Gold zur Neige ging, machten die Spanier Havanna zum größten Umschlagplatz für in der Karibik geraubtes Silber. Sie ließen es dort zu Münzen verarbeiten und verschifften es nach Spanien. Gleichzeitig brachten sie Hunderttausende zusammengetriebene Schwarze per Schiff (über 20 Prozent starben schon bei der Überfahrt) als Sklaven auf die Zuckerrohrplantagen. Der Handel mit Zucker lockte die Engländer an. Sie eroberten 1762 die Insel, gaben sie aber 1763 im Tausch gegen Florida an die spanische Krone zurück.

Nachdem sich nach der Französischen Revolution die Sklaven auf der französischen Kolonialinsel Haiti erhoben hatten, begannen rund 20 Jahre später auch die Sklaven auf Kuba um ihre Freiheit zu kämpfen. Damals standen neben den Königspalmen Tausende auf Stangen gepfählte Köpfe von Sklaven an den Straßen. 1868 begann der erste Befreiungskrieg gegen die Sklaverei und die spanische Besatzung mit der mutigen Tat eines Sklavenhalters: Carlos Manuel de Céspedes entließ seine Plantagenarbeiter aus der Sklaverei, gab ihnen Waffen, stellte sich an ihre Spitze und marschierte von Demajagua aus gegen die Spanier. Dem Befreiungskrieg schlossen sich Antonio Maceo, Máximo Gómez und der dichtende Revolutionär, Kubas späterer Nationalheld, José Martí an.

Die Spanier nahmen den Sohn von Céspedes als Geisel. Für seine Freilassung verlangten sie die Kapitulation. Als sich Céspedes weigerte, erschossen die Spanier seinen Sohn. 1874 wurde auch Céspedes getötet, aber die Spanier mussten 1878 halbherzig den Kubanern einige politische Rechte geben und eine Amnestie für alle Freiheitskämpfer erlassen.

Am 24. Februar 1895 landeten 6 Freiheitskämpfer aus dem New Yorker Exil mit dem in Deutschland gebauten Dampfschiff »Nordstrand« in Playitas de Cajobabo auf Kuba. Die Führer des Unabhängigkeitskrieges, der Dominikaner Máximo Gómez, der Afro-Kubaner Antonio Maceo und José Martí gewannen in allen Provinzen Tausende Kämpfer. Als einer der Ersten fiel José Martí.

3 Jahre später waren die Spanier trotz grausamster Kriegsführung und der Errichtung von Konzentrationslagern für die kubanische Zivilbevölkerung militärisch geschlagen. Damit hatten die Kubaner geschafft, was sie heute mit ihrer Nationalflagge, deren Farben schon im Kampf von Manuel de Céspedes vorangetragen wurden, symbolisieren: Freiheit, Gleichheit, Brüderlichkeit. Die Farbe Rot – das im Kampf vergossene Blut. Ein weißer fünfzackiger Stern – das Symbol für die Freiheit Kubas. Dazu blaue – die früheren 3 Provinzen des Landes symbolisierend – und weiße Streifen – die beiden Freiheitsarmeen. Auch die heutige Nationalhymne wurde schon im Freiheitskampf 1868 gesungen.

> Auf zum Kampf, eilt herbei, Bayamesen,
> denn das Vaterland sieht euch mit Stolz,
> fürchtet nicht einen ruhmreichen Tod,
> denn für das Vaterland zu sterben, heißt leben.
>
> Ein Leben in Ketten ist ein Leben
> inmitten von Schimpf und Schande.
> Höret den Klang der Trompete,
> auf zu den Waffen, ihr Tapferen, lauft!

Die Kubaner wurden aber 1898 von den USA um den Lohn ihres 30-jährigen Freiheitskampfes, um ihren endgültigen Sieg und um ihre Unabhängigkeit betrogen. Am 15. Februar 1898 explodierte das im Hafen von Havanna liegende amerikanische Kriegsschiff »Maine«. Die Ursachen, einschließlich der Vermutung, dass der amerikanische Geheimdienst es als Anlass für eine militärische Intervention auf Kuba selbst gesprengt hat, sind bis heute ungeklärt. Zwar rief Kuba die Republik aus, doch bis 1902 wurde es von einer amerikanischen Militäradministration regiert. In der Verfassung musste der sogenannte und 1901 vom amerikanischen Kongress zum Gesetz erhobene »Platt Amendment«-Zusatz angehängt werden. Danach haben die USA das Recht, jederzeit in Kuba militärisch einzugreifen. Außerdem »pachteten« sie für 99 Jahre den Militärstützpunkt Guantanamo. 1934 wurde der Pachtvertrag unbefristet verlängert. Kuba wurde zu einer Provinz der USA. USA-Monopole eigneten sich Betriebe und Ländereien an. Die Mafia zog sich nach Kuba zurück und schaffte sich dort ihr Eldorado für Prostitution, Drogen und Glücksspiele. Die kubanischen Politiker paktierten mit den USA, profitieren von deren Geschäften und putschten sich wie 1952 der Diktator Batista militärisch an die Macht.

Noch vor der Landung der »Granma« beginnt der erneute Kampf für ein unabhängiges und sozial gerechtes Kuba. Am 26. Juli 1953 stürmt der 27-jährige Fidel Castro mit 160 jungen Rebellen die Moncada-Kaserne der Batista-Soldaten in Santiago de Cuba. Doch der Beginn seiner Revolution scheitert. (Sie wird später in der Bewegung des 26. Juli fortgesetzt.) 68 Kämpfer werden hinge-richtet. Er selbst wird als Rädelsführer angeklagt, hält vor Gericht seine berühmte Verteidigungsrede »Die Ge-schichte wird mich freisprechen«, wird auf die Gefängnis-insel Isla de Pinos (heute Isla de la Juventud) verbannt, später amnestiert, geht ins Exil nach Mexiko, lernt dort Che kennen und besteigt mit ihm und den 80 anderen compañeros die »Granma«.

Von Jorge Luis' Geburtstagsfeier, bei der weder gesungen noch getanzt werden darf, ermordeten Kubanern an der mexikanisch-amerikanischen Grenze und einem Rückschritt, mit dem uns die Kubaner vielleicht schon weit voraus sind

Was könnte ich Jorge Luis zum Geburtstag schenken? Julie, die Vegetarierin, sagt: »Du weißt doch, er isst am liebsten Schweinefleisch.«

In einem privaten Café kauft sie eine Schokoladentorte. Ich nehme meinen einzigen Thüringer Schinken mit.

Die Wohnung von Jorge Luis liegt im einstmals vornehmen und heute bereits an vielen Stellen restaurierten Vedado-Viertel. Doch hier in der 13. Straße stehen auch Häuser, die inzwischen so baufällig sind, dass sie, wenn man zu schwere Wasserfässer auf das Verandadach stellen oder gar versuchen würde, einen zusätzlichen Raum darauf zu errichten, einstürzen könnten. Auch deshalb kontrollieren Mitglieder des 1960 gegründeten und 1961 nach der Invasion in der Schweinebucht verstärkten »Komitees zur Verteidigung der Revolution« inzwischen weniger die Landessicherheit als vielmehr die Sicherheit der Häuser in ihrem Wohngebiet.

Jorge Luis wohnt im ersten Stock eines verwinkelten Hauses. Bevor er uns nach der Begrüßung zu seiner Mutter in die Küche führt, müssen wir unter einem Rundbogen stehen bleiben. Er besteht aus flachen Hohlziegeln, die in 3 Lagen übereinandergelegt sind. Ein Tor wie zu einem Saal.

Doch dahinter führt nur ein schmaler Flur zu dem noch schmaleren Küchentrakt. Der große Kühlschrank muss im Flur stehen. Am linken Ende des Küchenganges ein Fass mit Wasser, an der Wand eine Ablage und eine Anrichte und am rechten Ende zwei Kochplatten. Auf einer Platte steht ein großer Topf, in dem Malanga, Tomaten, Paprika, Mais und Schweinefleisch köcheln. Auf der anderen brutzelt kleingeschnittenes Schweinefett zu Grieben.

Die Mutter von Jorge Luis, die in all dem Dampf steht, wischt sich die Hände ab und begrüßt mich überschwänglich, als ob ich zur Familie gehöre. Sie wäscht Tomaten mit Wasser, das sie aus dem Fass schöpft, und meint, dass ich sie vierteln könnte. Über ihrer bunt gemusterten Bluse trägt sie keine Küchenschürze. Das Auffälligste an ihr sind die fast ungebändigten lockigen Haare. Ihr überdimensionaler Wuschelkopf passt als Abbild nicht in den Spiegel, der über der Anrichte hängt. Seine Silberschicht blättert genauso ab wie der Kalk an der Wand daneben. Bevor Hilda mir ein Messer geben kann, sagt Jorge Luis, dass er mir zuerst die anderen Zimmer zeigen muss.

Ohne Erläuterung geht er schnell durch eine Schlafnische. Und auch in dem zweiten, ein wenig größeren Raum, in dem Siegermedaillen und Urkunden von ihm und dem kleinen Bruder hängen, macht er nicht halt. Auf dem Boden steht der mit Palmwedeln, bunten Bändern, Papierblumen, echten Zigarren und Rum geschmückte Hausaltar für Gott *Orula*. Gleich dahinter befindet sich

Jorge Luis mit seiner Geburtstagstorte

ein erst zur Hälfte neu gefliestes Bad. Jorge Luis will es mit seinem Onkel, der den Rum und den Schweinekopf für die Feier organisiert hat, bis Jahresende fertig bauen. »Falls ich nach Deutschland gehen darf, werde ich hier erst noch ein Toilettenbecken einbauen. Doch das Becken kostet rund 100 CUC.«

Hinter dem Bad läuft Jorge Luis rasch und zielgerichtet weiter. Der sonst kindlich lächelnde junge Mann bleibt andächtig vor einer Wendeltreppe stehen. »Jetzt siehst du das Wunder der Wohnung. Eine katalanische Treppe. Ich habe sie wie den Rundbogen selbst gemauert. Es waren meine Prüfungsaufgaben in der Restauratorenschule. Solche freitragenden Wendeltreppen haben die reichen Spanier in ihren Häusern.«

Jorge Luis hat sein Handwerk in der international renommierten staatlichen Schule von Eusebio Leal Speng-

Hilda kocht das Geburtstagsmahl

ler, dem Direktor für die Restaurierung der unter UNESCO-Schutz stehenden Altstadt von Havanna, gründlich gelernt. »Die Klinker habe ich aus der Schule mitgenommen. Nur die letzten zwei Stufen für die Wendeltreppe musste ich teuer kaufen. Da hatte ich schon ausgelernt.«

Vom Fernsehzimmer, in dem nur ein Sofa, ein Sessel und ein kleiner Tisch Platz haben, gelangt man zum eigentlichen Aufenthaltsraum mit der Dachterrasse. Alte Planen hängen in Kopfhöhe über einem Holztisch, um den auf Plastestühlen die Geburtstagsgesellschaft sitzt: der gutmütig lachende Onkel, dessen abstehende Ohren an seinem haarlosen Kopf wie angeklebt aussehen, und mehrere Männer aus der Nachbarschaft. Am Terrassengeländer lehnt eine junge Frau in einem spitz ausgeschnittenen schwarzen Kleid. Ihr Profil ähnelt mit seiner geraden Nase dem einer griechischen Göttin. Die Haare hat sie straff zusammengebunden.

Sie ist Berlinerin und studiert zur Zeit in Havanna. »Genau wie ich meinen Jorge Luis hat sie hier ihren kubanischen Freund kennengelernt«, meint Julie.

Ihr Freund, dessen Kopf ein kleiner Zopf ziert und den man »El artista – der Künstler« nennt, ist ein auf eigene Rechnung arbeitender *peluquero*, ein Friseur. Lachend erzählt er, dass es in seinem »Herrensalon« keine festen Öffnungszeiten gibt. Aber jeden Abend muss er den Friseurstuhl, den Spiegel, die Scheren, Rasiermesser und Haarschneidemaschinen wegräumen. Sein Salon befindet sich in einem türlosen Hausflur unter der Treppe.

Das erste Glas Rum trinken wir auf Jorge Luis' Geburtstag und seinen Visumantrag. (Mittlerweile hat er der Mutter erzählt, dass er nach Deutschland will.)

Danach frage ich die Berlinerin, ob El artista, wenn sie nach Deutschland zurückgeht, später nachkommen wird. Das weiß sie nicht. Doch er sagt bestimmt: »Nein, ich bleibe hier. Ich bin Kubaner. Manchmal bringt jemand aus Deutschland sogar gute Rasierklingen mit. Das reicht mir.«

Außerdem würde es dort wahrscheinlich mehr als genug Friseure geben. Er zeigt auf meine über die Ohren wachsenden Haare. Es wäre gut, wenn ich sie in seinem Unter-der-Treppe-Salon schneiden ließe. Seine Freundin hat ihm erzählt, dass ein Herrenschnitt in Deutschland 15 Euro kostet. »Ich mache ihn dir, sogar mit einer auf das Messer gesteckten deutschen Rasierklinge, für nur 25 Peso nacional, also 1 Euro. Und du musst keine Minute warten.«

154

Früher war er Mechaniker, dann hat er Zigarren gerollt, sogar die teuren berühmten Havannas.

Mutter Hilda bringt einen Teller mit schon erkalteten knusprigen Grieben. Ihre feine bunte Bluse und ihre voluminöse Haarpracht riechen nun nach Schweinefett.

Sie arbeitet bei einem Wachdienst in einem staatlichen Laden, wo sie kontrollieren muss, dass alle Kunden, wie es in Kuba üblich ist, beim Betreten des Ladens ihre Taschen und Rucksäcke an einer »Garderobe« abgeben, und aufpassen, dass trotzdem niemand klaut. Gewöhnlich würden Kubaner sich untereinander weder auf der Straße noch in den Wohnungen bestehlen. Aber in einem staatlichen Geschäft sei die Versuchung wegen des Mangels an Waren groß.

Einmal hätte sie in einem Geschäft mehrmals dieselben Diebe beobachtet und es den Chefs gemeldet. »Doch die meinten, dass es keinen Grund gäbe, die Polizei zu rufen. Die Männer kamen wieder und klauten. Ich meldete es, aber wie beim ersten Mal passierte nichts. Eines Tages wurden die Chefs verhaftet. Sie hatten sich den Erlös für die gestohlenen Waren mit den Dieben geteilt.«

In letzter Zeit gäbe es in Kuba mehr Korruption als zuvor. Beamte würden bestochen, um eine Zuteilung für Autoersatzteile oder die Genehmigung für ein privat vermietbares Zimmer zu erhalten. Verkaufsstellenleiter würden rationierte Baumaterialien an Händler verkaufen, die sie dann auf dem Schwarzmarkt zu Höchstpreisen verhökerten.

Julie weiß, dass in der Parteizeitung »Granma« jeden Freitag eine kritische Seite erscheint, auf der auch kon-

Auch an der Callé 23 werden Zigarren gerollt

krete Fälle von Korruption und Misswirtschaft öffentlich gemacht werden können.

In den letzten Ausgaben vor Fidels Tod beschweren sich Kubaner (Regierungsbeamte und Parteifunktionäre müssen darauf antworten!) unter anderem darüber, dass in ihrer Verkaufsstelle, in der sie auch die libreta abholen können, die zugeteilten Hühner spurlos verschwinden. Der Bauer Norman de León Oliva schreibt, dass er 2012 vom Landwirtschaftsministerium 13,42 Hektar staatliches Land erhalten hat, um mit seinem Vater und Onkel Großvieh zu halten. Täglich liefern sie über 100 Liter Milch. Nun muss er die Tiere schlachten, denn das Land wird ihm wieder abgenommen. Und die Funktionäre würden ihm nicht sagen, weshalb. Wer hätte Interesse an diesem Boden?

Jorge Luis liest die »Granma« nicht. Er fragt, ob es auch in Deutschland Korruption gibt.

Jorge Luis hat noch viel zu tun

»Die kleine nicht mehr«, sage ich. »Niemand wird einen Verkaufsstellenleiter bestechen, um 5 Kartons Speiseöl einheimsen zu können. Aber ...«

Der Onkel prostet mir zu und sagt, dass ich die Grieben kosten muss. Sie seien eine Delikatesse. Doch zu hart für mein Gebiss. Anstandshalber schlucke ich zwei mit viel Rum hinunter wie Tabletten.

Harlyn, der kleine Bruder von Jorge Luis, trinkt keinen Rum. Er ist auch kein kleiner Bruder, sondern wirkt mit seinen muskulösen Oberarmen und den breiten Schultern größer und kräftiger als Jorge Luis. Er trägt auch keinen Vollbart, und anstelle von dessen hochaufgerichtetem Haarschopf baumeln ihm nur ein paar ausgefranste Strähnen in die Stirn.

»Ohne Bart und Haarpracht ist er windschlüpfiger«, hänselt ihn der Friseur.

Der kleine Bruder sprintet 100 Meter in 10,01 Sekunden. Er gehört damit zum Nationalkader von Kuba, trainiert außerhalb der Stadt im Zentralstadion und wohnt auch dort. Essen und Sportbekleidung bekommt er umsonst. Harlyn Pérez braucht kein Besuchsvisum fürs Ausland. Er kann bei allen internationalen Wettbewerben starten.

Ich frage: »Und wirst du irgendwann im Ausland bleiben?«

»Weshalb sollte ich das?«

Er wartet auf meine Antwort. Ich stottere etwas von besseren Lebensbedingungen, Siegerprämien, modernen Autos.

Er lacht mich aus. »Du willst über Kuba schreiben, aber denkst nur wie ein Europäer.«

Nun trinkt er doch einen Rum. »Auf Kuba! Auf das freie Kuba!«, sagt er und legt seinen kräftigen Arm auf meine schwache Schulter.

»Dein Vater ist sehr stolz auf dich?«

Das hätte ich nicht fragen sollen, ich hätte mir denken können, dass seine Mutter geschieden ist.

»Das weiß ich nicht. Ich habe meinen Vater Ángel Ernesto viele Jahre nicht gesehen. Er lebt jetzt in Spanien. Ihm gehört ein sogenanntes Amüsierlokal.«

Ich denke, dass der spanische Leichtathletikverband sehr froh wäre, wenn ein kubanisches Sprinttalent wie Harlyn künftig für Spanien starten würde …

Als ob er meine Gedanken erraten hat, sagt Harlyn noch einmal: »Ich werde Kuba nie verraten!«

Mutter Hilda bringt das Gemüse, die Salate, eine extra

für Julie ohne Fleisch gekochte Suppe und Reis mit schwarzen Bohnen. Julie verrät mir, dass Hilda sich von den Nachbarn für heute Teller geliehen hat. »Sie besitzt nur zwei, einen für Jorge Luis oder den kleinen Bruder und einen für sich. Wenn unverhofft mehr Leute kommen, essen erst zwei und danach wieder zwei.« Sie will ihr zu Weihnachten noch 4 Teller schenken. »Aber zurzeit gibt es in den staatlichen Geschäften nur Tassen und Krüge«, klagt sie.

Ein lauer Wind weht, und es ist immer noch sehr warm unter der Plane auf der Terrasse. Als die erste Flasche Rum zur Neige geht, organisiert der Onkel eine zweite. Es wird eine sehr schöne Geburtstagsfeier.

Nur die Berlinerin bedauert, dass heute keine Musik gespielt werden darf und sie nicht tanzen kann.

Kaum 100 Meter von der Terrasse entfernt wird ein bestimmt 50 Meter hoher Schornstein grell beleuchtet.

»Vor dem Gebäude daneben wartet für gewöhnlich eine lange Menschenschlange, um in eine der begehrtesten Discos von Havanna reinzukommen«, sagt Jorge Luis.

Ein Musiker hat die ehemalige Fábrica el Cocinero – eine Speiseölfabrik – zum Kulturhaus mit Disco umbauen lassen. »EL COCINERO« steht in Leuchtbuchstaben weithin sichtbar kopfüber am Schornstein.

»Wegen Präsident Obama durften meine Mutter und ich unsere Terrasse einen Tag lang nicht betreten«, ereifert sich Jorge Luis. »Von hier oben hätte man ihn erschießen können.«

Obama wollte bei seinem Kuba-Besuch – der erste eines US-Präsidenten nach fast 90 Jahren – nicht nur mit der sozialistischen Regierung, sondern medienwirksam auch mit Vertretern der kapitalistischen Marktwirtschaft und Oppositionellen sprechen. Er traf sich mit ihnen in der ehemaligen Ölfabrik.

»Es war nicht auszudenken, was geschehen wäre, wenn es ausgerechnet in Kuba einen Anschlag auf den USA-Präsidenten gegeben hätte. Also sperrten die Sicherheitsleute die Gegend weiträumig ab.«

Julie bringt die Torte mit den brennenden Kerzen. Wir singen: »*Felicidades Jorge Luis en tu dia ...*« Nachdem er die Kerzen ausgepustet hat, bekommt er die Schokocreme ins Gesicht geschmiert. Als er sich lachend säubern will, wischt seine Mutter ihm wie einem Baby mit einem Lappen die Creme vom Hemd und aus den Haaren. Julie schimpft laut (außer mir und der Berlinerin versteht es ja keiner), dass Jorge Luis heute 30 geworden und kein Kind mehr ist.

Später zieht er das Hemd aus und wäscht sich. Auf seinen Oberarmen, den Schultern, dem Rücken und der Brust bemerke ich Narben von wahrscheinlich sehr tiefen Wunden.

»Ich war damals 15. Als sie mich überfielen, hatte der eine der beiden ein Messer. Ein stumpfes zwar ... Und danach hat es lange bis zur Gerichtsverhandlung gedauert.«

Es sei die Zeit gewesen, als seine Mutter mit ihm und dem 9 Jahre jüngeren Harlyn von einer Wohnung in die nächste ziehen und er von einer Schule in die andere wechseln musste.

Weil der Thüringer Schinken im Vergleich zu Schweinekopf und Rum ein ziemlich klägliches Geburtstagsgeschenk war, schenke ich Jorge Luis noch ein paar CUC für den Kauf des Toilettenbeckens. Er strahlt, als ob ich ihm gerade das Besuchsvisum überreicht hätte.

Großmutter Maria rät mir am nächsten Morgen, entweder eine Zitrone auszulutschen oder das Kraut der Bitternelke zu kauen. Ich begnüge mich mit dem Zitronensaft und hoffe, dass er mir den Geburtstagskater vertreibt, denn ich will heute »arbeiten«. Das heißt, Miguel suchen und ihm, wenn schon keine Gitarrenseiten, wenigstens die Kabelbinder bringen.

Doch der Tag beginnt schon vor der Haustür deprimierend. Ein Trupp von Männern hat die unteren Wedel der an der *calle* 18 stehenden Palmen abgesägt. Sie liegen am Straßenrand. Im Moment sitzen die Arbeiter vor der offenen Haustür und lassen zum Frühstück eine Flasche Rum kreisen. Ich schüttle mich. Weil in dem Haus 5 Familien wohnen, die ein Zimmer an ausländische Touristen – *extranjeros* – vermieten, überhäufen sie mich, als ich herauskomme, sofort mit kubanischer Ausgelassenheit. Sie schütten einen Schluck Rum in einen Pappbecher, helfen mir, weil ich mich ziere, ihn anzuheben, rufen »*Viva Cuba*«, und als ich ausgetrunken habe, füllen sie trotz meiner Proteste den Becher nach. Ich gebe ihn leer zurück, bedanke mich bei den »*amigos*« und will gehen. Doch einer der Männer hält mir den leeren Becher vors Gesicht, ein anderer bedeutet mir, dass ich Geld hineinlegen soll. Ich erkläre, dass ich auf keinen Fall einen dritten Schluck trinken werde, doch er schüttelt den Kopf: *Primero*, der erste, war für Freundschaft und der zweite für Geld.

»*¿Cuánto?* – Wie viel?«

2 CUC. Ich weiß, dass man eine Flasche Rum schon für 5 CUC kaufen kann, und lege nur einen CUC in den Pappbecher. Als ich gehen will, holen sie aus einer Tasche noch eine volle Flasche und behaupten, dass die gewöhnlich 20 CUC kostet. Doch sie würden mir die Flasche für 15 CUC verkaufen, sagt eine dazugekommene Frau.

Als ich wütend werde, beruhigt mich der Älteste. Er spricht ein wenig Englisch und ein paar Worte Deutsch. Sie arbeiten staatlich, also bei der Stadt. »Für 300 Peso nacional, 12 CUC im Monat.« Ein ehemaliger Kollege hätte die Lizenz erhalten, um bei Privatpersonen Palmen »auf eigene Rechnung arbeitend« zu beschneiden. Der bekommt an einem Tag 12 CUC.

Deshalb würden sie an Ausländer, er lacht: »Rum! Billig Rum!«, verkaufen. Den Gewinn teilen sie. Wenn sie bei meiner Rückkehr noch hier in der 18 arbeiten, soll ich mit ihnen noch zwei Rum trinken. »Zwei nur auf die Freundschaft.«

Als ich nach zwei Stunden zurückkomme und mir bei dem Gewaltmarsch durch Havanna bei vormittäglichen 30 Grad den Restalkohol ausgeschwitzt habe, sind die Palmenschneider schon nicht mehr da.

Auch Miguel habe ich nicht getroffen. Wahrscheinlich hatte mir seine Verehrerin Claudia Fenske eine falsche Adresse geschickt. Niemand dort kannte den Tanzlehrer und Handwerker.

Weil ich die Kabelbinder nicht wieder einpacken will, beschließe ich, sie dem Erstbesten zu schenken, der unter einem alten Auto liegt. Ich könnte sie gleich um die Ecke

»Der erste Schluck für die Freundschaft, der zweite für Geld.«

in der großen Werkstatt, in der sich Mechaniker zu einem kooperativen Autoreparaturbetrieb zusammengeschlossen haben, abgeben. Doch bestimmt haben sie dort weniger Materialprobleme und machen auch guten Gewinn. Ich habe in der noch nach Mitternacht geöffneten Werkstatt Männer getroffen, die nachts die Maschinen nutzen durften, um gegen ein »kleines Entgelt« ihre Autos selbst zu reparieren.

Vor einem privaten Café, in dem es auch Eis und Kekse gibt, sitzt ein vielleicht 40-jähriger Messer- und Scherenschleifer mit einer hellblauen leuchtenden Schirmmütze auf einem zum Stehrad umgebauten Fahrrad. Er tritt in die Pedalen, die Kette dreht den Schleifstein. Die Verkäuferin bringt ihm 3 Messer. Funken sprühen, und nach dem Schärfen bezahlt sie ihn mit einer Semmel.

Ich frage, ob ich ein Foto von ihm machen darf. Er nickt

freundlich, allerdings kostet sein Foto etwas. Und hebt einen Finger hoch. Dann setzt er sich auf dem Fahrrad in Positur. Ich knipse, schreibe seinen Namen auf und drücke ihm einen Peso nacional in die Hand. Er gibt ihn mir zurück und macht mir klar, dass sein Finger einen kubanischen Peso konvertierbar, also einen Euro, bedeutete.

Es ist mein bisher teuerstes Foto.

Das Paket Kabelbinder schenke ich schließlich einem Mann, der, wie ich später erfahre, nicht nur ein Auto reparieren, sondern auch zeichnen kann. Sein Auto ist über 60 Jahre alt. Ernesto überpinselt die Rostflecken der Karosserie mit Farbe und will die Stoßdämpfer provisorisch durch Gummiplatten ersetzen. Noch vor einem Monat wäre er mit dem Auto auf guten asphaltierten Straßen gefahren. Aber als Taxi oder *máquina* sei das wegen der fehlenden Stoßdämpfer verboten! (Genauso wie der Export von ähnlichen Oldtimern ins Ausland. Die Regierung überwacht sehr streng, dass dieser unwiederbringliche »Reichtum des kubanischen Tourismus« nicht ausgeführt wird.)

Weil mein spanischer Wortschatz immer noch sehr gering ist, unterhalten wir uns recht mühsam miteinander.

Kilometer Stunde? – 75. – Gasolin 100 Kilometer? – 30 Liter.

Ich sage »*mucho, mucho*« und schätze, dass 30 Liter Benzin die Luft mit ziemlich viel CO_2 belasten. Und wenn jedes der wahrscheinlich zehntausend vorsintflutlichen Autos (auch die Einfuhr von Autos und Ersatzteilen war durch die Blockade der USA nicht möglich) zum Gelderwerb der Besitzer und Vergnügen der Touristen täglich nur 50 Kilometer in Havanna fährt, sind das im Monat …?

Ich versuche ihm zu erklären, dass es unverantwortlich ist, mit immer mehr dieser alten Karren umherzufahren. Luftverschmutzung, Erderwärmung …

Er versteht meine Worte nicht, begreift aber intuitiv, was ich meine. Er bittet um meinen Stift und ein Blatt Papier aus meinem Notizbuch und zeichnet zuerst ein Auto mit Fahrer und dicken Auspuffwolken. »*Yo* – ich.« Daneben ein Brot, eine Banane, eine Schüssel Reis mit schwarzen Bohnen, eine Flasche Bier, Auto und Lebensmittel verbindet er mit dicken Strichen.

Meine Arbeit – mein Essen.

Und über Brot und qualmendem Auto skizziert er *Orula, Changó* und andere Götter. Alle drohen mit dem Zeigefinger.

Auf einem zweiten Blatt Papier malt er einen Müllhaufen mit Lebensmitteln, Autos, Fernsehapparaten und Möbeln. Unter dem Müll liegt ein wahrscheinlich schon toter Mensch. Daneben zeichnet er eine Fabrik mit einem Schornstein, aus dem dicker Rauch quillt. Aus den Fenstern der Fabrik werden Lebensmittel, Autos, Fernsehapparate und Möbel direkt in den weit aufgerissenen Mund eines danebenstehenden Menschen gespuckt. Obendrüber die Götter. Sie schleudern Blitze.

Weil ich nicht sicher bin, ob ich seine Zeichnungen richtig deute, stecke ich sie vorsorglich in mein Notizbuch und frage Ernesto: Und Kuba 2025?

Er bittet um ein drittes Blatt, auf das er nur Menschen zeichnet, die hinter mehreren Broten, vielen Bananen,

Foto für einen Euro: der mobile Scherenschleifer

großen Schüsseln Reis mit schwarzen Bohnen, einigen Flaschen Bier, Autos und Fernsehapparaten sitzen. Und dazu ein Auto mit Solarzellen auf dem Dach und eine Fabrik ohne Schornstein. Anstelle der Götter malt er die Umrisse der Insel Kuba und ein Schild mit der Aufschrift: »Stopp Profit!« Und ganz obenauf schreibt er links »*sueño* – Traum« und rechts »*oportunidad* – Chance«.

Noch bevor ich ihm die Kabelbinder gegeben habe, nimmt er von der Lenksäule seines Autos eine kleine hölzerne Trommel mit der Aufschrift »Cuba« und schenkt sie mir.

Wahrscheinlich, klagt er, werde er in seinem Auto trotz der Reparatur keine ausländischen Touristen mehr fahren dürfen.

Und wahrscheinlich dürfte Migdalia in diesen Tagen keine Touristen beherbergen, denn die Maler lackieren auch

Fährt auch bald wieder

noch die wie neu aussehenden Fensterrahmen und Türen in ihrer Wohnung. Die Luftverpestung durch die Nitratverbindungen ist, gelinde gesagt, sehr hoch, und auch das eingeschaltete Flügelungetüm in meinem Zimmer verquirlt nur die beißende Luft.

Maria spürt meinen Unmut. Um ihn zu besänftigen, füllt sie mittags nicht nur die Teller der Maler, sondern stellt auch für mich ein Essen auf den Tisch. Reis mit schwarzen Bohnen und mit Paprika gedünstetes kleingehacktes Hühnerfleisch. Sie verrät mir heute sogar ihr »Geheimrezept« für die schwarzen Bohnen. Es ähnelt dem, das ich später von Olimpia in der Jugendstilvilla der Familie Menéndez erhalte. Also: Die Bohnen – aber das hatten wir schon – am Abend zuvor einweichen, dann mit etwas Salz kochen, bis sie fast weich sind. Das Wichtigste sei danach die *sofrito*. Dazu werden Paprika, Zwiebeln und

Knoblauch klein geschnitten und angebraten. Man gibt Kümmel und Majoran dazu, lässt alles mit den Bohnen köcheln und würzt mit ein wenig Essig und Zucker.

Nach dem Essen schlägt Migdalia vor, dass wir uns mit Julie auf den Balkon setzen, einen Kaffee trinken und, während wir auf den Friedhof blicken, über ihr Leben reden.

Migdalia ist 10 Tage nachdem Fidel siegreich in Havanna einmarschierte, geboren worden. Sie war die mittlere von 3 Schwestern.

»Das Mittelkind ist immer am schlechtesten dran. Die 8 Jahre ältere Schwester konnte schon alles. Die 7 Jahre jüngere war das Nesthäkchen. Nach der Scheidung der Eltern blieb die ältere Schwester beim Vater auf dem Land. Maria, selbst Analphabetin, wollte, dass ich Lehrerin werde. Ich studierte noch, als ich schon unterrichten musste. Es gab damals zu wenig Lehrer in Kuba. Viele waren in die USA gegangen. Ich musste sehr viel und sehr laut sprechen. In meiner Klasse saßen manchmal 35 Kinder. Ich redete mich heiser, bekam irgendwann einen Knoten im Hals und konnte nicht mehr unterrichten. Der Knoten heilte nicht ab. Und als die Ärzte sagten, dass er nicht zu operieren sei, habe ich tagelang geweint. Damals begrub auch meine Mutter ihren Herzenswunsch.«

»Aber weshalb hast du nicht wenigstens deiner Mutter Lesen und Schreiben beigebracht?«, frage ich Migdalia.

Wie ich es erwartet habe, antwortet sie nicht sofort.

»Ja, das ist bestimmt das schlimmste Versäumnis meines Lebens. Ich schäme mich. Sie, die Analphabetin, hat es geschafft, dass wir 3 Kinder alle zur Universität gehen konnten. Und ich habe ihr so wenig zurückgegeben.«

Dann sagt sie, als müsste sie sich entschuldigen: »Maria hat immer nur gearbeitet, gekocht, genäht, geputzt. Es blieb für sie keine Zeit zum Lernen und für mich keine, sie zu unterrichten. Maria ist bis heute mit ihrem Fleiß und ihrem Ehrgeiz sehr gut durchs Leben gekommen. Sie hört Radio, sieht fern, in der Kirche spricht der Pfarrer, und bei politischen Veranstaltungen reden die Funktionäre.«

Nein, das sei kein Trost, aber …

Nachdem es unmöglich war, als Lehrerin weiterzuarbeiten, hat ihr der Staat angeboten, Biologie zu studieren. Danach arbeitete sie zuerst in einem medizinischen Museum und beschäftigte sich mit der Ausstellung von Parasiten. Schließlich sei sie im Kulturministerium für die bildende Kunst und die Pflege des kulturellen Erbes verantwortlich gewesen. »Fast 27 Jahre habe ich mit Künstlern Ausstellungen organisiert, und 27 Jahre lang haben sie mir an jedem Frauentag und zu jedem Geburtstag ein Bild geschenkt.«

»Aber im Flur hängen mehr als 54«, sage ich. Und sie lacht.

Ich frage, wie sie und Maria zu dieser großen, schönen Wohnung gekommen sind.

»Maria besaß ein kleines Haus, und ich besaß ein kleines Haus. Viel Rente hatten wir nicht. Und als wir allein ohne Männer waren, verkauften wir unsere Häuser, die uns der Staat geschenkt hatte, nachdem wir dort 10 Jahre Miete gezahlt hatten. Das Geld reichte für diese Wohnung, in der nun jede ein Zimmer besitzt und wir, weil es eine ordentliche Wohnung ist, die Lizenz erhalten haben, ein Zimmer an Ausländer zu vermieten.«

Ich sage: »35 CUC pro Nacht, das Frühstück mal abgerechnet, sind ein guter Verdienst.«

Sie nickt erst und wiegt dann bedächtig den Kopf. »Ich finde es ungerecht, dass wir dem Staat Zimmersteuer bezahlen müssen, aber der Staat uns dafür keinerlei Vergünstigungen gewährt. Beispielsweise billigeres Toilettenpapier, billigere Glühlampen, billigere Seife …«

Migdalia träumt davon, dass sie, »wenn uns Marias Gott hilft«, eines Tages in der Wohnung eine kleine Gemäldegalerie eröffnen kann. Dann wird sie Tee anbieten, Kunstgespräche, Lesungen und Workshops organisieren.

Bevor ich vom Balkon wieder in die Wohnung gehe, legt sie einen nassen Lappen vor die Tür.

Obwohl der Tag nicht gut begann, werde ich nach der Kabelbinderübergabe und dem Gespräch mit Migdalia heute vielleicht noch einen Briefträgerauftrag erledigen können. Denn als ich Tito Núñez, den »Chef« der kubanischen Vegetarier, anrufe, schlägt er vor, dass wir uns am Nachmittag hier im vegetarischen Restaurant treffen. Zwar berichtet er, dass er nicht der »Chef aller Vegetarier in Kuba« ist, trotzdem bin ich sehr froh, wieder Post auszuliefern.

Ich blättere in den mir mitgegebenen Wildkräuter-Rezepten. Löwenzahnblüten, zu Gelee verarbeitet, Gänseblümchen zu Salat, Sauerampfer zu einer Suppe. Bisher habe ich hier weder Löwenzahn noch Gänseblümchen oder Sauerampfer gesehen, aber ich weiß zu wenig von der Flora des Landes. Ich kenne zum Beispiel immer noch nicht den Namen des geheimnisvollen Baumes, von dessen dicken Ästen Tausende dünne Luftwurzeln bis auf den Bürgersteig herunterhängen. Luftschlangen, an denen die Wünsche bis hinauf in die Krone klettern könnten ...

Besonders viele dieser dickstämmigen Bäume sehen wir an der Straße, in der sich die mexikanische Botschaft befindet. Vor der Botschaft drängen sich Kubaner. »Manche eine halbe Nacht«, sagt Julie. »Von Mexiko ist es für Kubaner ein Kinderspiel, legal über die Grenze in die USA zu kommen.«

An dieser Stelle ist es notwendig, die nur Kubanern gewährte Einreisebestimmung in die USA zu erwähnen. Um möglichst viele Kubaner – vor allem Ärzte, Ingenieure und Facharbeiter – in die USA zu locken, bekamen kubanische Flüchtlinge sofort Arbeit und nach einem Jahr die amerikanische Staatsbürgerschaft.

Deshalb verkauften Kubaner für Tausende Dollar in Mexiko ihre Pässe an Mexikaner. Und manchmal wurden Kubaner dort wegen ihrer Pässe ermordet. Nach seinem Besuch in Kuba hob Obama mit seinem letzten Dekret diese Regelung der privilegierten Einreise auf. Kubaner werden inzwischen in den USA wie alle anderen Migranten behandelt.

Das vegetarische Restaurant finden wir in einer Seitenstraße. Zwei neue Reisebusse stehen davor. Die Kellner tragen Frack, und die Tische sind stilvoll eingedeckt. Ein Kellner hebt die heruntergefallene Gabel eines Gastes auf und reicht ihm, zwischen zwei Servietten geklemmt, eine neue.

Tito Núñez sitzt allein im Garten des Restaurants. Ein kleiner Mann mit kurzen Haaren, der durch seine Brille aufmerksam die Kellner beobachtet. Er bestätigt leise sprechend, dass das Restaurant zur Spitzenklasse in Havanna gehört. Es wird privat geführt und von ihm als Berater betreut.

Dann stellt er sich vor: »Seit 25 Jahren ernähre ich mich vegan. Ich esse kein Fleisch und auch keine Milchprodukte.« Zuvor hätten ihn Hunderte Zipperlein und Wehwehchen geplagt, seit 25 Jahren keine einzige Krankheit mehr.

Ich frage, ob er Gartenbau, Pflanzenkunde oder Ähnliches studiert hat, aber er ist Maschinenbauingenieur. Zuletzt für besonders kleine Maschinen. Chirurgische.

Er hat bei dem berühmten Professor der Augenheilkunde, Dr. Orfilio Peláez Molina, gearbeitet. Der hatte schon in den achtziger Jahren die weltweit einmalige Operationsmethode gegen den Tunnelblick entwickelt und sie an Tausenden Kranken, auch Patienten aus der DDR, erfolgreich praktiziert.

»Ich musste die ausländischen Patienten zuvor über die Operation informieren und dem Professor die Fragen der Deutschen ins Spanische und seine Antworten ins Deutsche übersetzen. Damals war ich der Assistent vom Augenarzt.«

1991 reiste Tito Núñez nach Deutschland, um den Heilungsprozess der Operierten zu überprüfen. »Man muss alles, was man entwickelt und umgesetzt hat, in der Praxis auf seine Richtigkeit überprüfen. Nicht nur das Geld einstecken, und um alles Weitere soll sich der liebe Gott kümmern. Der kümmert sich nicht!«

Er winkt dem Kellner, der sich verbeugt, als er uns die Speisekarte reicht.

»Natürlich müssen Sie meinetwegen nicht vegetarisch essen«, sagt der Vegetarier.

Aber Julie ist glücklich. Sie kannte das Restaurant noch nicht. Bevor sie hierherkam, hätte es eines im Botanischen Garten gegeben, doch das sei inzwischen geschlossen.

»Schade, über die Hälfte der Pflanzen im Botanischen Garten ist essbar«, sagt Tito Núñez bedauernd. Er ist der unfreiwillige Gründer dieses Restaurants gewesen. »Damals gab es eine gemeinsame Konferenz von Mexiko und Kuba über vegetarisches Essen …«

Er schweift ab und behauptet, dass die schlimme Spezialperiode in Kuba auch etwas Gutes hatte: »Wir mussten notgedrungen, weil es kaum noch Fleisch gab, wieder Pflanzen und Kräuter sammeln. Und kochen. Und essen. Also bei dieser Konferenz hatte ich einen langen Tisch im Botanischen Garten mit Kernen, Samen, Wurzeln, Früchten – alles essbar – aufgebaut. In einer kleinen Küche bereitete ich die Speisen zu, und als die Konferenzteilnehmer Durst hatten, gab ich ihnen den Saft der Sternfrucht zu trinken. Danach schlug die Chefin des Gartens vor, dort ein vegetarisches Restaurant zu eröffnen.«

»Und als die Hälfte des Botanischen Gartens aufgegessen war, musste es schließen?«, frage ich lachend.

»Nein, der Besitzer hat kein Interesse, das Restaurant zu erhalten und weiterzuentwickeln.«

»Wer ist der Besitzer?«

»Der kubanische Staat – also eigentlich wir alle.«

Diese Zeit war sein erstes Lehrjahr als Propagandist, Agitator und Organisator für vegetarisches Essen in Kuba.

Tito Núñez, seit 25 Jahren Veganer

Das zweite absolvierte er an der berühmten Filmhochschule in St. Antonio.

»Das war eine gute Zeit. Die Studenten, viele aus Mittel-, Süd- und Nordamerika, wurden zu Regisseuren, Kameraleuten und Drehbuchschreibern ausgebildet. Und zu Selbstversorgern. Sie mussten im großen Garten und auf dem Feld der Filmhochschule arbeiten und gemeinsam Süßkartoffeln, Malangas, Salat, Paprika, Tomaten, Auberginen und Kräuter pflanzen, pflegen und ernten. Wir kochten daraus ein kostenloses, sehr begehrtes, schmackhaftes Essen.«

Vertrieben wurden Tito Núñez und die Studenten aus dem Reich der Pflanzen von einer neuen Direktorin. Die bevorzugte wie Jorge Luis Schweinefleisch. Seitdem werden im Garten an der Hochschule Säue gehalten.

Das weiß ich schon – klein ist Kuba – von der Filmstudentin Tatrana aus Costa Rica, die ich bei der Fidel-Gedenkfeier getroffen hatte.

Inzwischen sei es schwer, sozusagen ein Politikum, die Kubaner für Pflanzenkost zu begeistern. »Täglich propagieren die Partei und die Medien: Das Lebensniveau der Bevölkerung wächst. Wodurch wächst es? Natürlich durch eine bessere Versorgung mit Lebensmitteln. Doch nicht durch mehr Salat, Bananen und Tomaten. Die einzige Messlatte ist: mehr Fleisch! Und da kannst du von Gesundheit und längerem Leben durch Pflanzenkost predigen und schreiben, so viel du willst. Fast immer kommt das Gegenargument: Grünzeug haben wir in der Spezialperiode genug essen müssen. Sollen wir heute freiwillig in diese schreckliche Hungerzeit zurückkehren?«

Der Kellner bringt unsere Speisen. Wie in den Gourmetrestaurants aller Länder liegen auf den großen Tellern kleine mit Kräutern, Gurken und Rote-Bete-Würfeln garnierte Häppchen. Doch in der Mitte frittierte Bananen, Mangos und gedünstete Tomaten.

Seine dritte vegetarische Lehrzeit absolvierte Tito Núñez in Las Terrazas. Der Ort, in dem heute 1000 Menschen wohnen, existiert erst seit 1973. Er wurde auf Anregung von Fidel als ökologisches und soziales Musterdorf in knapp 3 Jahren aufgebaut.

»Freiwillige Helfer, Bauern und Soldaten pflanzten damals 8 Millionen Bäume zur Wiederaufforstung. Überall grünt und blüht es. Mittlerweile UNESCO-Biosphärenreservat, ist es auch eine einzigartige touristische Oase. Ich berate dort das vegetarische Restaurant ›El Romero‹.«

Weil sich in der Nähe von Las Terrazas die Solarkommune La Guinea befinden soll, frage ich, ob Linienbusse dorthin fahren. Nein. Er würde einmal in der Woche zusammen mit dem Schulpsychologen und einem Parfümforscher nach Las Terrazas gebracht. La Guinea kennt er nicht.

Der Vegetarier schwärmt, dass in Las Terrazas der Boden so locker ist, dass sie ihn nicht umgraben müssen, sondern mit den Händen zerbröseln können. Sie legen Palmenwedel darauf, damit er nicht austrocknet.

Inzwischen würden viele Touristenbusse in Las Terrazas halten. »Die Reisegruppen essen oft bei uns. Und einmal im Jahr koche ich für die Bauern ein kostenloses vegetarisches Menü, und die Kinder kochen für die alten Menschen. Sogar eine Hochzeitsgesellschaft aus dem Dorf hat bei uns schon vegetarisch gefeiert.«

Tito Núñez sammelte an die tausend Rezepte. Er will sie aber nicht mehr in Büchern, sondern nur noch im Internet veröffentlichen, denn für Bücher müssen Bäume sterben.

Zurzeit analysiert er im Laboratorium Vitamine und Wirkstoffe verschiedener Früchte und Gemüsepflanzen. »Ich habe Rezepte für die Versorgung in Krankenhäusern entwickelt und den Ärzten geraten, welche Patienten Speisen mit Knoblauch essen sollten, für wen Mahlzeiten mit Möhren und Gurken vorteilhaft sind ... Dadurch können die Ärzte nicht nur Medikamente gegen die Krankheiten verordnen, sondern auch durch spezielle Speisen die Heilung beschleunigen ...«

Weil ich immer noch glaube, dass ich La Guinea in der Nähe von Las Terrazas finde, frage ich nach Übernachtungsmöglichkeiten und erfahre, dass am Fluss mit Palmwedeln gedeckte Touristenhütten auf Pfählen stehen.

Erst als mir auf dem Nachhauseweg neben der mexikanischen Botschaft die dünnen Fäden des Luftwurzelbaumes das Gesicht streicheln, fällt mir ein, dass ich Tito Núñez nach dem Namen des Baumes fragen wollte. Doch ich sinniere beim Gehen immer noch über seine Behauptung, dass die Erde nur durch eine Beschränkung unseres Fleischkonsums zu retten ist. Und über die kubanischen Krankenhäuser, in denen nach seinen Rezepten unterschiedliche Speisen für Patienten mit unterschiedlichen Krankheiten gekocht werden. Nicht vorstellbar in deutschen Kliniken. Die lassen sich das Essen aus Großküchen liefern.

Damit man besser vorbeigehen kann, knote ich die Traumluftschlangen zusammen. Es muss sehr unwirtschaftlich sein, Essen für Kranke nach den Vorschlägen von Tito Núñez kochen zu lassen, statt es wie in Deutschland so billig wie möglich herzustellen.

So weit sind die Kubaner noch zurück.

Oder uns schon voraus?

Von dem »Jugendstilmuseum«, in dem Olimpia und Carlos wohnen, der nötigen inneren revolutionären Disziplin, um als Kubaner in der DDR Tatar herunterzuschlucken, und einem Friseur, der 9 Monate lang das Zigarrenrollen lernte, aber trotzdem zu langsam war

Nach dem Frühstück versuche ich jeden Morgen, meine Tagesarbeit als Briefträger durch Telefongespräche vorzubereiten. Heute rufe ich zuerst Carlos Menéndez an. Ihm soll ich ein Manuskript und Fotos überbringen. Er wohnt nur 10 Minuten Fußweg von Migdalia entfernt. Punkt 10 Uhr wird er mir entgegenkommen und mich, wenn ich wie ein Deutscher aussehe, auch nicht verfehlen. Ich weiß nicht, wie ein Deutscher aussehen sollte.

Danach telefoniere ich mit Alberto Suzarte, den ich neulich nicht angetroffen hatte. Zwar redet er mit mir, als würde er mich kennen, doch dann bedauert er, heute keine Zeit für ein Treffen zu haben. Nun erzähle ich, dass mir Egon Hammerschmied 100 Euro für eine neue Autobatterie mitgegeben hat. Plötzlich fragt er, was ich heute noch mache. Als ich antworte, dass ich mir erstens für die 100 Euro, damit ich sie endlich loswerde, den besten kubanischen Rum kaufen werde und zweitens mit einem Carlos Menéndez verabredet bin, sagt er schnell, dass er dann zu Menéndez kommen wird.

»Wir kennen uns gut. Carlos ist ein sehr lieber Mensch.«

Bestimmt wäre Carlos Menéndez an mir vorbeigelaufen, denn er geht auf der, wie die Kubaner sagen, »guten Seite der Straße, der schattigen für die Klugen«, und ich auf der »schlechten, der Sonnenseite für die Dummen«. Zur Begrüßung sagt er, dass er mich ohne meinen roten Rucksack wohl nicht erkannt hätte.

»Sehe ich nicht wie ein Deutscher aus?«

»Ich meinte, wie ein Ausländer. Du bist schon zu braun. Und trägst auch keine bunten Bermudashorts mit schwarzen Socken.«

Carlos Menéndez sieht auf dem ersten Blick auch nicht wie ein Kubaner aus, sondern wie ein europäischer Doktor der Philosophie. Er ist sehr hellhäutig, trägt eine randlose Brille, hat schmale Lippen, kurze, spärliche Haare, und die sich ausbreitende Platte verlängert seine hohe Stirn weit nach hinten. Er ist 80, sagt er, läuft aber noch schnell wie ein Mittfünfziger. Trotz der Hitze trägt er kein T-Shirt, sondern »altersgemäß« ein ordentliches hellblaues Hemd.

Schon an der dritten Kreuzung biegen wir von der 23 in seine Straße. Sie endet nach 50 Metern abrupt vor einem mit Gebüsch bewachsenen ehemaligen Steinbruch. Im letzten Haus vor dem Abgrund, einer Jugendstilvilla mit einem Fensteroval im ersten Stock und zwei steinernen Frauenreliefs, wohnt Carlos Menéndez.

»Das Haus gehört meiner Frau. Meiner Olimpia. Sie hat es 1976 von ihrer Tante, der Frau des berühmten Grafikers, Künstlers und Kunstpädagogen Enrique García Cabrera, geerbt. Wir wohnen aber schon seit 1967 hier.«

Ich stehe staunend unter einer Wendeltreppe, deren Geländer mit kunstvollen Ornamenten verziert ist, und vor einem Regal mit wulstigen Fächern und geschnitzten Figuren.

Carlos dreht das Regal. Dahinter befindet sich eine Toilette.

Die Haustür steht noch offen. Doch der Zeitungsmann bleibt trotzdem an der Gartenpforte stehen und wirft die zusammengerollte »Granma« mit einer schwungvollen Armbewegung etwa 10 Meter bis zum Hauseingang.

»Das macht er jeden Tag, ob wir zu Hause sind oder nicht«, erklärt Carlos. »Kubaner trainieren überall Baseball.«

An der Wand der Wendeltreppe hängt ein Plakat des 12. Jugendstilweltkongresses von 2013. »Man hat dafür noch einmal ein von Cabrera gestaltetes Motiv verwendet.«

Carlos zeigt mir Kunstbücher über die bedeutenden Jugendstilhäuser von Havanna. In einem amerikanischen Bildband ist auch die Wohnung der Familie Menéndez abgebildet: ein bewohntes Jugendstilmuseum.

Nur der schmiedeeiserne Jugendstilleuchter im Speisezimmer ist »modernisiert«. In die alten Messingfassungen sind unterschiedliche klobige Energiesparlampen eingeschraubt.

»Bei einer landesweiten Aktion haben von Haus zu Haus gehende Helfer die stromfressenden Glühbirnen gegen Sparlampen ausgetauscht. In Venezuela versuchen wir das auch.« In Kuba hätte man sogar vorsintflutliche amerikanische Kühlschränke gegen neue ausgetauscht.

»Auch kostenlos?«

»Nein, aber viel billiger als im Geschäft.«

In seiner Bibliothek steht ein Computer mit festem Internetanschluss. Mein Staunen kommentiert er lachend und sieht dabei nun nicht mehr wie ein Philosoph, sondern wie ein Schalk aus. »Natürlich haben wir in Kuba auch stationäre Internetverbindungen. Oder sollte unser Außenminister, wenn er dem Botschafter in Deutschland eine dringende Nachricht schicken muss, mit seinem Handy durch die Stadt laufen und einen Platz mit Internetzugang suchen?«

Wegen der zu geringen Übertragungskapazität, es gibt lediglich eine Kabelverbindung nach Venezuela, könnte Home-Internet vorerst nur für gesellschaftlich wichtige Personen zur Verfügung gestellt werden.

»Und für verdienstvolle Pensionäre, die im Ministerium für Außenhandel gearbeitet haben?«, sage ich grinsend.

»Nein, der Anschluss gehört meinem Sohn. Er ist ein in Kuba sehr bekannter bildender Künstler und Mitglied im Künstler- und Schriftstellerverband.«

Im Jugendstilatelier, in dem nun der Sohn arbeitet, steht noch ein unvollendetes Gemälde von Enrique García Cabrera auf der Staffelei. Ein wolkengrauer und blauer Himmel, ein Jüngling, der einer schönen Frau einen Apfel reicht, und ein Geigenspieler. Drum herum Leere.

»Wir wissen nicht, wie er das Bild fertig malen wollte. Genauso wenig, wie wir heute wissen, was uns in Kuba die Zukunft bringt.«

Che Guevara hätte nach der Revolution einen neuen Menschen erziehen wollen. »Einen, der nicht mehr nach Geld und Besitz strebt, sondern seine Erfüllung in guter Arbeit findet. Wenn alle danach leben und arbeiten,

Das Speisezimmer der Jugendstilvilla mit dem »modernisierten« Kronleuchter

könnte es für jeden Kubaner genug Brot, Wein, Kleidung und Wohnungen geben. Dachte Che. Aber es funktionierte nicht.«

Hans Vorndran, der als Finanzberater aus der DDR zwei Jahre in Kuba arbeitete, hatte mir vor meiner Reise ein paar spanische Redewendungen beigebracht und erzählt, wie er 1976 das »Ohne-Geld«-System in Kuba erlebte.

»Es gab zwischen staatlichen Betrieben keine Ware-Geld-Beziehung. Wenn ein Walzwerk Bleche an eine Fabrik lieferte, die Töpfe produzierte, musste diese die Bleche nicht bezahlen, sondern nur den Eingang bestätigen. Wie viele Töpfe die Arbeiter daraus pressten und der Betrieb an den Handel abgab – der den Empfang von soundso viel Töpfen quittierte –, war für den Betrieb uninteressant.«

182

Er hat dieses Prinzip damals am eigenen Beispiel erlebt. »Der 1. Parteitag der Kommunistischen Partei Kubas beschloss im Dezember 1975, dass auch für staatliche Betriebe und Dienstleister Geldverrechnungen eingeführt werden. Doch als ich im Januar 1976 in Havanna ankam, wurde dieser Beschluss noch heftig diskutiert. Wir waren Berater für die Nationalbank und wohnten die ersten zwei Monate im Hotel ›Nacional‹. Aber nicht einmal die Nationalbank hatte eine Geldbeziehung zum Hotel. Das Hotel berechnete der Nationalbank keine Unterkunftskosten für uns. Und auch der Rum, den das Hotel bekam, musste nicht bezahlt werden. Es gab nur den Beleg der staatlichen Rumfabrik: 100 Flaschen Havana Club an das Hotel ›Nacional‹ geliefert, und die Bestätigung des staatlichen Hotels: 100 Flaschen Havana Club erhalten.«

Allerdings musste Kuba, weil es zum Ausland Geldbeziehungen unterhielt, die Berater aus der DDR bezahlen.

»Meist als Ware-gegen-Ware-Geschäft. Die Ware Berater aus der DDR gegen die Ware kubanische Orangen.« Ich erinnere mich gut: Die gab es Weihnachten selbst bei uns in der »Autonomen Gebirgsrepublik Suhl« zu kaufen. Sie waren gewöhnungsbedürftig. Wir wollten unsere Orange – auf jedem Weihnachtsteller lag meistens nur eine – sorgfältig schälen und dann Stück für Stück genießen. Doch die kubanischen Orangen ließen sich schlecht schälen, dafür waren sie saftiger als andere. Heute, wo wir Orangen im Supermarkt billiger als heimische Äpfel kaufen und sie mit der elektrischen Saftmaschine auspressen, heute wären wir mit den Orangen aus Kuba sehr zufrieden.

Als ich Carlos Menéndez die 40 Jahre alte Geschichte erzähle, nickt er nur und sagt lachend: »Alles ändert sich.«

Vielleicht sei Che mit seiner Vorstellung des moralisch und nicht materiell stimulierbaren Menschen ein Träumer gewesen. »Ich war doch damals auch einer.«

Geboren wurde Carlos Menéndez 1936 in Trinidad, der Stadt, deren koloniales Flair heute unter den Schutz der UNESCO gestellt ist. Sein Großvater mütterlicherseits hat 1895 bis 1898 am Unabhängigkeitskrieg gegen Spanien teilgenommen. Der andere Großvater gründete in der Tabakstadt Trinidad eine Zigarettenfabrik. Und sein Enkel hat viele Jahre danach Jura studiert. Doch nach der Revolution wollte der 23-jährige Carlos nicht Jurist werden.

Weil er ein wenig Englisch sprach, begann er 1960 im Internationalen Institut für Völkerfreundschaft zu arbeiten. Als er bei einer Veranstaltung im Theater der Gewerkschaften, bei der er Fidel sozusagen Auge in Auge gegenübersaß, gefragt wurde, ob er im Ausland Ökonomie studieren wolle, sagte er sofort ja.

Im Februar 1961 flog er mit einer alten Propellermaschine vom Typ »Britannia« nach Europa. Sie musste unterwegs notlanden, und sie warteten, bis Ersatzteile aus England kamen.

Über die Zeit in der DDR – Che Guevara hatte zwei Monate zuvor in Berlin ein erstes Handelsabkommen unterzeichnet – will er mir nicht viel erzählen. Er sagt nur: »Zur Begrüßung Tatar! Rohes Fleisch mit rohem Ei. Schrecklich. Aber wir gehorchten unserer inneren revolutionären Disziplin und schluckten es tapfer hinunter …

Kälte und Mäntel – wir kannten beides nicht … 6 Monate Deutschunterricht – ich war nicht der beste Schüler … Einsatz auf den Kartoffelfeldern – revolutionäre Hilfe wie in Kuba beim Zuckerrohrschneiden … Kneipen, in denen wir Bier aus großen Gläsern tranken« – ein Arsenal solcher Humpen steht in seinem Arbeitszimmer –, »Disziplin und Pünktlichkeit bis zum Überdruss … Studium der Ökonomie des Kapitalismus und des Sozialismus, ohne sie in Frage zu stellen … Im Wohnheim mit deutschen Studenten in einem Zimmer … Herrlich: Eierkuchen und Weihnachtsstollen! … Schrecklich: der Kaffee, nur braunes Wasser.«

Alles sei für ihn neu, aber beherrschbar gewesen, außer der Liebe.

»Nein, kein deutsches Mädchen, obwohl die sehr hübsch waren. Ich hatte mich kurz vor der Reise in Havanna unsterblich verliebt. Meine Schwester ging mit ihr in eine Klasse. Ich war ihr wahrscheinlich schon zweihundertmal begegnet. Plötzlich wie vom Blitz getroffen: Ich wollte sie und keine andere. Nur sie. Ich konnte mir nicht vorstellen, ohne Olimpia, damals war sie 20, zu leben. Aber dann flog ich nach Berlin … Ich muss sie dir endlich vorstellen.«

Er ruft nach ihr. Nach einigen Momenten steht sie auf der Wendeltreppe. So schön und stilvoll, als ob sie zum Interieur gehört. Schlank. Ein blaues Kleid, das bis zu den Knöcheln reicht. Die Haare kurz geschnitten. Sie geht graziös und sehr gerade. Lächelt mich an, sagt nach der Begrüßung: »Carlitos – ich werde jetzt Kuchen backen.« Und schreitet in die Küche. Sie vermengt Eier und eingeweichtes Brot, ohne dass ein einziger Spritzer auf dem Kleid landet.

Carlos Menéndez hat es damals geschafft, an der Hochschule für Ökonomie in Berlin-Karlshorst zu studieren und seine Olimpia trotzdem nicht aufzugeben.

»Ich half in Berlin beim Übersetzen mehrerer Dokumentarfilme. Mit dem Honorar von der DEFA konnte ich im Sommer 1962 außerplanmäßig nach Hause fliegen. Kurzentschlossen habe ich Olimpia in Havanna geheiratet, bin ins Außenministerium gegangen und habe als kleiner Student gesagt: Meine Frau muss ich aber nun in die DDR mitnehmen! Kurz darauf war entschieden, dass sie in der Botschaft in Berlin als Sekretärin arbeiten wird.«

Das Unmögliche sei 3 Jahre nach der Revolution noch möglich gewesen. 1965 schloss Carlos das Studium als diplomierter Außenhandelsökonom ab. Er blieb 8 Jahre in Kuba, dann gingen Olimpia und er mit ihren 3 kleinen Kindern noch einmal für 5 Jahre nach Berlin und arbeiteten in der kubanischen Handelsvertretung.

Es klingelt. Als Carlos mit Alberto hereinkommt, bleibt mir der Mund für Sekunden offen stehen. Alberto Suzarte (klein ist die Welt in Kuba) hatte als Reiseleiter die »Cuba sí«-Touristengruppe begleitet. Ich hatte den 70-Jährigen bei meiner improvisierten Lesung im Hotel »Playa de Oro« getroffen, ohne zu ahnen, dass er der Geldempfänger ist. Auch heute hat er die Sonnenbrille auf den Kopf geschoben. In Varadero hatte er als politisch verantwortlicher Reiseleiter meiner Auffassung, dass die privaten Unternehmen ein Anzeichen für kapitalistische Marktwirt-

Olimpia. »Ich wollte sie und keine andere«, sagt Carlos Menéndez.

schaft in Kuba sind, unerbittlich widersprochen. Jetzt begrüßt er mich wie einen guten Bekannten.

Von 1963 bis 1968 hat Alberto Suzarte an der Bergakademie Freiberg Chemie studiert. Dort lernte er eine deutsche Frau kennen, und weil er der Botschaft nicht meldete, dass sie ein Kind von ihm bekam, konnte er bis zum Ende des Studiums in der DDR bleiben.

Als er nach Kuba zurückkehrte, blieben die Frau und der viereinhalbjährige Sohn in der DDR. Er hielt zwar Kontakt zu ihnen, den Sohn sah er aber erst nach dem Fall der Mauer wieder.

Als er mit den 100 Euro gegangen ist, spricht Carlos über den Bau der Mauer. »Damals war ich ein halbes Jahr in Berlin. Ich habe miterlebt, wie der Westen Tausende in der DDR ausgebildete Ärzte, Ingenieure und Lehrer abwarb, und glaubte, dass die DDR daran kaputtgeht.

Heute sind es afrikanische und asiatische Fachleute, die in ihren armen Heimatländern ausgebildet wurden und die das reiche Deutschland nun kostenlos als Arbeitskräfte erhält. Wenigstens das Geld für Schule und Universität sollte Deutschland an die Herkunftsländer zurückzahlen.«

Von der aktuellen Politik zurück zur Vergangenheit.

»Vor dem 13. August 1961 konnten die Westdeutschen durch den illegalen Wechselkurs die halbe DDR leerkaufen. Man musste sich also abgrenzen. Das dachte ich damals als angehender Ökonom. Und die Mauer mal ideologisch betrachtet: Die Bundesrepublik war ein Freund der USA. Nur 4 Monate zuvor hatten von der CIA bewaffnete Exilkubaner Kuba in der Schweinebucht angegriffen und bombardiert. Die DDR unser Freund, die BRD Freund der USA. So einfach erschien mir alles. Dass mit der Mauer deutsche Familien auseinandergerissen wurden, habe ich erst später bedacht.«

Er holt den Brief eines inzwischen verstorbenen Freundes. »Lieber Carlos«, heißt es dort, »im Gegensatz zu Deinen Erfahrungen mit dem Bau der Mauer in Berlin erlebte ich deren Fall, als ich in Berlin an einem Seminar teilnahm. Ich habe gesehen, wie sich mit Gesängen und Losungen die Bürger der beiden deutschen Staaten vereinten. Mit Schmerz sah ich, dass von der Reichstagsseite aus, auf der man einst das Banner der Befreiung vom Faschismus gehisst hatte, in dieser Nacht einer der bekanntesten Antikommunisten dieser Zeit, Helmut Kohl, sprach. Es wurde ›Danke, Herr Kohl‹, gerufen. Was für eine Enttäuschung. Mir erschien alles unverständlich, weil ich es aus unserem revolutionären Blickwinkel wertete ...«

Nun, die Welt hätte sich seitdem sehr verändert, wiederholt Carlos. »Sie ist noch komplizierter geworden und schwerer zu verstehen.«

Ich sage: »Wie Kuba heute.«

Er fragt, ob ich mir für mein Buch schon ein Urteil über Kuba gebildet habe.

»Nein, ich will nicht urteilen.«

Olimpia kommt aus der Küche. Wir hätten genug über Politik geredet. Carlos nickt, aber er sagt abschließend, dass der Aufenthalt in der DDR sehr nützlich und positiv gewesen ist. »Wir haben viele gute Menschen kennengelernt und Freundschaften geschlossen, die bis heute halten.«

Olimpia lädt mich ein, sie noch einmal zu besuchen. In der Zwischenzeit würde sie mir kubanischen Rohrzucker und schwarze Bohnen kaufen, als Geschenk.

Außerdem könnte sie mir dann in einem dicken Briefumschlag für eine befreundete Familie in Berlin die neuen »Granma«-Ausgaben über Fidels Tod, die Gedenkfeiern und die Beerdigung mitgeben.

Noch habe ich nicht alle Briefe aus Deutschland in Kuba ausgetragen und bekomme schon neue für Deutschland. Ich sollte den Beruf wechseln.

Nachdem eine fehlende Internetverbindung Julie heute Morgen vielleicht einen Job in Deutschland vermasselt hat, schlägt sie vor, dass wir am Wochenende zur Erholung an den Strand fahren.

Um ihre E-Mails lesen und verschicken zu können, muss Julie bis zu einem nahe gelegenen Park mit Internetverbindung laufen. Dort befindet sich ihr »Büro«, eine Bank und ein Holzklotz, auf dem sie den Laptop platziert. Das macht sie gewöhnlich jeden Tag einmal. Vor einer Woche erfuhr sie, dass sie nach ihrer Bewerbung für eine Stelle bei den »Falken« in Deutschland in die engere Wahl gekommen und zu einem Gespräch eingeladen ist. Von Kuba aus via Internet nach Deutschland per Videoanruf.

»Ich hätte die Fragenden in Deutschland und sie hätten mich beim Antworten in Kuba sehen und hören können. Hätte, hätte, hätte … Ausgerechnet heute gab es aber in meinem ›Büro‹ keine Internetverbindung. Notgedrungen habe ich über Handy geantwortet. Mein Bewerbungsgespräch kostete 40 Euro. Nun soll ich noch ein Foto schicken, damit sie vor ihrer endgültigen Entscheidung wissen, wie ich aussehe. Wäre ich ein Mann, hätte man nach dem Gespräch wahrscheinlich nicht noch ein Foto verlangt«, schimpft sie.

Bevor wir zum Strand fahren, will ich mir endlich die Haare schneiden lassen. Julie ruft den Friseur und früheren Zigarrendreher El artista, an. Um ihm zu zeigen, wie ich nach dem Schnitt aussehen möchte, nehme ich ein Passfoto mit.

El artista wohnt im Randgebiet von Havanna. Neben seinem »Friseursalon« steht ein viergeschossiger Häuserblock, der sich nur in der Höhe, nicht aber im Verfall von den maroden Villen im Zentrum der Stadt unterscheidet. Davor haben die Bewohner ein Stück Wildnis von Sträuchern und Unkraut befreit, Erde aufgeschüttet und dar-

auf eine rot gestrichene Bank und Blumenkübel mit blühenden Pflanzen gestellt.

Am Eingang zum »Salon« unter einem immer offenen, torlosen Treppenaufgang wächst Zuckerrohr. El artista trägt einen langen weißen Kittel und hat dem auf dem Stuhl sitzenden Afro-Kubaner, den er rasiert, ein weißes Tuch um die Schulter gelegt. Verstärkt wird der schwarzweiße Kontrast durch den kohlschwarzen Backenbart von El artista und seine ebenso schwarzen Haare, die er an den Seiten sehr kurz rasiert hat. Den Kopf ziert wieder ein kunstvoller, dichter Schopf mit einem Zöpfchen.

»Von Beruf bin ich ein Mechaniker. Ich kann alles reparieren«, sagt der Friseur.

Rechts von Treppe und Salon geht es in einen Abstellraum. Drinnen steht eine Toilette. Das Wasser läuft ständig.

»Das solltest du reparieren, du Mechaniker!«

Doch er meint, das sei nicht nötig. »Egal, wie viel Wasser du im Monat verbrauchst, du bezahlst immer nur einen Peso nacional.« Ein Haarschnitt kostet 25 Peso nacional, so viel wie das Wasser für zwei Jahre.

Ich zeige ihm mein Passbild und sage: »Keinen Scheitel und alles sehr kurz.«

Er nickt. Seit 5 Jahren schneidet er unter der Treppe den Männern die Haare. »Viele kommen von außerhalb. Es hat sich herumgesprochen: Auf Männer, die sich bei El artista die Haare schneiden lassen, schauen die Frauen!«

Er schraubt eine Rasierklinge in sein Messer. Damit kürzt er die Haare über meiner Stirn. So wirkt sie auch bei mir höher.

Noch 2011 hat er in einer großen Fabrik in Havanna Zigarren gerollt. »Ich saß dort mit vielleicht 100 Frauen und Männern an den Arbeitstischen. Wir haben die Tabakblätter sortiert, geschnitten, gerollt und schließlich die fertigen Zigarren verpackt. 9 Monate musst du lernen, um eine Zigarre perfekt rollen zu können. 9 Monate! In der Zeit wächst ein Kind im Bauch.«

Die berühmte Cohiba-Zigarre, für die Liebhaber in aller Welt bis zu 40 Dollar pro Stück zahlen, hat El artista nicht gewickelt. Das durften nur die allerbesten und erfahrensten Zigarrenmacher.

»Aber auch für die anderen begehrten Sorten wie ›Romeo y Julieta‹, ›Partagás‹ und ›Montecristo‹ braucht man das Geschick eines Künstlers, der mit seinen Händen Stroh zu Gold machen kann. Für die Zigarreneinlage nimmst du nur die Blätter, die besonders würzig sind oder besonders gut brennen. Die werden vom Umblatt, einem Tabakblatt, das nicht auseinanderreißt, zusammengehalten. Drumherum dann das Schmuckstück: das Deckblatt, die *capa*. In dem darf keine Rippe sein, und die Farbe darf nicht variieren ... Ich beherrschte zwar die Regeln, nach denen seit Jahrhunderten auf Kuba Zigarren gerollt werden, aber meine Hände waren nicht flink genug.«

150 Zigarren sollten sie am Tag schaffen. Blatt für Blatt. Nicht zu fest und nicht zu locker. Mindestens 20 in einer Stunde. Jede dritte Minute eine.

»Ich habe 105 geschafft. Aber nur, wenn ich auf die Mittagspause verzichtete. Die Besten rollten 180 am Tag. Sie bekamen dafür am Monatsende 50 CUC zusätzlich. Ich war immer ein Kämpfer. Aber kämpfe mal als Zigarrenroll-Automat. Du hockst 8 Stunden am Tisch, und damit es nicht tödlich langweilig wird, sitzt ganz vorn im Saal eine Frau, eine Vorleserin. Sie darf nicht besonders hübsch sein, sonst würdest du nicht mehr auf die Zigarrenkunstwerke, sondern auf die Frau schauen. Nach dem morgendlichen Arbeitsbeginn liest sie meistens politische Zeitungsmeldungen vor. Also an dem Vormittag, an dem du 75 schaffen müsstest, aber noch keine 50 gerollt hast, rezitiert sie aus der ›Granma‹: ... der höchste Kran im Überseehafen von Mariel errichtet ... Titel für kubanische Boxer bei panamerikanischen Spielen ... Erhöhung der Gehälter für Ärzte ... Rekordernte bei Maniok ... Steigerung des staatlichen Handels mit Rum um 0,5 Prozent ... eine halbe Million Touristen mehr als im vergangenen Jahr ...

Am Nachmittag gibt es Unterhaltsameres. Liebesgeschichten oder witzige Episoden oder Kriminalerzählungen.«

Schon während El artista Zigarren rollte, hat er einen nur 150 Peso nacional kostenden Lehrgang zur Ausbildung als privater Friseur begonnen.

Er rasiert mir den Nacken aus. Dann kehrt er ehrfürchtig meine weißen Haare zusammen. Weil seine Schwester in Italien lebt, hat er bereits einem Italiener die Haare geschnitten. Doch ich bin der erste Deutsche. Wir freuen uns gemeinsam, dass ich nun wieder wie mein Passbild aussehe. Geld lehnt er kategorisch ab. Ich sei ein Freund von Julie und die eine Freundin von Jorge Luis, bei dessen Geburtstag er mich kennengelernt hätte. Also wäre auch ich sein Freund. Kubanische Logik.

Während ich vergeblich versuche, ihm das Geld in die Hand zu drücken, wird die Nebentür unter der Treppe von innen geöffnet, und eine Frau schlurft heraus. El artista, der ein Jahr älter als Jorge Luis ist, sagt lachend: »Marie – eine 55-jährige Verrückte. Doch ich liebe sie.« Sie versucht ihn strafend an den Ohren zu ziehen. Oben fehlen ihr 3 Schneidezähne. Ihre Haare liegen fettig am Kopf an. Sie trägt ein schlappriges graues T-Shirt und dazu weiße bis zu den Knien reichende Hosen.

»Jetzt hat sie wieder eine kleine Arbeit. Sie gibt in der Schule Mittagessen aus«, sagt der Friseur. Ansonsten praktiziere er mit ihr den Kapitalismus. »Ich beute sie aus.« Sie lacht. Und schiebt dabei die Zunge durch die Zahnlücke.

»Wenn sie Kaffee kocht, kocht sie einen für mich mit. Wenn ich weggehen muss, passt sie auf den Laden auf.«

Der Friseursalon von El artista

»Und wenn du abends zu viel gesoffen hast, klopfst du am Morgen an meine Tür und jammerst: Marie, hast du eine Kopfschmerztablette für mich?«

El artista drückt ihr verstohlen, wohl damit ich es nicht sehe, die Hand.

»Manchmal trägt sie mit mir den Stuhl, die Maschinen, den Spiegel, die Fläschchen mit Chemikalien in den Raum rechts neben der Treppe. Ja, den, in dem die Toilettenspülung undicht ist … Wenn ich mein Zeug nicht wegräume, würden hier am nächsten Morgen zwei Friseurläden stehen!«

Der Abend bringt noch keine Kühle. Aber ich spüre jetzt auch den kleinsten Windhauch an meinem geschorenen Kopf. El artista hat Tabula rasa gemacht.

In einer Nebenstraße mit dem hübschen Namen Infanta – Mädchen – fährt der Eismann mit seinem Wägelchen. Er bringt nicht nur das Eis, sondern für Kuba auch exotische Musik. Wahrscheinlich stammt sein altes Wägelchen samt den Musikstücken aus Deutschland, denn unaufhörlich erklingt: »O du fröhliche, o du selige«, »O my Darling, o my Darling Clementine«, »Morgen früh, wenn Gott will, wirst du wieder geweckt« ... Frauen lassen an einem Strick Körbchen mit Geld herunter und ziehen sie mit Waffeleis gefüllt herauf. Einige Matronen, die zwischen den Säulen der Villen im Schaukelstuhl liegen, begrüßt der Eismann mit Küsschen auf die Wangen.

Als es schon dunkel ist, sitzen sie noch immer im Schaukelstuhl. Julie will aus einem Café eine Süßspeise holen. Die Gehwege sind spärlich beleuchtet, und die Straßenlaternen stehen nicht unbedingt neben den tiefsten Schlaglöchern. Vor uns stürzt eine mit Einkaufsbeuteln beladene Frau. Ich versuche, sie aufzurichten, während Julie den auf der Straße liegenden Inhalt der Beutel auflesen will. Doch sie zuckt zurück, als hätte sie in Brennnessel gefasst. Eine andere Helferin hebt das rote blutige Fleisch auf ... Julies Erinnerung an das Hühneropfer?

Wir stützen die Frau und bringen sie vorsichtig in eine Wohnung, die sie uns zeigt, in der sie aber nicht zu Hause ist. In dem nur dämmrigen stickigen Zimmer liegt eine sehr alte Frau im Bett. Als sie erfährt, was geschehen ist, jammert sie laut. Die Gestürzte kauft für sie, die nicht mehr laufen kann, regelmäßig ein. »Nun braucht meine liebe Freundin selbst Hilfe«, klagt sie. Tröstend dann: »Die Straßenverantwortliche vom ›Komitee zur Verteidigung der Revolution‹ hat mich bei einem ihrer Kontrollgänge in der Wohnung liegend gefunden. Nun schaut sie täglich bei mir vorbei. Und morgen wird sie sich auch um dich kümmern.«

Die Süßspeise ist schon alle. Aber Brötchen aus Vollkornmehl gibt es noch. »Proviant für den Strand«, sagt Julie.

Auf dem zentralen Platz, auf dem die *máquinas* in Richtung Varadero stehen, regelt ein Verteiler das Einsteigen und die Abfahrt. Er erhält eine Provision von den privaten Chauffeuren, denen er entsprechend schnell die Fahrgäste zuteilt. Nach etwa 20 Kilometern, in St. Maria, dem ersten Ferienort an der »Playas del Este«, steigen wir aus.

Ausländische Touristen werden hier nur selten untergebracht. Playas del este gehört vor allem an Wochenenden den Familien aus Havanna.

Jorge Luis besteht darauf, eine kleine Flasche Rum zu kaufen. »Strandausflug ohne Rum ist kein Strandausflug«, sagt er.

Die kleine Flasche Rum kostet in dem staatlichen Lebensmittelladen 2 CUC. Aber eine kleine Flasche Kräuteressig aus Italien kostet hier 7, eine Tube Tomatenketchup aus Holland 5 und ein Glas saure Gurken aus Deutschland 4 CUC.

Wir laufen auf dem Sandstrand, bis wir die kubanischen Familienansammlungen hinter uns gelassen haben.

Der Atlantik umspült langsam meine Füße. Das Wasser ist warm. Weit draußen ankern zwei Frachter und ein Dreimaster. Ich hebe wie der Sieger eines Boxkampfes beide Arme in die Höhe und rufe: »*Buenos días, mi mar –*

Guten Tag, mein Meer.« Dann schwimme ich. Neben mir taucht ein beleibter, blasshäutiger Mann auf. Wasser spuckend und prustend fragt er, woher ich komme.

Am Strand legt er sich in seinen nassen, weiten schwarzen Turnhosen neben uns, zieht ein gelbes T-Shirt über den Bauch, setzt einen Strohhut und eine Sonnenbrille auf und erzählt, dass er aus Venezuela kommt. Pastor Martinez ist Musiker und gestaltet dort im Radio eine eigene Sendung. »*Esencia latina* – Latino-Musik.«

In Havanna will er die Wurzeln des Salsas studieren. »Für meine private 2-Stunden-Sendung, die sehr beliebt ist, muss ich dem Sender die Nutzung zahlen. Durch die Werbung bekomme ich zwei- bis dreimal so viel zurück.«

Gemeinsam trinken wir aus Pappbechern den ersten Schluck Rum auf Venezuela, auf Fidel, auf Kuba und auf Chávez! Pastor Martinez hat Chávez gewählt. »Aber nicht seinen Parteikasper in der Provinz, der hat nur alles nachgeplappert.«

Chávez hätte die Bauern und Arbeiter in Venezuela in die Mitte der Gesellschaft zurückgeholt. Sie waren plötzlich nicht mehr der letzte Dreck, sondern etwas wert. Leider wäre es Chávez nicht gelungen, die unterschiedlichen Gruppen des Volkes wieder zusammenzubringen. »Er wollte Sozialismus. Nichts anderes. Und dabei blieb es.«

Natürlich hätten die USA durch Fracking und Druck auf die ölproduzierenden Länder versucht, den internationalen Ölpreis zu senken. »Sie haben es geschafft und damit Venezuela den Geldhahn zugedreht.«

Jorge Luis, der Industriekletterer, steigt auf eine der Kokospalmen, wirft Nüsse herunter und schlägt sie an einem

»Buenos días, mi mar.«

Stein auf. Ich schlürfe zum ersten Mal frisches Kokos-wasser.

Als wir mit Rum nachspülen wollen, sehen wir, dass die Flasche umgefallen und leer ist.

Jorge Luis und Pastor Martinez sagen wie aus einem Mund: »Verzeihung! Wir hatten euch vergessen.« Dann gehen sie zum staatlichen Laden, bringen eine neue Fla-sche, öffnen sie und schütten einen Schluck Rum auf die Erde.

»Der erste Schluck gehört immer den *Orishas*, den Göt-tern. Wenn man es vergisst, geschieht ein Unglück.«

Pastor Martinez erzählt, dass er bei seiner Arbeit beim Rundfunk während der Sendung nichts Politisches sagen darf.

Ich frage, was er im Radio sagen würde, wenn er es dürfte.

»Dass ich Maduro, den Nachfolger von Chávez, nicht wählen werde. Er ist kein würdiger Erbe.«

Sein Sohn hat Computertechnik studiert. Dann ist er nach Amerika gegangen und hat zuerst bei McDonald's Drecksarbeit gemacht. Inzwischen beschäftigt ihn eine Telefongesellschaft für 1000 Dollar im Monat.

Wir trinken den Rest Rum aus unseren Pappbechern. Ohne Trinkspruch.

Jorge Luis wiederholt, dass man in den USA alle Möglichkeiten hat, sich ein Motorrad oder ein Auto zu kaufen. Und der Salsa-Musiker, Chávez-Wähler und Rundfunkmoderator fasst unsere internationale Strandunterhaltung (»nur Politik und Rum und kein Salsa«) zusammen: »Die Struktur des wirtschaftlichen Alltags in den USA ist vielleicht nicht sehr gut für das soziale Leben der Menschen, aber sie funktioniert. In Kuba funktioniert die Struktur des wirtschaftlichen Alltags nicht gut, aber das soziale Leben ist besser. Und nirgendwo scheint der Kapitalismus so begehrenswert wie aus der Ferne eines sozialistischen Landes.«

Nach diesem Resümee packt er seine Tasche und geht.

Kokoswasser und Rum machen nicht satt. In einer Bude gibt es Reis mit schwarzen Bohnen und gegrillten Hühnerteilen. Ein Besteck finde ich nicht. Brauche ich auch nicht, denn die Pappschachtel mit dem Essen hat einen Deckel. Wie die Kubaner reiße ich einen Streifen ab und forme daraus einen schaufelähnlichen Löffel. Wenn er durchweicht ist, reiße ich einen neuen Streifen ab. Auch eine der kubanischen *inventos* – Erfindungen. Wie der Blechnapf, der bei Kubanern, auch bei Migdalia, in der

Dusche hängt. Wenn der Strahl zu dünn ist, kann man den Napf mit heißem oder kaltem Wasser füllen und es sich dann als Schwall über den Kopf gießen.

Eine Frau sortiert die Reste von Reis, Bohnen und Hühnerknochen aus den Abfallbehältern in ihren Eimer. Ein Mann läuft gebückt von einem Müllcontainer zum nächsten, sucht darin nach leeren Cola- und Bierbüchsen und wirft sie in einen der 2 Plastesäcke, die er hinter sich herzieht. Die Blechbüchsen darin scheppern, und als er an mir vorbeigeht, lacht er, als wollte er sagen: Klingt doch gut, mein Konzert. Ich laufe ihm hinterher. Er beginnt zu singen und schüttelt dabei im Takt einen der Säcke wie eine Kastagnette. Während er im nächsten Container wühlt, habe ich Hemmungen, ihn zu fotografieren. Wie immer bei Bettlern, Obdachlosen, Müllsammlern …

Doch nachdem er meinen Fotoapparat gesehen hat, rückt er sich, ohne dass ich etwas gesagt habe, mit einem Arm das Kreuz gerade, stellt sich und den Müllsack in Positur und sagt: »Ich bin Nelson.«

Weshalb er Büchsen sammelt? »Damit ihr immer neue kaufen könnt.«

Er zertrampelt eine Blechbüchse, wirft sie ins Gebüsch, sagt *final* – Schluss – und will mir klarmachen, dass es keine neuen Büchsen geben wird, wenn man die alten wegwirft.

Früher habe es eine staatliche zentrale Sammelstelle gegeben. Die Haufen der abgelieferten und nicht verarbeiteten Büchsen wuchsen von Monat zu Monat. Doch das störte die Arbeiter, die ihren geringen staatlichen Lohn so

Nelson, der Büchsensammler

oder so erhielten, überhaupt nicht. Deswegen hätte der Staat eine Kooperative daraus gemacht. Je mehr Büchsen man jetzt dort verarbeitet, umso höher ist der Verdienst. »Damals verdienten sie 360 Peso, heute fast 700. Früher arbeiteten dort 7 Leute, heute schon 13.«

Wie viel Peso Nelson für ein Kilo Blechbüchsen bekommt, will er mir nicht sagen. Er meint nur, dass er davon leben kann. Ihm würde es, solange die Menschen in Kuba Bier und Cola aus Büchsen trinken, gutgehen. Als ich ihm am nächsten Container den Sack aufhalte, beklagt er sich doch noch über sein Leben.

»Meine Frau ist weggegangen. Zu einem Mann, der reicher ist als ich.« Doch dieser Mann sei dick und schwach. »Und ich bin schlank und kräftig.«

Als wir mit dem Bus nach Havanna zurückfahren, steigt auch Nelson ein. Mit 3 vollen Säcken. Lachend sagt er:

»Besorg mir eine schöne treue Frau, und ich werde dich jedes Jahr zu mir nach Havanna einladen.«

Am Abend gehen Julie und Jorge Luis ins Kino. Internationale Filmfestspiele in Havanna mit Filmen aus über 20 Ländern. Ich bleibe zu Hause. Am Strand habe ich mir Rücken und Beine verbrannt.

Von der Urnenbeisetzung Fidels im Familienkreis, an der auch Maradona teilnahm, einem Eichsfelder, der in Havanna das Capitolio restauriert, und seiner Maxime »Kuba kann man nur lieben oder hassen«

Die Ärztin Acacia Adelfa, die wir am nächsten Tag bei Leonardo besuchen, rät mir, einen breitkrempigen Strohhut als Schutz vor der Sonne zu tragen.

Ich mag im Sommer keine Kopfbedeckungen. Weder Strohhüte noch Basecaps.

Acacia Adelfa Pedroso Paz schaut mich mit 4 Augen an. Zwei in ihrem Gesicht mit den vielen Lachfalten und der breiten Nase. Und zwei unbeweglichen Augen im Gesicht einer jungen, schönen Frau, das auf ihr gelbes T-Shirt gedruckt ist.

Adelfa wird 69.

Sie hat sich in Leonardos »Ventilatorenzimmer« auf einen kunstvoll gedrechselten Holzstuhl gesetzt, denn auf dem Polstersessel daneben liegt ein weißes Spitzendeckchen. Die afro-kubanische Ärztin hält eine prall gefüllte Mappe in den Händen und beginnt sofort unruhig darin zu blättern.

»Ich wollte euch etwas vorlesen. Es sind gute Worte, die mir Menschen in Haiti, Venezuela, Brasilien und Salvador geschenkt haben.«

Natürlich könnten Worte auch lügen. »Schnell dahingesprochen, machen sie aus schlechten Taten plötzlich gute, heucheln Dankbarkeit oder versprechen Liebe. Aber wenn du die Worte mühsam aufschreibst, müssen sie noch durch einen Filter, den Filter deiner Ehrlichkeit und deiner Scham, hindurch.«

Nachdem sie die Brille aufgesetzt hat, findet sie die Briefe mit den guten Worten. Sie sind handgeschrieben und manchmal schwer leserlich.

Adelfa sagt sehr leise: »Ich hatte die Ehre und das Privileg, als kubanische Ärztin im Ausland arbeiten zu dürfen. Die Revolution erfüllte meine heimlichen Wünsche.«

Während Julie die Briefe übersetzt, blickt Acacia Adelfa Pedroso Paz bewegungslos auf den Fußboden.

»Was für eine große Idee von Gott war es, euch Kubaner nach der großen Katastrophe zu uns nach Salvador zu schicken. In allen Kirchen soll man für euch beten. Jeder Tag, an dem ihr hier gewesen seid, war wie ein Wunder für uns ...«

»Weil du uns geholfen hast, ohne etwas dafür zu nehmen, sollst du immer optimistisch sein und jeden Tag denken dürfen: Das Leben ist gut.«

»Mein Engel, du wirst dein herzliches Lachen immer behalten, denn dein Herz lacht ...«

»Ihr bleibt in unseren Herzen, ihr kubanischen Freunde, wie ein unvergesslicher Film. Eine Klinik der Liebe habt ihr hier aufgemacht. Keine Worte finden wir dafür ...«

Zuerst half Adelfa mit anderen Ärzten nach dem Hurrikan von 1999 in Venezuela. »Damals kam mein Mann, ein Orthopäde und Chirurg, mit. Er war immer sehr eifersüchtig. Und zu Recht.«

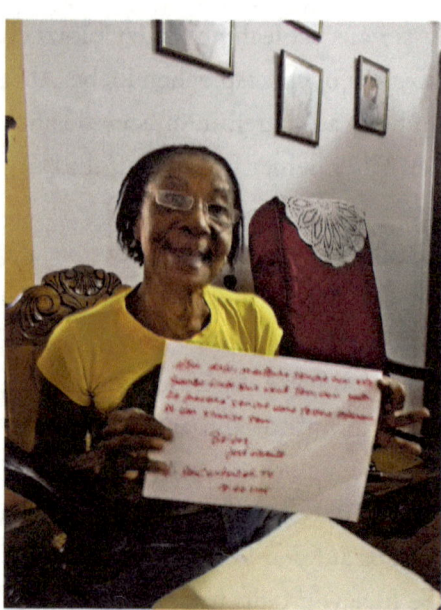

Unvermittelt legt sie die Briefe, Urkunden und Bescheinigungen zur Seite, steht auf und wiegt sich in den Hüften. Boxt dann leidenschaftlich mit den Armen die Luft. Leonardo beginnt zu singen, und Adelfa tanzt mit immer schnelleren Schritten lachend durch das Zimmer.

»Als ich jung war, hatte ich einen schönen großen Po und wundervolle Brüste. Und habe gern getanzt. Nächtelang habe ich getanzt. Getanzt in der Zeit, als ich noch im Laboratorium in Havanna arbeitete, und auch, als ich schon Ärztin geworden war. Dreimal habe ich geheiratet. Zweimal schwarz und einmal weiß. Der weiße Mann war am eifersüchtigsten. Nicht nur, weil ich wie alle Kubaner immer und überall tanzen wollte ...«

Sie schweigt einen Moment, legt das Deckchen auf den Stuhl und setzt sich nun doch in den Polstersessel. »Und dann im Ausland. Ich durfte den guten Ruf der kubanischen Mediziner bestätigen. Aber keine Zeit und vor allen Dingen kein Bedürfnis zu tanzen. Nach dem Hurrikan in Venezuela hatten sogar die Flüsse ihren Lauf geändert. An manchen Stellen staute sich das Wasser. Einmal lagen dort Arme und Beine von Menschen zwischen Ästen und Stämmen. Eingebettet in Blättern, Gras und Erde, schwammen sie im Wasser. Da war ich nicht mehr nur Arzt, da wurde ich zu einem Kämpfer. Wie Fidel, als er durch die Berge der Sierra Maestra zog.«

2001 wurde Adelfa mit 22 Krankenpflegern und Ärzten nach Salvador geflogen. »Einen Tag nach dem Erdbeben waren wir dort die ersten ausländischen Helfer. Wir hatten Medikamente, Impfstoff und sogar das Trinkwasser mitgenommen. Als wir nach 3 Monaten zurückkamen, begrüßte uns Fidel und dankte für unsere Solidarität und unseren Mut.«

Sie hätte nie gedacht, so etwas zu erleben. Mutter und Vater arbeiteten in einer Konservenfabrik in der Provinz Pinar del Río. In der Nacht flickte der Vater noch Schuhe. Sie waren 4 Geschwister und wohnten in einer mit Palmenwedeln gedeckten Holzhütte.

Später arbeitete Adelfa als Ärztin in Brasilien.

Die Mediziner, die von Kuba in andere Länder geschickt werden, um dort zu praktizieren, erwirtschaften für das Land inzwischen mehr Devisen, als kubanischer Zucker, Rum, kubanische Zigarren und der Tourismus einbringen.

»Während wir im Ausland arbeiteten, erhielten wir unser Gehalt in Kuba und außerdem eine zusätzliche Vergütung.«

Brasilien war für sie eine Enttäuschung. »Wir behandelten die Brasilianer in unseren Praxen und den staatlichen Kliniken kostenlos. Wie zu Hause in Kuba. Aber die brasilianischen Besitzer der privaten Krankenhäuser, die wie dort üblich Geld für die Behandlung verlangten, bekämpften uns mit allen Mitteln. Sie verleumdeten uns und drohten. Sie erpressten uns und hetzten schließlich gedungene Kriminelle auf uns. 2003 ließ uns Fidel zurückholen.«

Sie blättert wieder in den Briefen. Dann meint sie: »Was wir in Brasilien versucht haben, war ein großer Irrtum. Man kann keine sozialen Bedingungen und erst recht keine Revolution in andere Länder verpflanzen. Dazu braucht es dort einen guten Acker, Sonne, Regen und einheimische Bauern. Sonst wächst keine Pflanze. Selbst wenn sie noch so nützlich ist.«

Außerdem hat sie erlebt, dass kubanische Ärzte nur ein oder zwei Tage in Venezuela blieben, ehe sie mit von den USA bezahlten Tickets nach Amerika flogen. Weil ein Arzt dort ein höheres Gehalt bekommt.

Adelfa ließ Ausreisegedanken nie in ihren Kopf. »Vielleicht wegen meiner Tochter zu Hause. Wahrscheinlich aber, weil ich das Vertrauen, das mir Kuba geschenkt hatte, nie gegen Geld eintauschen wollte. Als Ärztin habe ich gelernt, dass aus wenig Geld mehr werden kann, wenn man Liebe dazu gibt … Wir sind nach der Katastrophe in Venezuela wie Ziegen die Berge hinaufgeklettert. Wir sind dorthin gegangen, wo es keinen Weg für ein Auto und keinen Landeplatz für einen Helikopter gab. Einmal weit ins Gebirge, um einer Schwangeren zu helfen. Da wurde Geld plötzlich unwichtig. Es gab nur noch eines: Das Kind muss gesund zur Welt kommen. Dieses Kind war mehr wert als 10 000 Dollar.«

Sie umarmt Julie und mich. »Ihr zwei lest mir heute mein Leben von den Lippen. Welch ein Glück!«

Sie hätte schon viel Dank erhalten. »Fidel«, und nun verbessert sie sich: »die Revolution« hätte ihr, obwohl sie nicht mehr praktiziert, das Arzthaus geschenkt, als nebenan eine neue Poliklinik gebaut wurde.

Früher sei es sehr schön gewesen. Doch nachdem ihre Tochter vor 3 Jahren in Angola gestorben ist und sie die beiden Kinder nach Kuba geholt hat, hätte sie nichts mehr am Haus reparieren lassen können. Sie leben zu dritt von 900 Peso. Ein Kinderkleid kostet mehr als die Hälfte der monatlichen Pension.

Dann sagt Adelfa lachend: »Also verfällt das Haus ein bisschen. Aber das Essen und die Kinder kommen vor der Hausreparatur. Die beiden sollen im Leben immer singen und tanzen können.«

»Und möchten später Ärztinnen werden?«

»Nein, die Große will Sprachen studieren und als Dolmetscherin in vielen Ländern arbeiten.«

Nachdem Michael Diegmann auf dem Friedhof in Santiago de Cuba am Grabmal für Fidel gearbeitet hat, beschäftigt er sich in Havanna wieder mit seiner »Jahrhundertaufgabe«, der Restaurierung des Capitolios. Es ist das größte Kapitol der Welt. Größer als der Petersdom in Rom und sogar größer – nämlich 1,20 Meter höher und 4 Meter breiter – als das Capitol in Washington.

Der aus dem Eichsfeld stammende Restaurator hat vorgeschlagen, dass wir uns in der Nähe seiner Arbeitsstelle, in der Bar »Siá Kará Café« in der *calle* Barcelona, treffen. »Die kannst du nicht verfehlen, die endet direkt vor dem Capitolio.«

Um pünktlich zu sein, werde ich vorsichtshalber nicht mit dem Bus fahren, sondern durch die Stadt laufen. Ich nehme an, dass ich die Strecke von Vedado bis zum Capitolio in La Habana Vieja, der Altstadt, zu Fuß in einer Stunde schaffe.

Zuerst an der braun gestrichenen Zigarrenfabrik vorbei, wo mich heute niemand anspricht. Als ich vor ein paar Tagen mit Julie und Jorge Luis dort entlangging, fragte ein Wächter (Besichtigung des Betriebes 10 CUC), ob Jorge Luis staatliche Zigarren privat an Ausländer verkaufen möchte.

Wir wollten nicht, dass er das wollte. Und er wollte es auch nicht.

Nachdem ich einen guten Kilometer der 23 geschafft habe, stehe ich vor meiner Lieblingsfigur in Havanna. In der Stadt gibt es wahrscheinlich Denkmäler und Skulpturen in Kompaniestärke: Ho Chi Minh, Karl Marx, John Lennon, José Martí, Che, Salvador Allende, Mahatma Gandhi, Julius und Ethel Rosenberg, Nelson Mandela, Abraham Lincoln, Agostinho Neto, Gamal Abdel Nasser, Patrice Lumumba, Mutter Teresa, Pierre Trudeau, Jassir Arafat, Ernest Hemingway …

»Mein« Denkmal existiert in Havanna, zumindest als Skulptur, nur einmal. Die filigrane Metallplastik von Sergio Martínez Sopeña mit dem ausgezehrten Don Quijote auf der scheuenden Rosinante wirkt von weitem wie ein schwarzer Scherenschnitt. Die Windmühle ist am Kampfplatz *calle* 23 nicht zu sehen. Aber jedes Mal, wenn ich an Don Quijote vorbeilaufe, fällt mir ein, was Leonardo wie nebenbei gesagt hatte: Der gefährlichste und am schwersten zu bekämpfende Feind für den kubanischen revolutionären Sozialismus ist der kubanische Alltag.

An einer Kreuzung teilt eine parkähnliche Grünfläche mit Bänken die Fahrspuren einer Nebenstraße, an der ich zum Capitolio abbiegen will.

Auf einer Parkbank sitzt ein Kubaner. Das auffälligste an ihm ist sein blau-weiß kariertes Hemd. Durch zwei besonders breite Längsstreifen sieht es aus, als ob er die Hose an Hosenträgern befestigt hat. Neben ihm stehen weiße Stoffbeutel. Als er mich sieht, springt er auf und beginnt mit beiden Armen wie bei einer Karateübung in der Luft herumzufuchteln. Da er nicht genau in meine Richtung zielt, gehe ich zu ihm und frage, ob er das regelmäßig macht.

Lachend erklärt er mir: »Ja, deswegen.« Und zeigt auf die Stoffbeutel, schiebt sie zur Seite, setzt sich, fordert mich auf, neben ihm Platz zu nehmen, und fragt: »Deutschland?«

»*Sí.*«

»Dresden?«

»*No.* In Dresden nur geboren.«

»Na gucke mal.«

Von 1980 bis 1988 habe er in Dresden als Mechaniker gearbeitet. Er steht auf und umarmt mich. »3 Jahre Sol-

Don Quijote in Havanna

dat in Angola und als Dankeschön-Auszeichnung: Arbeiten in Dresden.«

Das sei die beste Zeit seines Lebens gewesen. Doch hier und jetzt: »Das ist Scheiß.« Im Monat müsste er von 12 CUC leben. »Aber eine ordentliche Hose kostet 50 CUC. Das ist Scheiß!«

Er zeigt zu einem Touristentaxi. Es sieht wie eine große gelbe Telefonmuschel aus. In der Muschel sitzen 3 Ausländer, vorn lenkt und bremst und schaltet ein Kubaner.

»Gucke mal, gucke mal – jeder von denen bezahlt für eine Fahrt durch Havanna 12 CUC. Meinen Monatslohn. Und der Fahrer bekommt an einem Tag mindestens dreimal so viel wie ich an 30 Tagen. Das ist ein Scheiß!«

Er nimmt mein Notizbuch und schreibt hinein: »Ich bin Albertico, dein Freund. Alberto Massero. Nuevo Vedado.« Dann wiederholt er: »Das ist Scheiß hier in Kuba.«

»Na gucke mal«-Albertico: »Nimm mich mit nach Dresden.«

Ich frage, ob er keine Bange hat, so etwas zu sagen, seinen Namen aufzuschreiben und sich fotografieren zu lassen. Schließlich sei »das ist Scheiß« keine Lobeshymne auf den Zustand des Landes.

Er erklärt mir, dass die Kubaner, seit Raúl an der Macht ist, alles diskutieren können. Bange müssten nur die haben, die über ihre Blogs verlangen: Beseitigt den Staat und bekämpft die Ideen der Revolution! »Und gucke mal, die Kubaner, die im Auftrag der USA hier Lügen verbreiten und hoffen, dass die Kubaner eine Konterrevolution machen, das sind doch keine Guten.«

Ich deute fragend auf die mit Pappbechern gefüllten Beutel.

»Für die Coppelia.«

»Coppelia« ist die sich schräg gegenüber befindliche Eisdiele, die im heißen Havanna fast so berühmt ist wie das

Capitolio. In zwei Sälen wird das beste Eis Kubas serviert, sagt man. An die hundert Kubaner stehen auch heute am Zaun und warten geduldig, dass sie nacheinander in das Eisparadies eingelassen werden. Das ist die kubanische Schlange für den oberen Raum, in dem es weniger Eissorten gibt, die aber nur 5 Peso nacional kosten. Eine Schlange für Touristen gibt es selten. Die sitzen im Freien oder im anderen Saal, in dem sie unter mehr Eissorten wählen können, die jedoch nicht 5, sondern 50 Peso kosten.

»Das ist Scheiß«, sagt Albertico noch einmal, und ich will wissen, weshalb er wegen der Beutel mit Pappbechern Karate übt.

»Falls mich junge Leute überfallen, um mir die Becher wegzunehmen.« Die Kriminalität sei im sonst sicheren Havanna in letzter Zeit gestiegen.

»Na gucke mal, auch darüber diskutieren wir. Manchmal reden wir nach einem Filmbesuch, manchmal, wenn einer von uns eine Flasche Rum gekauft hat. Immer sind wir 10 oder 20, die sich lange kennen. Wir reden über alles, was nicht in Ordnung ist. Beispielsweise, dass es vielleicht besser wäre, die Wirtschaft wie in den USA zu organisieren, oder dass wir korrupte Parteifunktionäre vor Gericht stellen.«

Im Beisein von Mitgliedern der Kommunistischen Partei würden sie auch diskutieren, ob man noch andere Parteien zulassen sollte. »Aber ich denke, dass diese Parteien nicht im Interesse der Kubaner, sondern nur im Interesse ihrer Gründer und Geldgeber handeln würden.«

Er holt aus seiner Umhängetasche einen Pappwürfel. »Das ist Rum, den wir unterwegs trinken. Meistens wenn wir auf dem Malecón sitzen.« Er schneidet eine Ecke ab, schüttet vorsichtig ein paar Tropfen auf die Erde und reicht mir den Würfel.

»Auf die Santa Barbara, unsere Heilige, die es offiziell für die katholische Kirche nicht gibt, aber zu deren Geburtstag sich morgen wieder Zehntausende am Strand versammeln werden. Also trinken wir auf sie und auf meinen Gott *Changó*.«

Er fragt, wo ich hingehe. »Na, gucke mal – du musst immer geradeaus und dann links und wieder geradeaus. Aber das ist alles Scheiß. Weshalb erkläre ich es dir? Du wirst die Kuppel des Capitolios schon von weitem sehen. Du kannst dich jetzt nicht mehr verlaufen.«

Meinen Obolus für den Rum nimmt er nicht. Er sagt nur: »Nimm mich mit nach Dresden. Dort werde ich für guten Lohn gut arbeiten.«

Ich laufe durch die schmalen Seitengassen des Stadtteils Centro Habana. Eine Frau verkauft Kaffee und Kuchen aus dem Fenster. Ein Töpfer sitzt mit seiner Drehscheibe vor der Tür und nötigt mich nicht, etwas zu kaufen. Aber ich soll den noch weichen, nicht fertigen klebrigen Krug »nur einen Moment« – das werden 5 Minuten – festhalten, damit er neuen Ton holen kann. Sorgsam wischt er mir danach an seinem T-Shirt meine Hände ab.

Ein paar Häuser weiter befindet sich eine Werkstatt. Hinter einem langen Tisch und vor einem Regal mit Werkzeugen und Ersatzteilen sitzt ein älterer Mann. Er schwatzt ununterbrochen mit den Wartenden und lötet dabei Kabel an die Kontakte einer Baulampe. Hinter dem ersten Kunden steht ein Mann mit einem Fernseher un-

ter dem Arm. Dahinter ein Junge, vor dem eine Auto-
kupplung liegt. Es folgt eine Frau mit einem Toaster.

Sie erklärt, dass der Mann auf eigene Rechnung arbeitet. »Er kann alles reparieren. In 3 Stunden wird auch
mein Toaster wieder heiß werden.«

Ich denke an den Mechaniker Albertico, der Pappbecher sammelt.

Die historische Altstadt, die seit 1982 unter UNESCO-
Schutz steht, beginnt übergangslos. Erst als ich restau-
rierte Gebäude im Kolonialstil zwischen noch baufälligen,
bröckelnden Häusern bemerke und die Touristen sich
dort zur »Völker hört die Signale«-Einkaufsdemonstration
durch die *calle* Obispo vereinen, ahne ich, dass ich im
Zentrum des alten Havanna angelangt bin. Vor den Fenstern eines aufwendig restaurierten Hauses hängt die Wäsche im zweiten Stock, und im Erdgeschoss verkündet ein
Restaurant »The best Food of Havana«.

Ich laufe mit den Touristen die Einkaufsmeile entlang.
In der großen Buchhandlung kosten Bücher, die ich anderswo für 1 CUC erhalte, 20 CUC. Auf dem Markt bietet ein Händler Welpen an, die noch keine zwei Wochen
alt sind. Rasseln mit der Aufschrift »CUBA«, Tassen mit
der Aufschrift »CUBA«, Trommeln mit der Aufschrift
»CUBA« … Che-Porträts auf Handtüchern, Zigarrenkis-
ten, Medaillons, Servietten, Vasen … Schwarz-weiß ge-
kleidete Kellner mit Fliege locken in die exquisiten Restaurants. Arbeiter schachten zwischen den Touristen
Gräben aus und entwirren Telefonkabel. Händler schieben ihre Gemüsekarren. Junge Männer mit Fahrradrik-
schas nötigen die Touristen einzusteigen.

Trotz des Gesprächs mit »Na-gucke-mal«-Albertico bleibt mir vor dem Treffen mit Michael Diegmann noch Zeit, die wohl schönste Barockkirche der Karibik, die Kathedrale in Havannas Altstadt, zu besichtigen.

Ich habe Glück. Zur Hochsaison – also jetzt im Winter! – wäre vor Touristen auf dem Platz an der Kathedrale kein Pflasterstein mehr zu sehen, hatte Migdalia gesagt. Heute jedoch steht nur ein Trupp deutscher Touristinnen am Eingang und diskutiert mit dem Reiseleiter, ob sie ihre halbnackten Beine wirklich mit einem der blau glänzenden Tücher, die dort gestapelt sind, umwickeln und für das Tuch eine Leihgebühr bezahlen müssen.

»Wickeln ja, bezahlen nein«, sagt der kubanische Reiseleiter und erzählt, dass die Fassade aus Kalkstein bis zum Papstbesuch im September 2015 so schwarz wie Kohle gewesen ist. Die Reinigung hätte den kubanischen Staat viel Geld gekostet. »Sie können dafür in der Kirche spenden.«

Weshalb der linke Turm der Kathedrale viel schlanker als der rechte ist, kann er auch nicht beantworten. Aber er weiß, dass die Gebeine von Christoph Kolumbus bis zur Überführung nach Sevilla hier über 100 Jahre gelegen haben.

Innen blenden mich Gold und Silber des Marienaltars. Trotzdem begründet der Reiseleiter den, wie er meint, für katholische Kathedralen eher ungewöhnlich kargen Goldschmuck mit der Reaktion der katholischen Kirche auf die Revolution. »Damals haben die Bischöfe die wertvollsten Schätze aus den kubanischen Kirchen vorsorglich in den Vatikan gebracht. Dort liegen sie immer noch.«

Ich stehe an der rechten Wand der Kathedrale lange vor

einem kleinen Bild: 3 Schiffsbrüchige – oder Flüchtlinge? – schwimmen mit einem Boot hilflos auf dem Meer. Über ihnen die Gottesmutter, sehr groß und glänzend …

Zeit zum Deuten habe ich nicht und haste zur Bar »Siá Kará«. Ich laufe an der nur 100 Meter von der Kathedrale entfernten »La Bodeguita del Medio« vorbei, in der Hemingway seinen Mojito schlürfte. Wenn ich noch einen kleinen Umweg machen könnte, würde ich vor seiner Lieblingskneipe »El Floridita« stehen. Dort trank er seinen Daiquiri, und dort wird – auch wenn die Kneipe rappelvoll ist – immer ein Hocker für Hemingway freigehalten.

Michael Diegmann sitzt schon unter der mit fläzigen Sofas und Sesseln wohnlich eingerichteten Empore.

Der 42-Jährige hat noch seine Baustellenklamotten an: eine weiße Hose und ein hellblaues Poloshirt, das er nicht über der Hose tragen muss, um schlanker auszusehen. Kurze dunkelblonde Haare, ein frecher offener Blick. Ein großer Junge wie Jorge Luis. Er bestellt Mojitos, und als ich ihm von meinem Kurzbesuch in der Kathedrale erzähle, sagt er: »Das war ein verdammt hartes Stück Arbeit.«

Über 200 Jahre hätten Salz, Wind, Sand und Auspuffgase die Fassade mit einer zentimeterdicken schwarzen Kruste verklebt. Im Juli 2015 erhielten er und seine Kollegen ohne Vorwarnung den Auftrag, binnen 9 Wochen die Fassade der Kathedrale so zu reinigen, dass sie weiß erstrahlt, und das Innere wieder glänzen zu lassen. Papst Franziskus sollte nach Havanna kommen. Sie haben rund um die Uhr gearbeitet. Pünktlich zum Papstbesuch war das Werk vollendet. Einige Habaneros glaubten an ein Wunder.

»Und hat der Papst dem Eichsfelder Wundertäter die Hand gereicht?«

»Nein. Aber ich habe ihm genau gegenübergestanden, und für Sekunden hatte ich das Gefühlt: Er schaut mich an – ein sanftes Grüßen.«

Das hätte ihm genügt, sagt der Katholik Michael Diegmann. »Ich muss immer ein gutes Gefühl haben, wenn ich solch eine Aufgabe übernehme. Und wenn ich sie gut erledige, ist es wie eine Offenbarung für mich.«

Er ist dankbar für das Vertrauen, das man in ihn und seine Arbeit gesetzt hat. »Ich, ein unbekannter Deutscher, darf nationale, religiöse und revolutionäre Heiligtümer Kubas restaurieren.«

Die Arbeiten am Capitolio werden ihn wahrscheinlich bis 2019, dem 500. Gründungsjahr von Havanna, beschäftigen. Nebenbei will er das Monument für Che in Santa Clara erneuern.

Er glaubt, dass man vielleicht gespürt hat, dass er nicht nur in Kuba lebt, um als kapitalistischer Unternehmer Geschäfte zu machen.

»Sondern?«

»Sondern, dass ich mit meiner Arbeit helfen möchte, die in Stein gemeißelte Geschichte des Volkes zu bewahren. Kuba kann man nur hassen oder lieben! Ich liebe es.«

»Wirst du in Kuba begraben werden?«

Er lacht. »Noch lebe ich. Und noch habe ich viel zu tun.«

Der Eichsfelder lebt in Havanna mit Annabell, einer

Kubanerin, zusammen. »Und mit zwei Hunden. Einer heißt Worbis, wie die Stadt im Eichsfeld. Annabell lernte ich kennen, als sie für mich, weil ihre Kollegin verhindert war, als Ersatz gedolmetscht hat. Danach war sie kein Ersatz mehr.«

Er hätte also viel Glück auf Kuba und eigentlich keinen Grund, über den Tod nachzudenken. »Doch Annabell, deren Vorfahren aus Andalusien stammen, wird im Mausoleum der andalusischen Freunde auf dem Cementerio de Colón in Havanna begraben. In dieser Gruft haben in den ersten zwei Jahren immer nur 4 Tote Platz. Man muss sich mit dem Tod terminlich danach richten … Ich werde wahrscheinlich im Eichsfeld begraben. Mit Trauerfeier, kirchlichem Segen und Leichenschmaus.«

In Kuba würden alle Nachbarn, Anverwandten, Hunde und Katzen die Toten sehr laut und sehr heftig, aber sehr kurz betrauern. »Danach beginnt der Alltag wieder. Höchstens, dass man sich, wenn die Knöchelchen eingesammelt werden, noch einmal trifft. Die öffentliche Trauer dauert oft nur einen Augenblick.«

Ich entgegne: »Die Trauer um Fidel währte 9 Tage.«

»Bei ihm verwandelte sich die private in eine große politische Trauer.«

Schon 12 Stunden nach Fidels Tod hatte Michael Diegmann die Nachricht erhalten, dass er beim Aufbau des Grabes behilflich sein dürfe.

»Montag früh um 3 Uhr bin ich losgefahren. Um 13 Uhr war ich in Santiago de Cuba auf dem Friedhof. Hubschrauber kreisten, um den Fortgang der Arbeit zu beobachten. Ein 45 Tonnen schwerer Grabstein war von Verschmutzungen zu säubern. 20 hochrangige Militärs versuchten, sich in Eilfertigkeit zu übertreffen, und hätten den Stein wohl auch mit der Zahnbürste geschrubbt. Dann brachte man die Platte mit der Aufschrift ›FIDEL‹ und für den Fall, dass die erste beim Anbringen beschädigt wird, noch eine zweite mit etwas anderer Schrift. Stell dir vor, ich wurde gefragt, welche der Platten man nehmen soll. Ich entschied mich für die erste. Und die wurde auch angebracht. Ein Granitblock mit einer Tafel, auf der steht: ›FIDEL‹. Mehr nicht.«

Beim Begräbnis war Michael Diegmann nicht dabei, aber Maradona. Fidel hatte den Fußballstar, der wegen seiner Drogensucht in Argentinien nicht mehr behandelt wurde, fast täglich in der Klinik in Havanna besucht.

Michael Diegmann kannte den Friedhof Santa Ifigenia. Dort stehen auch die Grabmäler für Fidels *compañeros*, die beim Sturm auf die Moncada dabei waren, und für die in Angola Gefallenen. Auch das Denkmal, das den im Freiheitskampf gegen die Spanier getöteten Carlos Manuel de Céspedes ehrt. Im größten Grabmal liegt unter der kubanischen Flagge der Sarg des Freiheitshelden und Poeten José Martí. In einem seiner Gedichte heißt es, er wolle so begraben sein, dass die Sonnenstrahlen sein Gesicht immer berühren können. Das Mausoleum wurde nach seinem Wunsch gebaut. Zu jeder Tageszeit fällt ein Sonnenstrahl auf seinen Sarg.

Auf dem Heldenfriedhof »Segundo Frente« (Zweite Front) hat der Eichsfelder den großen Grabstein von Raúls Frau Vilma Espín Guillois gereinigt. »Er war schwarz wie die Nacht.« Vilma, spätere Gründerin der kubanischen Frauenorganisation, war schon bei Raúl, als der die zweite Front der Revolutionsarmee befehligte. Sie ist mit ihm kämpfend bis nach Havanna marschiert.

Michael Diegmann hat Vilmas Grab kostenlos restauriert, auch als Dankeschön für das Vertrauen, das die Kubaner in seine Firma setzen.

Die kleine Eichsfelder Firma »MD-Projektmanagement« ist fast wie die Jungfrau zum Kind zu den Aufträgen in Kuba gekommen.

Ein Kollege, der 2007 in Matanzas Urlaub machte, hatte Fotos von Restaurierungsarbeiten der Firma auf dem Computer dabei und zeigte sie einem kubanischen Rechtsanwalt. Der schlug ihm vor, im November zur internationalen Handelsmesse nach Kuba zu kommen und dort ihre Arbeiten vorzustellen. Sie landeten an einem Sonntag in Havanna und gingen sofort auf die Messe. Der Stand hatte 3 mal 3 Meter. Bald quetschten sich Interessierte darin. Der deutsche Botschafter stellte den Kontakt zum Stadthistoriker Dr. Spengler her, der in der Altstadt von Havanna seinen Traum verwirklichte: Renovieren und die Menschen dort weiter wohnen lassen. Das heißt unter anderem, die Mieten danach nicht zu erhöhen.

2008 bot er den Eichsfeldern an, ein Stück des Malecón als Probearbeit zu restaurieren. Von nun an hatten sie genug Aufträge, und als sie Vilmas Grabstätte gereinigt hatten, übergab Leal Spengler die Fotodokumentation der Grabreinigung während einer Ministerratstagung an Raúl Castro. Der beauftragte sie schließlich, das Capitolio zu restaurieren.

»40 Kubaner hatten wir zuvor in unseren neuen Restaurationsmethoden geschult und unter ihnen 10 Arbeiter ausgesucht.« Sein Gefühl hat ihn nicht getäuscht. »Sie restaurieren in dieser Schweinehitze, ohne zu klagen, rund 30 000 Quadratmeter Außenfassade. Für umgerechnet 20 bis 25 Euro Monatslohn.«

Rund 300 Leute sanieren insgesamt das Capitolio, darunter auch Arbeiter, die in kleinen privaten Unternehmen beschäftigt sind. Aber alles nötige Material bleibt staatliches Eigentum.

Nachdem die alten Villen, Theater, Herrenhäuser und Regierungspaläste im Kolonialstil aufwendig hergerichtet wurden, boomt der Tourismus, die Hotels und Restaurants sind mehr als ausgelastet. Deshalb wurde unter staatlicher Leitung eine Altstadt-Holding gegründet: Hotels, Pensionen, Restaurants, die in der restaurierten Altstadt nun noch mehr verdienen können, müssen 50 Prozent ihrer Devisengewinne an den Staat abgeben. Mit diesem Geld werden Pflegeheime, Kindergärten, Sportstätten, Berufsschulen, Seniorentreffs, Kulturheime und billige Kneipen für die Bewohner erhalten oder neu gebaut.

Doch er versteht nicht, weshalb die Kubaner froh darüber sind, dass inzwischen fast täglich ein Kreuzfahrtschiff in Havanna anlegt. »Wie Ameisen kommen sie zu Tausenden aus den Riesenleibern, laufen durch die Straßen der Altstadt, bringen aber dem Land außer den Hafengebühren kaum Geld ein. Die essen und trinken all-inclusive an Bord. Und für die Touristen aus den USA braucht man sowieso nur einen riesengroßen Pool mit einer meinetwegen kilometerlangen Wasserrutsche, die Salsa spielt und in verschiedenen Farben aufleuchtet. Die interessieren sich nicht für Museen und Ausstellungen. Die wollen Sonne und planschen. Mehr nicht.«

Themawechsel.

Wenn er nach Havanna fliegt, hat er regelmäßig an die 80 Kilo Übergepäck. Er nimmt auch Werkzeug für seine Arbeiter und Püppchen, neuerdings beispielsweise die Eiskönigin, für ihre Kinder mit. Und Wurstgewürze. Manchmal schlachtet er mit seinen Leuten ein Schwein und macht Thüringer Würste.

»Ein kleines sozialistisches Kollektiv?«

»Na ja, ein bisschen Sozialismus kann ja sein. Wir haben den Vorteil, dass wir hier in Ruhe arbeiten dürfen, sozusagen staatlich geschützt vor unlauteren Wettbewerbern, die mit Preisdumping und Bestechung staatliche Aufträge einheimsen wollen.«

Die Kubaner sollten für ihre Reformen in der Wirtschaft keine Berater aus Spanien holen. Die hätten zwar Erfahrung mit Monopolen, aber keine mit Genossenschaften. Sinnvoller wäre es allemal, Berater aus der ehemaligen DDR, die die sozialistischen Wirtschaftsstrukturen noch kennen, einzustellen. Für die neuen steuerrechtlichen und finanziellen Fragen natürlich Wessis.

»Und wie wird sich Kuba in der Zukunft entwickeln?«

Um das beantworten zu können, sollten wir uns noch einmal mit der Gegenwart beschäftigen. »Es gibt jetzt Sorgen und Neid wegen der Unterschiede in der Entlohnung und der zwei Währungen. Dabei wollte die Revolution Gleichheit für alle schaffen. Früher fuhr ich für 5 CUC mit dem Taxi, danach für 10. Und jetzt halten sie nur noch für Ausländer, die 15 CUC bezahlen. Und der Kubaner, der nur 15 CUC im Monat verdient, bleibt stehen.«

Das sei wie die Entwicklung in der DDR nach der Wende. »Man lebte sich auseinander. Früher hatten sich die Nachbarn beim Kohle-in-den-Keller-Schaufeln geholfen. Heute verklagen sie sich vor Gericht, wenn die Äste vom Apfelbaum über den Gartenzaun des Nachbarn wachsen.« Wenn allein das Geld das Leben bestimmte, wären auch die Kubaner davor nicht geschützt. Und die im Konkurrenzkampf verlangte Disziplin könnte vielleicht ihre spontane Fröhlichkeit vertreiben.

»Nein, ich will nicht schwarzsehen. Aber man muss heute dem fleißigen Kubaner, der unermüdlich mit einem Handfeger den Hof kehrt, auch sagen: *Compañero*, nimm doch einen großen Besen!

Ich träume davon, dass in Kuba durch neue Investitionen wieder so viel produziert wird, dass es alle sozialen Errungenschaften behalten und sogar Tomaten und Mais exportieren kann.«

»Doch wer will bei der Blockade durch die USA in Kuba investieren?«

»Die Blockade wird immer löchriger. Sie muss fallen, auch die Yankees brauchen neue Märkte. Sie liefern zum Beispiel schon große Mengen Hühnerfleisch, natürlich das genmanipulierte, nach Kuba.«

Lachend fügt er hinzu: »Aber was wird aus den USA, wenn die Chinesen verlangen, dass die Amerikaner ihre Billionen Dollar Schulden bezahlen? Dann sind die USA insolvent. Ramschniveau bei den Ratingagenturen. Kuba kauft die Vereinigten Staaten von Amerika für 50 Peso nacional.«

Danach wird Michael Diegmann wieder ernst. Kuba dürfe auch in Zukunft nie wieder zu einer Wirtschaftskolonie der USA verkommen. »Weißt du, ich würde jederzeit den Petersdom restaurieren. Aber nie das Capitol in Washington! Nie! Auch wenn sie mir eine Milliarde Dollar bieten.«

»Weshalb?«

»Ist eben so. Die sollen erst mal zu Hause Ordnung schaffen und sich nicht als Weltpolizei aufspielen. Eigentlich bin ich froh, dass Trump amerikanischer Präsident geworden ist. Jetzt versteht auch der Dümmste, was die USA für eine riesige Lachnummer sind.«

Trump sei vielleicht ein cleverer Unternehmer. »Aber von Politik versteht er so viel wie eine Kuh vom Seiltanz. Der kann nach Kuba kommen und im rosaroten Kleidchen über den Platz der Revolution hüpfen, nicht mal das würde die Kubaner beeindrucken.«

Kubaner wären dankbar für jede Hilfe, aber stolz. »Und sie sind zu Recht stolz. Was würde passieren, wenn die Wirtschaftskrise wie ein Hurrikan über Westeuropa fegt? Zuerst würden die Regierungen Theater, Universitäten, Kindergärten, Schulen und Krankenhäuser auf Sparflamme setzen oder schließen. Als in Kuba 1990 von einem Tag zum anderen die Exporte und die Produktion wegen der veränderten Weltlage um über 60 Prozent wegbrachen, die Kubaner hungerten, Fabriken zugemacht werden mussten, hat die kubanische Regierung keine einzige Universität, keine einzige Klinik, kein Forschungsinstitut, keine Schule (selbst die in den Bergen nicht, wo nur 5 Kinder unterrichtet werden) und keine Arztstelle in den kleinsten Dörfern geschlossen.«

Er hat in der Nähe von Havanna Land gepachtet und lässt dort Gemüse, Getreide und Kartoffeln anbauen. »Bei dem fruchtbaren Boden und dem guten Klima sind mindestens zwei Kartoffelernten möglich. Man muss damit nur anfangen, nicht bloß reden wie die Politfunktionäre.«

Seine Leute halten dort auch 1200 Schweine. Es könnten jedoch 5000 sein. Aber sie haben nicht genügend Ferkel. Und Ferkel dürfen nur die staatlichen Landwirtschaftsgüter verkaufen.

Ich weiß nicht, wie viele Mojitos Hemingway in der »La Bodeguita del Medio« gewöhnlich getrunken hat. Wir schaffen im »Siá Kará Café« jeder 3. Nachdem Michael sie bezahlt hat, verspricht er: »Beim nächsten Treffen bringe ich 3 meiner Arbeiter mit. Du musst, um Kuba zu verstehen, mit den kleinen Leuten reden. Nicht mit denen, die dir, dicke Cohibas rauchend, blauen Dunst vormachen, sondern mit denen, die den Tabak pflanzen und trocknen. Fahr mal nach Pinar del Río!«

Morgen noch nicht. Morgen will mich Raúl Becerra, der ehemalige Botschafter Kubas in der BRD, besuchen. Zuvor werde ich endlich Maria die 50 Euro von Ina Leukefeld bringen.

Von der kriminalistischen Suche nach dem Solardorf La Guinea, der Behauptung, »wenn wir Kubaner nicht mehr kämpfen können, sind wir keine Kubaner mehr«, und Danyens Lehrvorführung zum Gebrauch einer Machete

Auch Maria möchte nicht, dass wir uns in ihrer Wohnung treffen. Ich schlage vor, in das private 6-Tische-Restaurant zu gehen, in dem ich fast jeden Abend Reis mit schwarzen Bohnen esse. Doch 10 Minuten vor unserer morgendlichen Verabredung stehe ich dort vor verschlossener Tür. Punkt 9 Uhr kommt Maria. Eine elegante frauliche Fünfzigerin, an der, abgesehen von den goldlackierten Fingernägeln, die Farben Rot und Schwarz dominieren. Schwarzes krauses Haar und schwarze Leggins. Dazu ein himbeerrotes langes Shirt, rote Ohrhänger und eine um den Hals hängende, auf dem Busen liegende Brille. Schmale dunkle Augenbrauen. Eine obere Zahnlücke zaubert, wenn sie spricht, zusätzlich Fröhlichkeit auf ihr Gesicht.

Weil zwei weitere Restaurants in der Nähe geschlossen haben, meint sie notgedrungen: »Also laufen wir doch zu mir.«

Als sie mit mir die enge Treppe hinaufsteigt, steht eine sehr alte Frau, die sich auf zwei Krücken stützt, an der Tür. Sie grüßt Maria mit »Annelie«.

»Die Gute hat mich schon als Baby gebadet«, erzählt Maria, während wir über einen langen Außengang zu ih-

228

rer Wohnung gehen. »Eigentlich heiße ich Anna-Maria. Ich war ein mehrfaches Wunschkind. Meine Mutter ging sehr oft in die Kirche von Miramar und bat dort die heilige Anna um ein Kind. Als ihre Bitte erfüllt wurde, nannte sie mich Anna-Maria. Auch meine Tochter heißt Anna. Anna-Laura. Sie wird aber nicht Annelie gerufen, sondern die Nachbarn sagen Anna-Laura. Weil es so schön klingt.«

Marias Wohnzimmer misst vielleicht 3 mal 4 Meter. Die Küche davor ist nicht einmal halb so groß. Das Wichtigste in ihrer Wohnung sind die Haken, erklärt sie mir. Ich weiß nicht, was sie damit meint. Sie zeigt mir die Haken, die an den Wänden eingedübelt sind. »Ich habe jetzt zwei neue bekommen. Da war ich sehr glücklich. An die Haken kann ich meine Wäscheleinen spannen. Ich habe damals die Windeln von Anna-Laura in der Küche ge-

229

kocht und dann im Wohnzimmer aufgehängt.« 1987, bei ihrem Studium in der DDR, hat sie sich ein »Wäscheleinen-Kombinat« gekauft, an dem sie gleichzeitig mehrere Leinen ausrollen kann.

Anna-Maria schneidet in der Küche, in der zu meiner Freude – hier fühle ich mich wohler als bei Migdalia – noch schmutziges Geschirr herumsteht, eine Melonenhälfte in Scheiben.

»Diese Melonenhälfte und 5 Tomaten habe ich auf dem Bauernmarkt für fast 2 CUC kaufen müssen.« Sie klagt nicht. Als Deutsch-Dozentin verdient sie an der Universität 600 Peso nacional und kann Privatunterricht für 50 Peso pro Stunde geben. Es wollen jetzt viele in Kuba Deutsch lernen.

Sie selbst hat frühzeitig zu lernen begonnen. »Im Kindergarten heulte ich, weil dort nur gesungen wurde und nur Striche gemalt wurden. Gerade Striche. Ich konnte aber schon lesen und schreiben. Meine Mutter ging mit mir zur Schule. Die Lehrerin zeigte mir eine Fibel, und ich las. Ich rechnete auch richtig. Da durfte ich schon ein Jahr vor den anderen in die Schule gehen.«

Das zweite Jahr sei jedoch schlimm gewesen. Ihre Lehrerin wurde schwanger, und niemand konnte vertretungsweise unterrichten. Notgedrungen bat die Schulleitung Marias Mutter, die zwar keine Lehrerin war, aber pädagogische Fähigkeiten hatte, die Klasse zu übernehmen.

Marias Mutter war sehr streng. »Am strengsten natürlich zu mir. Es ist das Schlimmste, was einem Kind passieren kann: in der Schule von der Mutter unterrichtet zu werden. Aber ich habe damals viel gelernt.«

Die Lehrerin kam nicht zurück. »Ihr Kind war sehr krank. Ich glaube, es hatte Krebs. Es musste jahrelang in einer Klinik liegen. Deshalb ging die Lehrerin als Putzfrau in das Krankenhaus. Sie wollte ihrem Kind immer nahe sein. So sind wir kubanischen Mütter«, sagt Anna-Maria.

»Nicht nur die kubanischen«, entgegne ich.

Anna-Maria durfte von der 7. bis zur 12. Klasse die Schule für Begabte, die »Lenin-Schule«, in Havanna besuchen. »Ich war gut in Mathematik, hätte Mathe studieren können. Aber ich hasste Geometrie. Diese geraden Linien.« Sie wollte Sprachlehrerin werden.

Schon in der »Lenin« hatte sie sich verliebt. Ihr Mann studierte Medizin und wurde Kinderarzt.

Als ihre gemeinsame Tochter Anna-Laura 5 Jahre alt war, verließ er Kuba. Weil er als Exil-Kubaner – inzwischen arbeitet er in Miami als Krankenpfleger – eine Zeitlang keine Einreise nach Kuba erhielt, sah er seine Tochter erst wieder, als sie in Berlin studierte. Liebesgeschichten wären in Kuba oft auch politische Geschichten, sagt Anna-Maria.

Wir trinken Kaffee und essen die sehr süße und saftige Melone.

»Weil ich die Revolution und ihre Ideen, ihre sozialen Errungenschaften und unsere Unabhängigkeit von den USA schätze, bin ich in die Kommunistische Partei eingetreten.«

Ein langer Satz, den sie wie Joaquín relativiert. »Aber nur die Praxis ist das Kriterium für die Wahrheit. Von Marx?«

»Ja, ich glaube. Oder von Engels.«

»Ist auch egal. Aber es stimmt.«

Natürlich wäre der Kapitalismus grausam. »Doch wir haben in der Schule, an der Universität und in der Partei lediglich über seine Grausamkeit gesprochen. Aber weshalb sagen die Söhne in Kuba nicht mehr wie früher: Mutter, ich gehe fort. Ich gehe als Matrose aufs Schiff. Wenn ich zurückkomme, bringe ich dir eine goldene Kette mit. Heute sagen sie: Mutter, ich gehe ins Ausland. Dort werde ich arbeiten und dir Geld schicken, damit du in Kuba besser leben kannst.«

Man hätte in Kuba vergessen, darüber zu reden, dass es im Kapitalismus auch Schulen gibt, in denen die Kinder kostenlos unterrichtet werden. Aber genauso Eliteschulen, für deren Besuch die Eltern Tausende Dollar zahlen müssen. Die Menschen hier interessiere, welches System besser funktioniert.

»Und welches?«

»Wenn es nur das Funktionieren als System betrifft, wahrscheinlich das kapitalistische.« Einige kapitalistische Alltäglichkeiten wie die Bestechung gehörten inzwischen auch in Kuba zum Alltag in Politik und Wirtschaft. »Korruption wird bei uns streng bestraft. Doch wir müssen begreifen: Menschen sind überall Menschen mit guten und schlechten Eigenschaften. Manche geben, andere nehmen nur. Manche sind fleißig, andere faulenzen. Die Erziehung zum guten, arbeitsamen Menschen ist sehr schwer.«

»Aber möglich?«

Statt zu antworten, fragt sie, ob ich Georg Orwells »Farm der Tiere« gelesen habe. »Dort steht der Satz: Alle

Tiere sind gleich. Genau wie es Fidel und Che und die *compañeros* nach der Revolution verwirklichen wollten. Doch der vollständige Satz heißt: Alle Tiere sind gleich, aber manche sind gleicher.«

Das Telefon klingelt. Am Ende des Gesprächs sagt Anna-Maria: »Besser als gar nichts.«

Das sei Anna-Laura gewesen.

»Auch Anna-Laura hat Deutsch studiert und arbeitet hier an der Universität. Ich soll als verantwortliche Dozentin eine neue Konzeption zum Studium der deutschen Sprache erarbeiten. Die Studienzeit soll verkürzt werden, ohne dass die Studenten weniger lernen. Für die Konzeption brauche ich allerdings Schreibpapier, das konnte Anna-Laura heute in der Universität besorgen. Leider keine Tintenpatronen für den Drucker.

In der Spezialperiode hatten wir auch kein Papier. Nicht einmal für die Flugblätter, auf denen uns Fidel Mut machen wollte. Mut, damit wir die Idee unserer Revolution nicht aufgeben. Obwohl wir von ein paar Scheiben Brot in der Woche leben und tagelang auf Strom und Benzin verzichten mussten und uns manchmal wie Kühe nur von Grünzeug ernährt haben. Trotz alledem.«

»Die DDR wäre an solchen Bedingungen sehr schnell kaputtgegangen«, sage ich.

Sie lacht. »Das hast du gesagt. Nicht ich.«

Ich will Anna-Maria vor dem Haus mit der alten Frau, die sie schon als Baby im Arm gehalten hat, fotografieren. Doch die ist inzwischen zum Markt gegangen.

»Es reicht, dass du mich in meiner Küche fotografiert hast.«

Weshalb sie lieber mit mir in einem Restaurant als in ihrer Wohnung sprechen wollte, verstehe ich nicht.

»Weil ich sehr bescheiden und beengt lebe. Deutsche wollen wahrscheinlich mit großen und schönen Wohnungen repräsentieren.«

Sie schreibt mir ihre E-Mail-Adresse auf, damit das Schweigen zwischen Ina Leukefeld und ihr nicht wieder 12 Jahre dauert.

Manchmal bin ich zufrieden mit meiner Arbeit als Briefträger in Kuba.

Auf dem Rückweg schiebe ich einen Kubaner, der auf dem Gepäckträger seines dreirädrigen Fahrrades mindestens 1,50 Meter hoch Kisten mit Gemüse gestapelt hat. Am Berg kippt er fast um, will aber nicht absteigen. Als wir oben sind, holt er im Fahren aus seiner Umhängetasche ein Bündel Bananen und gibt es mir.

Einige Straßen weiter ist der Gehweg von Löchern und Baugräben durchfurcht. Neben mir läuft eine alte Frau. Ich weiß nicht, wer von uns zuerst stolpert, ob sie sich an mir oder ich mich an der Frau festzuhalten versuche. Wir stürzen beide auf die Straße. Ich stehe schnell auf. Will die Frau hochheben, doch erst als mir Passanten helfen, schaffen wir es gemeinsam. Als sie in ihren Beutel schaut, schreit sie entsetzt: »Die Eier!«

Von den 5 Eiern, die sie im Monat auf den *Libreta*-Bezugsschein für 75 kubanische Centavo erhält, sind 2 angeschlagen und 2 schon Eierpampe. Ich gebe ihr das Bündel Bananen, doch die Umstehenden verlangen energisch, dass ich die Eier ersetze.

Einen Moment denke ich daran, dass in Deutschland die Leute einfach weitergegangen wären. Hier beschimpfen sie mich wegen 4 kaputter Eier. Erst nachdem ich der Frau 50 Peso nacional, für die sie sich 40 Eier auf dem freien Markt kaufen kann, gegeben habe, beruhigen sie sich.

Als sie bemerken, dass mein Knie blutet, gehen sie in ein Haus und holen eine Tragbahre. Ich wehre mich. Einer tastet vorsorglich mein Bein ab, dann gelingt es mir, schnell weiterzugehen. Ich will Raúl Becerra nicht warten lassen.

Carlos Menendez hatte mir gesagt, dass Raúl Becerra, der von 2001 bis 2006 Handelsrat und von 2009 bis 2013 kubanischer Botschafter in Deutschland war, vielleicht helfen wird, endlich die Briefe der Bank in den Ministerien zu übergeben.

Der ehemalige Botschafter schnauft heftig, als er im dritten Stock vor Migdalias Tür steht. Er ist 75, wie ich.

Wir reichen uns die Hände. Aber bei seiner ersten Bemerkung widerspreche ich, als er sagt, dass mit der Revolution eine dauerhafte Einheit des kubanischen Volkes entstanden ist. Ich erzähle vom »Na-gucke-mal«-Albertico, der im Monat 400 Peso verdient, und von meiner Zimmerwirtin, die für nur eine Übernachtung umgerechnet 800 Peso erhält.

Raúl Becerra erwidert, dass die Regierung daran arbeitet, die Ungleichheiten abzumildern. Den Verdienst der Ärzte hat sie inzwischen auf rund 1600 Peso erhöht.

Schwerer sei es, junge Kubaner heute noch für die Ideen der Revolution zu begeistern. »Sie müssen die Geschichte begreifen, ohne sie, wie ich, erlebt zu haben.«

»Und wie haben Sie als 18-Jähriger die Revolution erlebt?«

Raúl Becerra, ehemaliger Botschafter in Deutschland: »In Kuba ist das alles ordentlich geregelt.«

»Ich bin in Cienfuegos geboren. Vater war Professor für Mathematik und Physik und meine Mutter Dozentin. Wir besaßen 3 Wohnungen. Nach der Revolution beschlagnahmten die *compañeros* zwei davon und gaben sie Bedürftigen. Eine Wohnung würde für eine Familie reichen. Sie hatten recht.«

Das Umdenken sei damals nicht einfach gewesen. »Doch dann sahen wir, wie die Frauen und Männer um Fidel als Erstes Hunderte Krankenhäuser und Schulen bauten. Sogar in den Bergdörfern, in denen manchmal nur 10 oder 20 Kinder lebten. Ein Lehrer und eine neue Schule für 10 Kinder. Damals erklärte Fidel dem Volk immer wieder: Ihr sollt nicht glauben, was man euch erzählt. Ihr sollt lesen, ihr sollt es wissen. Es sind die Jahre gewesen, in denen die Oberhäupter der katholischen Kirche predigten: Die Revolution ist das Höllenfeuer, und die

Revolutionäre sind die leibhaftigen Teufel. Sie behaupteten, es wäre ein Gesetz erlassen worden, und hefteten dieses erfundene Gesetz sogar an die Türen. Darin stand, dass alle Kinder zur Ausbildung in die Sowjetunion geschickt werden müssen. Sie verbreiteten das Gerücht, dass den Kindern dort das Gehirn gewaschen wird oder die Russen sie schlachten.«

Gleichzeitig hätten die Gegner der Revolution den Eltern angeboten, dass ihre Kinder in den USA lernen und studieren können. Die US-Amerikaner würden bald wieder auf Kuba sein und die Kinder gut ausgebildet zurückbringen. Viele Eltern schickten vor allem ihre Söhne in die USA.

Fidel hielt Tag für Tag im Fernsehen unglaublich lange Reden. Er schwor immer wieder: Die Yankees werden nie wieder als Herren nach Kuba kommen. Das beruhigte die Menschen. Und als die Amerikaner an Fallschirmen Waffen für die *bandidos* abwarfen, damit sie die neugebauten Schulen und Krankenhäuser zerstörten und Ärzte und Lehrer töteten, begannen die Kubaner ihr Land gegen die USA zu schützen.

Das alles sei Geschichte. Aber die Geschichte gehöre zur Gegenwart. Und Raúl Becerra wiederholt: »Doch wer die Geschichte nicht erlebt hat ...« Die kubanische Jugend sei inzwischen zu ungeduldig. »Sie will alles. Auf einmal und sofort.«

Ich erzähle von Jorge Luis, der im Ausland arbeiten möchte, um seiner Mutter in Kuba zu helfen.

Raúl Becerra, der noch vor 3 Jahren Botschafter war, überlegt lange, bevor er diplomatisch antwortet: »Wenn dieser Jorge Luis, ein junger, in Kuba ausgebildeter Mann, weggeht, hilft er vielleicht für kurze Zeit der Mutter, aber nicht dem Land. Im Gegenteil. Nur wenn es Kuba in Zukunft gutgeht, werden wir unser Ziel erreichen!«

»Welches Ziel?«

»Dass die US-Amerikaner nicht zurückkommen, um Kuba wieder zu ihrem zweiten Las Vegas zu machen und politisch und wirtschaftlich noch einmal zu ihrer Kolonie. Sondern dass wir ein freies Land bleiben.«

Ich zeige ihm die Briefe mit den Investitionsvorschlägen der deutschen VR-Bank. Er bestätigt, dass die Vorschläge gut und die Deutschen zuverlässig sind. (Er kennt diese Zuverlässigkeit seit seinem Studium in der DDR. Obwohl er sehr gern gutes Bier und echten Wodka trinkt, hatte er Leipzig und Berlin als Studienorte Prag und Moskau vorgezogen. »Auch um das ›Kapital‹ in der Originalsprache lesen zu können.«)

Raúl Becerra steckt Kopien der Briefe in die Brusttasche seines weiß-grau gestreiften Hemdes und verspricht, mich als Briefträger im Ministerium für Außenhandel anzukündigen. Allerdings sei das selbst für ihn nicht einfach, denn ich hätte bei der kubanischen Botschaft nur ein Touristen- und kein Arbeitsvisum beantragt und erhalten.

»Ein Visum, das übrigens nur 30 Tage gültig ist. Wenn Sie länger bleiben wollen, können Sie es in der Migrationsbehörde noch einmal um 30 Tage verlängern. In Kuba ist das alles ordentlich geregelt.«

Hoffentlich, denke ich. Aber noch habe ich Zeit, um das zu erledigen. Zuvor will ich zu den Tabakbauern in Pinar del Río fahren. Und morgen früh mit Boris den inzwischen nach Havanna verlegten Infarktpatienten Michael Stibbe in der Herzklinik besuchen.

In der Nacht regnet es zum ersten Mal seit meiner Ankunft in Havanna. Und das sintflutartig. Überall Land unter. Die Straßen haben sich am Morgen in fast knietiefe Flüsse verwandelt. Am unteren Tor des Friedhofes vereinen sich die Nebenflüsse der asphaltierten Wege zwischen den Gräbern zu einem breiten Strom, der sich in Vedado ausbreitet. Einige Autos, die sich hinausgewagt haben, weil ihre Fahrgestelle sehr hoch sind, suchen nach flachen Stellen. Aber auch dort spritzen sie das Wasser wie ein Schnellboot der Marine zu meterhohen Fontänen. Fußgänger sind kaum unterwegs.

Vorsichtig wate ich um die wassergefüllten Straßenlöcher, denn ich kann nicht sehen, wie tief sie sind. Kaum einer auf den überschwemmten Straßen trägt heute einen zum Regenschirm umfunktionierten Sonnenschirm. Vor der kardiologischen Klinik, einem hell gestrichenen mehrstöckigen Gebäude, streife ich mir wie die anderen Männer das T-Shirt ab, wringe es wie einen Scheuerlappen aus und ziehe es wieder an. Die Portiersfrau sitzt im Vestibül an einem Holztisch neben einem Stapel Akten.

Sie hat noch nichts von einem Patienten Michael Stibbe gehört. Aber als ich sage, dass er ein Deutscher ist, der aus der Klinik von Matanzas verlegt wurde, weiß sie sofort, dass dessen Frau bei ihm geblieben und nicht mit den anderen Touristen nach Hause geflogen ist. Er liegt auf der Intensivstation, doch seine Frau sei bestimmt auf ihrem Zimmer.

Der erste Regen

In dem sehr geräumigen Zimmer stehen zwei Betten, ein großer Schrank, zwei Sessel, ein Tisch. Und wahrscheinlich auch ein Kühlschrank, denn das Wasser, das die 66-jährige Regina Stibbe mir anbietet, ist eiskalt.

Ihrem Mann geht es, nachdem ein Stent gesetzt worden ist, schon besser. Er war mit einem Spezial-Krankenwagen vom 80 Kilometer entfernten Matanzas hierher gebracht worden. Um 9 Uhr sollte der Krankenwagen bereitstehen, aber er konnte nicht abfahren. Das Benzinkontingent für die Klinik war aufgebraucht. Da begann sie zu heulen. Eine Stunde später hatten sie Sprit für 200 Kilometer organisiert.

Regine Stibbe ist froh, dass ihr Mann jetzt hier liegt, wo Boris alles organisieren und ihn öfter besuchen kann.

»Die Ärzte und Schwestern sind professionell und freundlich. Sie nehmen sich Zeit für jeden Patienten.« Sie kann das beurteilen, denn sie ist gelernte Altenpflegerin. In Deutschland hat man leider nur eine streng genormte Zeit für jeden zu Pflegenden.

Wir gehen hinunter zur Intensivstation. Vor der offenen Tür wartet Boris mit den beiden Töchtern der Stibbes, die aus Deutschland gekommen sind. Hinter der Tür überwacht eine Schwester, dass immer nur ein Besucher zum Bett eines Patienten geht.

Wie viele Krankenbetten in dem Saal nebeneinanderstehen, erkenne ich nur an den wie Segel zwischen die Betten gespannten weißen Tüchern. Dadurch können weder die Besucher noch die Bettnachbarn sehen, wenn einer der 10 oder 12 Patienten behandelt oder gewaschen werden muss. Und alle 5 Stunden wird der Fußboden wegen der Infektionsgefahr gescheuert.

Bevor ich zu Michael ans Bett darf, hat ein Krankenpfleger den an Durchfall leidenden Patienten gewickelt. Da es keine Windeln gibt, nahm er 2 Bettlaken, faltete sie zum Dreieck (wie wir das vor der Pampers-Zeit beim Wickeln unserer Kinder gemacht haben), verknotete sie und steckte sie schließlich unter die Schlafanzughose.

Kuba sei, der Not und dem Temperament seiner Bewohner gehorchend, nun mal das Land der *inventos*. Wobei es im medizinischen Bereich kleinere und größere *inventos* gibt.

Der Leipziger Jörg Werner, der seit vielen Jahren Fahrradtouren abseits der Hauptstraßen für Touristen organisiert, war bei einer Fahrt so unglücklich gestürzt, dass er sich den Ellenbogen brach. Die Knochen hätten sofort stabilisiert werden müssen. Aber den Ärzten in Santiago de Cuba fehlten Schrauben aus Edelstahl. Als der Hausmeister vom Unglück des Deutschen erfuhr, erinnerte er sich, dass im Hof das Wrack eines selbst in Kuba nicht mehr zu reparierenden Chevrolet stand. An dessen Kofferraumklappe befand sich noch eine einzige Schraube. Eine aus Edelstahl. Er montierte sie ab, die Mediziner legten sie eine Nacht in Rum ein, dann operierten sie und verbanden die Knochen mit der sterilen Chevrolet-Schraube. Alles heilte gut. Doch als der Mann wieder in Leipzig war, röntgen ihn die deutschen Ärzte, schnitten den Ellenbogen wieder auf, schüttelten entsetzt den Kopf, befestigten eine Platte und warfen die kubanisch-amerikanische Edelstahlschraube in den Eimer.

Michael plagen zurzeit größere Sorgen als sein Durchfall. Vor der Reise hatte er bei seiner deutschen, auch in Kuba anerkannten Gesellschaft eine Auslandskrankenversicherung abgeschlossen. Sie müsste seine Behandlung und den Klinikaufenthalt auf Kuba bezahlen. Aber sie besitzt auch Zweigstellen in den USA und unterliegt deshalb dem Blockadegesetz. Selbst in dringenden humanitären Fällen darf sie kein Geld direkt nach Kuba überweisen.

Die Kubaner hätten den flugunfähigen Herzpatienten Michael Stibbe also nicht weiter behandeln, sondern mit einem »Tut uns leid – ohne Geldüberweisung keine Hilfe!« wegschicken müssen. Haben sie aber nicht. Und nun versucht Boris verzweifelt, einen Weg zu finden, wie das Geld nach Havanna kommt.

Michael, der mir seine Hand reicht, ohne meine drücken zu können, sagt, dass er auch bei diesem Problem den Kubanern und Boris vertraut.

Es ist seine fünfte Kuba-Reise. »Die Ärzte hier meinten, sie hätten mich nach der Herzoperation in Deutschland und den eingesetzten Stents nicht für 3 Wochen hierherfliegen lassen. Auch Regina war dagegen. Aber zu meinem 70. Geburtstag schrieb ich allen Freunden, dass ich mir meinen Herzenswunsch erfüllen möchte: noch einmal Kuba und meinen Freund Boris zu sehen.«

Boris kennt er seit 1976. »Damals war der Junge 11 Jahre alt, wollte Deutsch lernen und außerdem in meiner Schülermannschaft in Frankfurt/Oder Fußball spielen. Er war einer von Tausenden chilenischen Flüchtlingen, die nach dem Putsch des Generals Pinochet in der DDR eine neue Heimat fanden. 12 Jahre blieb Boris in Frankfurt/Oder und wurde ein guter Fußballspieler.«

Während Michaels Frau und nach ihr die beiden Töchter ins Krankenzimmer gehen, erzählt mir Boris, der inzwischen 50-jährige in der Altherrenmannschaft von Havanna spielende chilenische Kubaner oder kubanische Chilene, die Geschichte seiner Familie.

»Mein Vater Danielo Bartolin war der Leibarzt von Salvador Allende. Als sich die beiden kennenlernten, war Allende bereits Gesundheitsminister. Mein Vater wollte ihm helfen, auf den Dörfern Arztstationen für die Bauern aufzubauen. Allende hatte schon vor seiner Wahl zum Präsidenten viele soziale Träume. Doch er konnte sie in den alten Verhältnissen nicht gegen die Eigentümer der Plantagen und die Besitzer der chilenischen Kupferminen durchsetzen. Die interessierte das Leben ihrer Bauern und Arbeiter nicht. Soziale Revolutionen«, sagt Boris, »sind nur möglich, wenn zuvor eine Revolution die Eigentumsverhältnisse und damit die Gesellschaft grundlegend verändert hat.«

Obwohl Allende, als er 1970 zum Präsidenten gewählt wurde, die Eigentumsverhältnisse nicht veränderte, waren seine sozialen Reformen zugunsten der kleinen Leute den Unternehmern, Großgrundbesitzern und Generälen schon zu viel. Mit Unterstützung der USA putschten sie 1973.

»Ich erinnere mich, dass unsere Familie an Wochenenden manchmal in Allendes Ferienhaus wohnte. Den Putsch am 11. September 1973 habe ich nicht miterlebt. Doch später sprachen wir so oft von diesem Tag, dass ich dachte, ich sei dabei gewesen. Ich sehe alles in Bildern vor mir. Wie mein Vater ins Obergeschoss der Moneda rannte, um Schwerverwundete zu verbinden, wie Allende zu Boden sank. Wie mein Vater zurückkam. Er konnte nur noch schreien: Der Präsident ist tot. Danach stürmten die Putschisten den Regierungssitz. Sie verhafteten die Regierungsmitglieder, auch meinen Vater, und später Zehntausende Sympathisanten Allendes. 40000 internierten sie im Nationalstadion. Tausende wurden erschossen. Auch Víctor Jara, den größten Sänger Chiles, töteten sie.

Dank eines Polizeioffiziers, der Vater gut kannte, wurde er als einer der Letzten vom Todesstadion in ein anderes Lager gebracht ...«

Das zum Konzentrationslager umfunktionierte Nationalstadion musste, weil die FIFA das WM-Ausscheidungsspiel Chile – UdSSR dort angesetzt hatte, einen Monat nach dem Putsch »aufgeräumt« und die Häftlinge weggebracht werden. Die sowjetische Nationalmannschaft reiste nicht an, um das Rückspiel gegen Chile in diesem Todesstadion auszutragen. Das Spiel wurde daraufhin als 2:0-Sieg für Chile gewertet.

Der Vater hatte Allende oft bei Besuchen von Fidel begleitet. Nach seiner Entlassung aus dem Internierungslager erhielt er Asyl in Kuba. Boris und sein Bruder wurden in der DDR aufgenommen. 1988 flogen sie zu ihrem Vater. Seitdem lebt und arbeitet Boris in Havanna ...

Er will noch einmal mit der deutschen Krankenversicherung telefonieren. Nach einer halben Stunde kommt er strahlend zurück. »Es gibt eine Lösung. Die Versicherung überweist das Geld an ihre Zweigstelle in Mexiko. Und die wird es weiter nach Havanna leiten. Das funktioniert!«

Auf dem Heimweg regnet es nicht mehr.

Die Strömung der Straßenflüsse war so stark, dass die Reinigungskolonnen in den nächsten Tagen nicht mehr kehren, sondern schaufeln müssen. Auch an einem der dicken Stämme, an denen die Luftwurzeln so tief herunterhängen, dass sie in die Pfützen tauchen, hat sich Unrat gestaut. Ob sie Wasser aufsaugen, weiß ich nicht. Und immer noch hat mir niemand den Namen des Baumes nennen können. Jeder, den ich frage, sagt nur: *árbol* – ein Baum.

Ich hoffe, dass ihn (wenn ich das Dorf finde!) die Bergbauern von La Guinea oder die Tabakbauern in Pinar del Río kennen.

Gestern Vormittag trauten sich nur die »seetüchtigen« Autos auf die Straßen. Heute rasen, rattern, rumpeln, röhren und qualmen wieder alle durch Havanna. An der zentralen Haltestelle stauen sich die *máquinas*, die über Land fahren. Julie und ich erkämpfen einen Platz in Richtung Pinar del Río. Der umgebaute Transporter ist *verdaderamente* überfüllt. Eine schwangere schwarze Kubanerin kann nur noch in der Ecke hocken. Ein weißer Kubaner bietet ihr seinen Sitz an.

Die Abgaswolken über Havanna trüben die Sonne. Sie ist ein milchiger Fleck im blaugrau verschleierten Himmel. Ich habe Atemnot, und mir scheint, dass der brummende Motor, als wir endlich aus der Stadt herausfahren, plötzlich heller klingt.

Ein Mann in einem langärmligen grünen Hemd und mit einem rotbraunen Strohhut sagt dem Chauffeur, dass er am Abzweig zum Tiefseehafen von Mariel aussteigen möchte.

Seit 2013 bauen die Kubaner dort den künftig größten und modernsten, auch für Containerschiffe mit extremem Tiefgang befahrbaren Hafen der Karibik. Die Brasilianer beteiligen sich mit Milliarden Dollar. Der Mann erklärt mir, dass sich allerdings einige internationale Reedereien scheuen, den neuen Hafen anzulaufen. »Schließlich bestrafen die USA alle Handelsschiffe, die nach Kuba fahren. Die dürfen danach 6 Monate in keinem nordamerikanischen Hafen anlanden.«

Das scheint zu stimmen, denn auch die Container mit den deutschen Solidaritäts-Solaranlagen für La Guinea und andere kubanische Bergdörfer konnten nicht direkt von Hamburg aus nach Havanna verschifft werden. Sie mussten erst in Mexiko umgeladen und von dort mit kleinen Frachtern nach Kuba gebracht werden.

Inzwischen richten die Kubaner Direktlinien von Mariel nach Asien und Afrika ein. »Da können uns die US-Amerikaner mal!«, sagt er zum Abschied, steigt an der Kreuzung aus und in eine graue Limousine mit Chauffeur ein.

Wir fahren noch eine halbe Stunde zwischen brachliegenden Äckern, »*Patria y muerte*«-Losungen, Tabakfeldern, von *marabú*-Sträuchern überwucherten Wiesen, »*Por siempre Fidel*«-Transparenten, Palmen und eingezäunten Gemüsegärten. Als der Transporter hält, steigen wir aus und stehen mutterseelenallein an der Nebenstraße nach Las Terrazas. Nicht einmal Kühe sind zu sehen. Geschweige denn Autos.

Erste Zweifel, ob wir La Guinea wirklich in der Nähe von Las Terrazas finden.

In der nächsten Stunde kommt weder ein Ochsenkarren noch ein Traktor und auch kein Touristenbus vorbei. Wir stehen im Schatten der Bäume, und ich überlege, ob es gut war, dieses La Guinea zu suchen, ohne zu wissen, wo genau es sich befindet. Julie meint, wir sollten eines der vielen Autos auf der Hauptstraße anhalten, nach Pinar del Río weiterfahren, uns dort nach La Guinea erkundigen und vielleicht auf dem Rückweg …

Nein, ich will La Guinea hier und heute finden.

Ich muss es finden.

Ich habe es Karl-Heinz Voigt in Erfurt versprochen. Und das nicht als Briefträger, sondern als einer, der den zuvor Unbekannten nach einer nicht einmal zweistündigen Unterhaltung wie einen Freund umarmte …

Ich hatte angenommen, dass der 91-Jährige im Erdgeschoss wohnt. Doch als ich an dem renovierten Erfurter Plattenbau klingelte, tönte es aus der Sprechanlage: »Ich komm gleich runter.« Keine Minute danach stand ein schmächtiger Mann vor der Tür. Seine Augenbrauen und die nur noch am Hinterkopf wachsenden Haare (meine Mutter sagte dazu: Sportplatz mit Wiesenrändel) waren schlohweiß. Trotz des Fahrstuhls lief er mit mir, ohne zu schnaufen, die 20 Stufen hinauf. In der guten Stube waren viele Regale mit Büchern gefüllt. 3 Broschüren hat Karl-Heinz Voigt selbst geschrieben. Berichte über sein Leben und das Leben seines Vaters. Der Vater gründete in Großbreitenbach die Ortsgruppe der KPD und war in der Nazizeit als kommunistischer Landtagsabgeordneter in Zuchthäusern und im Konzentrationslager.

Als seine 86-jährige Frau hereinkam, fragte ich, ob es stimmt, dass sie 25 000 Euro für den Bau von Solaranlagen im Bergdorf La Guinea gespendet haben. Beide nickten. Er sofort und sehr heftig. Sie zögernd und nur angedeutet.

Karl-Heinz Voigt hatte jedes Jahr einen kleinen Betrag für Kuba gespendet. Das erste Mal ein 300-DM-Fahrrad aus einem vor der Pleite stehenden Betrieb in Nordhausen.

Kuba sei für ihn immer eine Hoffnung gewesen. »Ich bin solidarisch mit den Kubanern, denn sie sind keine nachgemachten, sondern echte Revolutionäre.«

Weil ich das nicht gleich verstand, erklärte er mir den Unterschied am Beispiel der Glühwürmchen. »Die echten Glühwürmchen leuchten in der Nacht, weil sie selbst, sozusagen aus ihrem Inneren heraus, strahlen. Aber dann gibt es noch Falter, Motten und andere Insekten, die nur leuchten, wenn sie im Lichtkegel einer Gartenlampe umherschwirren. Sobald die ausgeschaltet wird, strahlen sie auch nicht mehr. In Kuba dagegen ...«

Ob es stimmte, dass er das Geld für den Verkauf seines Gartens erhalten hat.

Er holte ein Fotoalbum. Zwischen blühenden Rhododendronsträuchern, Obstbäumen, Blumenwiesen, Gemüsebeeten, der Grillecke und Liegestühlen ein Bungalow mit Schlafzimmer, Wohnraum, Küche, Dusche und Toilette ... Er hatte 10 Jahre an diesem Häuschen gebaut. Drumherum 1000 Quadratmeter Idylle.

»Vor 4 Jahren schafften wir es nicht mehr, den Garten und das Häuschen zu pflegen. Also haben wir alles verkauft. Der neue Besitzer ließ uns einen Schlüssel. ›Damit ihr jederzeit hierherkommen könnt.‹ Er hatte gespürt, wie sehr uns das Herz blutete.

Gewöhnlich vererben die Eltern Haus, Garten, Sparkonten und Wertsachen an ihre Kinder. Das ist der normale Weg. Aber unser einziges Kind, unser Sohn, wurde 1969 als 17-Jähriger von einem LKW überfahren. Damals ...«

Er schwieg. Und erklärte dann, dass es immer noch Tage gibt, die für sie wie dieser schreckliche Todestag vor 47 Jahren sind.

»Aber nun haben wir in Kuba nicht nur mit unserem Geld geholfen, sondern auch ein Denkmal für unseren Sohn geschaffen. Immer, wenn in La Guinea das Licht eingeschaltet wird.«

Sie haben die gesamte Summe vom Verkauf für Kuba gespendet.

Er war noch nicht in La Guinea. Aber einen Dankesbrief haben ihm die Bauern geschickt, und am inzwischen elektrifizierten soziokulturellen Zentrum des Dorfes wurde eine Ehrentafel für die Familie Voigt angebracht.

Weil es kirschgroße Körner hagelte, sagte der 91-Jährige: »Ich bring dich mit dem Auto zur nächsten Straßenbahnhaltestelle. Hast du einen Fahrschein?«

Als ich den Kopf schüttelte, drückte er mir eine Doppelkarte in die Hand. »Eine für heute und die zweite, falls du mich, wenn du aus Kuba zurück bist, noch einmal besuchen willst.«

Bevor wir in sein Auto einstiegen, zeigte er mir einen großen Blumentopf. »Das ist eine Winterrose. Mein Ersatz für den Garten.«

Julie hat für die Reise vorsorglich Wasser mitgenommen. Wir sitzen und trinken. Ich klaue eine Orange von einem Baum, und Julie fragt sich, ob Jorge Luis für den heutigen Botschaftsbesuch das richtige Hemd angezogen hat. »Das Hemd vom letzten Mal wollte er nicht. Dann würden sie vielleicht denken: Er besitzt nur eins.«

Ein LKW biegt von der Hauptstraße ab. Wir müssen nicht winken. Er hält, als er uns am Straßenrand sieht.

»Las Terrazas?«

Er öffnet die Tür.

Eigentlich – *verdaderamente* – ist vorn nur Platz für den Fahrer und den Beifahrer. Aber was bedeutet das in Kuba? Ich habe mich inzwischen daran gewöhnt, das *verdaderamente* beim Hineinquetschen in ein Fahrzeug zu ignorieren.

Nach einer Viertelstunde hupt der Fahrer. Am Straßenrand steht ein Mann neben einem Wachhäuschen. Er schaut kurz auf und hebt die Hand zum Gruß.

»Touristen müssen eigentlich – *verdaderamente* – für den Besuch von Las Terrazas 4 CUC Eintritt bezahlen. Aber ihr seid keine Touristen, sondern Tramper«, sagt der Fahrer und grient.

An der Frontscheibe klebt ein Foto, auf dem sich Fidel und Che umarmen. Daneben baumelt eine kleine Puppe: *Elegguá*, der Gott der Wege.

Im Fernsehen hat er gesehen, dass die Menschen in anderen Ländern frühmorgens auf dem Weg zur Arbeit im Bus oder in der Straßenbahn sitzen und lesen oder schlafen. »Bei uns müssen sie im Bus um einen Stehplatz kämpfen, wenn sie zur Arbeit wollen.« Doch er ergänzt sofort: »Wenn wir Kubaner nicht mehr kämpfen können, sind wir keine Kubaner mehr.«

Bevor wir uns in Las Terrazas aus der Fahrerkabine zwängen, fragen wir ihn nach La Guinea. Das kennt er nicht. Als wir ihm 5 CUC in die Tasche stecken wollen, gibt er sie uns zurück.

Las Terrazas ist weder ein geschlossenes Straßendorf mit aneinandergereihten Häusern noch ein Haufendorf mit einem Ortskern. Es wurde auch nicht um eine Kirche oder um ein Revolutionsdenkmal herum, sondern um einen künstlich gestauten See gebaut. Auf den Anhöhen stehen weit auseinandergezogen uniform aussehende zwei- und dreigeschossige Wohnblocks, vereinzelt kleine Häuser und ab und an größere Verwaltungs-, Kultur- oder Schulgebäude.

Eine Frau, die wir nach dem Weg zu der Pfahlhütten-Unterkunft am Fluss fragen, erzählt, dass ihre Eltern 1973 mit ihr, die 7 Jahre alt war, in eines der ersten Häuser des Dorfes gezogen sind.

Inzwischen würden hier 1000 Menschen leben. Es gäbe Gaststätten, ein Lebensmittelgeschäft, in dem auch die *Libreta*-Zuteilung ausgegeben wird, eine Bibliothek, eine Discothek, einen Kindergarten, eine Arztstation mit Labor, eine Schule mit Schulgarten, ein Hotel, Pensionen, ein vegetarisches Restaurant, eine Gemäldegalerie, einen Souvenirladen, ein Kulturhaus mit Kino …

»Aber keine Busstation«, sage ich.

Sie fragt erstaunt: »Wozu sollten wir nach Havanna oder Pinar del Río fahren? Wir haben hier alles, was der Mensch zum Leben braucht. Unser Ort ist in Kuba ein Beispieldorf.«

Ich frage noch einmal nach der Unterkunft am Fluss.

»Unten am Rio San Juan? Das ist ein Paradies.«

Doch um ins Paradies zu kommen, müssten wir noch 3 Kilometer laufen.

Wir haben Glück. Eine zwischen Dorf und Paradies hin- und herfahrende *máquina* nimmt uns mit. Sie hält 300 Meter vor dem Paradies, das man nur zu Fuß erreicht.

Zuerst müssen wir auf einer schmalen Holzbrücke über den Fluss balancieren, danach einen Pfad unterhalb von steilen Felsen entlanglaufen, und dann sind wir im »Paradies«: Dschungel und Kühle, Wasserfälle, hinter denen sich der Fluss verbreitert, Stille, die nur vom Wasserplätschern und von Vogelstimmen unterbrochen wird, eine menschenleere Terrasse vor einem Restaurant und hölzerne Bänke und Tische am Fluss. Bananenstauden, Zuckerrohr, Bambus, Zwergpalmen.

Hinter Dschungel und Fluss erhebt sich ein mindestens 400 Meter breiter und 800 Meter langer mit Gras bewachsener Hang. Dort stehen auch die Unterkünfte: ein Dutzend auf Pfählen stehende, mit Palmenwedeln gedeckte Holzhütten. Um hineinzukommen, muss man eine Leiter hinaufsteigen. Zwei Personen können jeweils in einem Pfahlbau übernachten.

Die Anmeldung befindet sich in einem kioskähnlichen Laden. Eine Frau und ein Mann verkaufen dort Kaffee und Rum, Früchte und Rum, Pralinen und Rum, Kekse und Rum. Eine Nacht im Paradies kostet für zwei Personen mit Frühstück 25 CUC. Die Frau füllt uns als Willkommenstrunk einen Pappbecher mit weißem Rum. Sie freut sich auf eine Unterhaltung. »Heute sind nur ein Spanier, zwei Engländer und ihr beiden Deutschen hier. Und über meinen Arbeitskollegen Pedro weiß ich doch schon alles. Und er weiß auch alles von mir.«

Deutsche Urlauber würden selten nach Las Terrazas kommen. »Höchstens die ökologischen. Die sehen hier, dass der Tourismus die Natur nicht zerstören muss. Unsere Bio-Bauern verwenden keinen Dünger. Sie bieten den Gästen, die bei ihnen übernachten, frisches Gemüse an. Sie begleiten sie zu versteckten Quellen und Wasserfällen, schlagen ihnen statt Autotouren Ausritte mit Pferden vor, machen sie mit den hier lebenden Malern und Kunsthandwerkern bekannt ...«

Ich unterbreche sie und frage, wann die Bio-Bauern, die

mit Touristen wandern, ausreiten und Gemäldegalerien besuchen, ihre Felder bestellen.

Es gäbe eine Arbeitsteilung im ersten nachhaltigen Dorf Kubas. Aber um das zu verstehen, müsste sie mir einiges über die Entstehung von Las Terrazas erzählen.

»Am Anfang war hier nichts. Das heißt, eine große Waldfläche, die kein Wald mehr war. Die Bäume wurden vor der Revolution zum Betreiben der Zuckerfabriken und Kohlenmeiler abgeholzt. In den Bergen der Sierra del Rosario lebten die Bauern ohne Wasseranschluss, ohne Strom und in größter Armut. Fidel hatte 1970 die Idee, für diese Bauern ein Dorf mit Strom, Wasserleitungen, fruchtbaren Äckern und neu angepflanzten Wäldern bauen zu lassen. Eine landwirtschaftliche Kooperative, ein Modelldorf für Kuba.

Mit großen sowjetischen Baggern wurden zuerst Terrassen angelegt. Danach Millionen Bäume gepflanzt und Häuser für die Bauern gebaut, die sie nicht bezahlen mussten. Schließlich entstanden die Schule, das Ärztezentrum, die ersten Touristenunterkünfte …«

Etwa 250 Familien würden hier wohnen.

»Bio-Bauern, Künstler, Ärzte, Hotelangestellte, Reiseführer, Kellner, Handwerker, Verkäufer und Museumswärter. Nur die Kinder gehen zum Studium nach Havanna. Die von Pedro und meiner auch. Meiner wird Ingenieur für Computertechnik.«

Vor 10 Jahren sind die ersten Pfahlbauhütten am Rio San Juan gebaut worden. Seitdem arbeiten Pedro und Marita für das Touristikunternehmen.

»Aber wir arbeiten nicht nur hier unten am Fluss. Regelmäßig werden die Plätze getauscht. Sonst wäre alles zu eintönig. Es soll so sein, wie es schon Che gefordert hat: Die Arbeit soll den Menschen Freude machen! Also wechseln wir zwischen Hotel, Disco, Café, Küche, vegetarischem Restaurant, Information und Verwaltung. Mir fehlen nur noch die Disco und das Vegetarische.«

Die Angestellten, die unten am Fluss arbeiten, würden abends mit einem Bus in das Dorf gefahren. Und früh vom Dorf zum Fluss hinunter. Nein, um Sitzplätze müssten sie nicht kämpfen. Alles sei gut geregelt.

Plakate mit Bildern und Losungen von Fidel und Che fehlen im Paradies, und jede Pfahlhütte hat einen Vogelnamen. Erst will Marita uns den Schlüssel für den *Zunzuncito*, den kleinsten Vogel der Welt, geben. Aber dann bekommen wir den *Tocororo*, den Symbolvogel Kubas, der blau, weiß und rot, also nationalfarbig, gefiedert ist.

Ich laufe am Wasser des Rio San Juan entlang. Baden werde ich erst morgen. Setze mich auf eine der Holzbänke am Fluss, die von Sträuchern und Blütenpflanzen umgeben sind. Logenplätze der Natur. Amtlich geprüft, und auf Schrifttafeln ist verzeichnet, für wie viel Menschen diese Logenplätze eigentlich – *verdaderamente* – geeignet sind. Für 8, 12 oder manche sogar für 20.

In den Pfahlhütten gibt es Licht. Und einen Ventilator. Ich schalte ihn nicht an. Öffne das Fenster in Richtung Fluss und Dschungel. Vögel singen ihre Abendlieder. Ich lasse die Kühle des Flusses und den Duft der Blüten herein. Gestern die Hitze, der Lärm und die Abgase vom Moloch Havanna – heute im Paradies vom Rio San Juan.

Ich höre hier zum ersten Mal, seitdem meine Ohren

Das »Paradies«: Dschungel, Kühle, Wasserfälle, Stille

diese Tonfrequenzen nicht mehr wahrnehmen können, sogar das Zirpen der Grillen.

Vielleicht zirpen auch die kubanischen Grillen in einer anderen Tonhöhe als die in Deutschland.

Am Morgen klettere ich schon drei viertel 7 von der Pfahlhütte herunter und will im Flussparadies baden. Die Angestellten sind noch oben im Dorf. Ich bin allein. Denke ich.

Als ich über die glitschigen schwarzen Steine balanciere, erkenne ich durch eine Lücke im Dschungel am Grashang einen seine Machete schwingenden Mann. Er sieht mich an und ich sehe ihn an.

Seine Armbewegungen werden eher kräftiger und die Kreise seiner Machete größer, je länger ich ihn beobachte.

Er mäht mutterseelenallein. Ungefähr 400 mal 300 Meter. Ich rechne. Das wären 1200 Quadratmeter widerborstiges Gras, das an vielen Stellen schon nicht mehr grün ist.

Der alte Mann und das Gras.

Ich rede mir ein, dass ich auch später baden gehen kann, und kraxle den Hang hinauf.

»*¿Hola, qué tal?* – Hallo, wie geht es?«

»*Bien* – Gut.«

Er richtet sich auf. So alt, wie ich es aus der Ferne vermutete, ist er nicht.

Er ist jung und kräftig. Erst 59, sagt Danyen, als er näher gekommen ist. Um es zu beweisen, geht er zu einem Strauch, hält die Machete mit der rechten Hand, streckt den Arm so weit wie möglich zurück und hackt die Zweige mit einem kurzen, kräftigen Hieb ab. Ich hatte angenommen, dass seine Armbewegungen den meinen ähneln, wenn ich Gras mit der Sense mähe. Aber er schneidet nicht gleichmäßig ruhig, sondern kräftiger und schneller. Als ob er einen Golfball 100 Meter weit schlagen muss. Golf heißt auch auf Spanisch »Golf«. Doch Danyen kennt weder das Wort noch das Spiel.

Er war viele Jahre auf den heißen, schattenlosen Zuckerrohrfeldern *machetero* und demonstriert mir, wie man dort arbeitet.

Er stellt das rechte Bein vor und nimmt das linke möglichst weit zurück, damit es nicht verletzt wird, falls die Machete abgleitet. Dann fasst er mit der linken Hand ein Grasbüschel, als wäre es Zuckerrohr, und schlägt mit einer tanzähnlichen Bewegung des Körpers die Machete in das fest zusammengehaltene Gras. Glatt rasierter Boden.

14 Stunden in der Gluthitze die kiloschwere Machete schwingen. Dicke Handschuhe und Hosen, die nass waren, als hätte man im Wasser gearbeitet. Manchmal schafften sie 8 Tonnen Zuckerrohr an einem Tag, manchmal auch 10.

Weshalb er das Gras nicht mit einer motorangetriebenen Maschine mäht?

Weil die Touristen nicht früh um 7 Uhr vom Lärm aus dem Bett fallen sollen. Außerdem hätte er mit der Machete am Hang für viele Wochen eine Arbeit. Die Maschine würde ihm die Arbeit wegnehmen. Er ist zufrieden, dass die Zeit des Zuckerrohrschneidens für ihn ein Ende hatte. Hier misst niemand, wie viel Meter Gras er am Tag schafft.

Er lebt zwar in den Bergen nebenan und läuft jeden Morgen über den Hang zum Rio San Juan, aber es gibt hier Schulen, Ärzte … Es wachsen Bananen und Kaffeebohnen. Er kann ein Schwein füttern.

Weil ich es trotz Wörterbuch nicht übersetzen kann, schreibt er mir sein Lebensmotto auf einen Zettel. »*Soy lento porque no tengo tiempo.* – Ich mache langsam, weil ich keine Zeit habe.«

Dann schlägt er die Machete wieder sehr schnell und sehr dicht über den Boden.

Mittlerweile sind die Mitarbeiter des »Pfahlhütten-Hotels« angekommen. Die Frau, die die Toiletten, Umkleide- und Waschräume für die Tagestouristen beaufsichtigt, legt zum Animieren ein paar Pesos auf den Spendenteller. Die beiden Engländer machen eine Exkursion zu Pferde, und auf der Terrasse sitzt der Spanier und wartet, dass ihm das Frühstück serviert wird.

Er trägt ein hellgraues Longshirt über einem rosafarbenen Rock, hat kurz geschorene Haare und schaut mit seinen kleinen, flinken Augen immer wieder zur Küchentür.

Wir setzen uns zu ihm. Er schimpft, weil das Frühstück noch nicht fertig ist. Eine Küchenfrau versichert: »Es dauert nur noch einen kleinen Moment, Señor.«

Vor der Küche streiten sie, wer heute den Schlüssel eigentlich – *verdaderamente* – von oben mitbringen sollte. Schließlich rufen sie im Dorf an. »Ihr müsst sofort einen Fahrer mit dem Küchenschlüssel runterschicken.«

Immer noch verärgert, schimpft der Spanier, dass die Kommunisten Havanna heruntergewirtschaftet haben. »Überall Missstände. Die Stadt erstickt im Müll, und die Menschen können nicht von ihrer Arbeit leben. Die Revolution war nur die persönliche Idee von ein paar Leuten, nicht die des Volkes.«

Fernando macht Ferien auf Kuba. Er besitzt in Spanien ein Gourmetrestaurant. Zwar sei er schon 68, aber er möchte noch einmal etwas Neues beginnen.

»Ein zweites Restaurant in Spanien?«

»Nein. In Havanna, in Miramar. Das ist ein Stadtviertel, in dem die Besserverdienenden wohnen.«

Er würde den Kubanern zeigen, wie ein Restaurant sowohl die Gäste mit gutem Essen als auch die Besitzer mit reichlichem Gewinn glücklich machen kann.

Er ruft noch einmal nach dem Frühstück.

Der Fahrer ist angekommen und hat den Küchenschlüssel gebracht.

Fernando, der spanische Restaurantbesitzer

Leider den falschen.

Weil ich mehr über seine Pläne in Miramar und sein Restaurant in Spanien wissen will, fragt er, ob ich für den Geheimdienst arbeite. »In der kubanischen Diktatur wird schließlich alles überwacht.«

Die Angestellten holen 3 Stangen und eine Spitzhacke.

Dann versuchen sie, die fest verankerte Hintertür des Küchengebäudes freizuhacken. Abwechselnd schlagen sie Steine aus der Mauer und brechen Beton heraus.

Fernando meint, dass er diese Leute sofort entlassen würde. »Aber da sie für ihren Job so wenig erhalten, dass es weder zum Leben noch zum Sterben reicht, ist es ja gleich, ob sie hier arbeiten oder arbeitslos sind.«

»Wie viel Arbeitslose und wie viele Menschen, die unter dem Existenzminimum leben, gibt es jetzt in Spanien?«, frage ich.

Genau weiß er es nicht, aber es wären weniger als die Hälfte. »Ja, viele haben inzwischen keine Arbeit in Spanien. Doch sie sind frei. Sie haben die Freiheit, in einer Demokratie zu leben.«

Mit zwei Brechstangen hebeln die Arbeiter nun die Küchentür auf. Man wird die gesamte Wand danach neu aufmauern müssen.

Fernando erklärt, dass der kubanische Staat und die kommunistische Partei das Erdöl, das ihnen die Russen vor 1989 billig lieferten, und die Devisen, die sie für den Zucker erhalten hätten, verschwendeten. »Und nun leben sie in Not.«

Bisher habe ich bei keinem Gespräch in Kuba ernsthaft widersprochen. »Wer viel redet, kann in viele Fettnäpfchen treten«, hatte mir Joaquín, der selbst nicht sehr schweigsam ist, am Grab seiner Eltern gesagt.

Aber nun frage ich doch, wovon das Dorf Las Terrazas gebaut werden konnte? Die Schulen und Arztstationen in den Dörfern? Das Ferienparadies hier unten?

Ich will von Fernando wissen, wie die spanische Regierung die Milliarden Euro, die sie von der EU erhalten hat, verwendet. »Nimmt sie das Geld, um Schulen zu bauen und den Arbeitslosen kostenlose medizinische Betreuung und ihren Kindern kostenlose Bildung zu garantieren? Oder verwendet sie es, um den Konzernen Preisvorteile im internationalen Konkurrenzkampf zu verschaffen und Banken zu retten?«

Nachdem die Küchentür aufgebrochen ist, dauert es nur noch 10 Minuten, bis wir Kaffee, Eier, Saft und Obst erhalten.

Wenn wir in Spanien Urlaub machen, sollen wir Fernando in seinem Restaurant besuchen. »Aber vorher anrufen, nicht dass ich hier in Miramar bin.«

Ich frage, was ein Essen in seinem »Nautico« kostet.

»50 Euro.«

Ich verkneife es mir, zu entgegnen, dass zwei Touristen für zwei Übernachtungen mit Frühstück am Rio San Juan insgesamt so viel bezahlen, wie bei ihm ein Gast für ein Essen. Denn ich ahne, was er entgegnen würde: Aber bei mir erhältst du dein Essen pünktlich, und man muss keine Mauer aufbrechen, um in die Küche zu kommen.

Von der verbotenen Viehhaltung auf Havannas Dachterrassen und Balkonen, dem Wunder, dass in Marquitos Hütte seit einem Jahr eine Lampe brennt, und dem Tabak, den man nicht pflanzen, sondern heiraten muss

Zwei Stunden später stehen wir oben im Dorf. Zuerst fragen wir wahllos nach dem vermeintlichen Nachbarort La Guinea. Weil ihn keiner kennt, gehen wir in das vegetarische Restaurant »El Romero«, das Tito Núñez berät. Vor dem mit üppigem Grün umwachsenen Eingang steht ein Solarofen.

Tito Núñez würde erst morgen kommen, sagen die Angestellten und empfehlen, für heute Abend Plätze zu reservieren. »Wir erwarten einen Bus mit Touristen aus den USA.«

Ich will nicht mit einer Busladung Amerikaner, schon gar nicht mit Vegetariern, im »El Romero« essen.

Das nächste Ziel unserer Suche ist die leuchtend türkis gestrichene BIBLIOTECA. Durch 4 aneinandergereihte Fenster kann man in den Raum hineinschauen und sich sozusagen schon von außen Bücher aussuchen. Allerdings sehe ich niemanden vor den Regalen oder hinter dem Ausgabetisch. Doch die Tür steht offen. Auf dem Tisch liegen »Der kleine Prinz« und »Don Quijote«. Nach 5 Minuten kommt die Bibliothekarin mit einem Beutel Weißbrot. Die 42-jährige Marilin Almeida trägt ein kurzes dunkelblaues Kleid mit einem ungewöhnlich bunten ineinander verschlungenen Gürtel.

Heute hat es die doppelte Ration Brot gegeben. Ob wir ein Stück essen möchten, bevor wir ein Buch ausleihen.

Wir suchen kein Buch, sondern das Dorf La Guinea. Davon hat sie noch nichts gehört. Aber sie beginnt sofort zu telefonieren. Ich beobachte sie in der Hoffnung auf eine positive Antwort.

Ich hoffe vergeblich. Als ich ihr erzähle, dass es ein Bergdorf ist, in dem es jetzt Strom gibt, erinnert sie sich, davon gelesen zu haben.

Sie legt einen Stapel »Granma« und »Juventud rebelde« auf den Tisch und beginnt eifrig zu blättern.

Immer wieder beteuert sie, dass sie erst vor einigen Tagen den Artikel für die Bewohner der Berge in der Sierra del Rosario ausschneiden wollte.

Als sie die Zeitungen vergeblich bis zum Sommer zurückverfolgt hat, bindet sie den bunten Gürtel auf, macht einen festen Knoten hinein und schnürt ihn wieder um ihr Kleid.

»Ich hatte den Knoten für die Götter vergessen. Nun werden sie helfen, den Artikel zu finden. Danach kann ich ihn wieder aufmachen.«

Nach einer Viertelstunde sagt sie triumphierend: »Ich habe ihn! Da ist er!«

Auf einer ganzen Zeitungsseite wird berichtet, wie glücklich die Bergbauern sind, dass sie Elektrizität erhalten haben.

Julie übersetzt, und Marilin löst den Knoten.

Doch dann sehe ich auf dem Foto, dass die Monteure

Marilin Almeida: »Wir sind in Las Terrazas eine große Familie.«

keine Solarzellen aufbauen, sondern in luftiger Höhe Kabel von Mast zu Mast ziehen.

Marilin tröstet mich. »Wir sind in Las Terrazas eine große Familie. Nach meinem Anruf werden sich alle bemühen, einer wird den anderen fragen, und irgendjemand wird dieses La Guinea kennen.«

Ihr Vater hat Las Terrazas mit aufgebaut. Er wurde als Soldat aus der Provinz Oriente hierher abkommandiert.

Über einem Wandvorsprung hängen Fotos der nackten Terrassen und baumlosen Geröllhänge.

»Niemand glaubte damals, dass hier je wieder grüne Wälder wachsen.«

Über den grauen Geröllfotos hat die Bibliothekarin ein buntes Märchenbild angebracht: Blumen, Bäume, Gans, Hund, Berge und ein Kind.

Marilins Kinder wollen Ärzte werden. »Vielleicht kommen sie nach der Ausbildung die ersten beiden Jahre hierher. In Kuba müssen Ärzte nach Beendigung ihres Studiums zuerst 2 Jahre in dörflichen Praxen arbeiten.«

In Las Terrazas würde sie zwar ohne Luxus, aber trotzdem sehr zufrieden leben. »In den Stadtgärten in und um Havanna beispielsweise ernten die Landwirte Salat auch in der Trockenperiode. Doch den müssen sie an die Küchen der Touristenhotels liefern. Nur was übrigbleibt, bekommt die Bevölkerung. Bei uns erhalten alle Salat. Da wird weder das Hotel noch das vegetarische Restaurant bevorzugt. Schließlich sind wir hier in 45 Jahren eine große Familie geworden.«

Sie hat recht. Die Dorffamilie funktioniert. Ich weiß nicht, ob es der Leiter des Umweltschutzbüros – das Gebiet um Las Terrazas gehört inzwischen zu dem von der UNESCO geschützten »Reserva de la Biosfera Sierra del Rosario« – oder die Historikerin in der sogenannten Villa Guinea organisiert hat, jedenfalls steht, als wir die Zeitungen sortiert und wieder gestapelt haben, ein Mann vor der Tür und sagt: »Ich fahre euch nach La Guinea. Es ist sehr klein und wahrscheinlich auf keiner Landkarte eingezeichnet. Aber nur 10 Kilometer entfernt.«

Norberto Cabrera Lazo ist 56 Jahre alt und sieht mit seinem türkisfarbenen T-Shirt, den verwaschenen Jeans, den kurzen grauen Haaren und einem ebenso grauen Schnauzer unternehmungsfreudig jung aus.

Obwohl uns kein Auto begegnet, fährt Norberto langsam, schaut suchend auf die steil ansteigenden, dicht mit Bäumen und Sträuchern bewachsenen Berghänge, bremst

an einer Stelle und erklärt, dass hier oben in der aufge-
forsteten und nun schon wie ein Dschungel aussehenden
Landschaft die Hütte der Eltern gestanden hat. »Ein stei-
niges Feld. Keine Schule. Kein Strom. Keine Wasserleitung. Kein Arzt.« Dann habe Fidel sie aus den Bergen her-
untergeholt und gesagt: Wir bauen gemeinsam ein Dorf
mit allem, was euch bisher gefehlt hat.

Von der Straße, die laut Wegweiser nach Soroa führt,
biegen wir rechts in einen Seitenweg ab. Dort steht kein
Schild. Aber Norberto ist überzeugt, dass wir in dieser Gegend die Häuser von La Guinea finden. Zuerst sehen wir
jedoch weder Häuser noch Menschen. Nur Schweine. Sie
laufen in dem mit Draht eingezäunten und von Dor-
nenhecken begrenzten Unterholz des Dschungelwaldes
umher.

»Wo Schweine sind, gibt es auch Menschen«, sagt Norberto und erklärt, dass Schweine hier, wie anderswo Ziegen und Schafe, frei gehalten werden. Meist würden die
»Schweineherden« einer landwirtschaftlichen Kooperative
gehören.

Er fragt, ob wir den Unterschied zwischen den Bergdörfern und Havanna kennen. »Hier leben Schweineherden im Wald. In Havanna Einzelschweine auf dem
Balkon oder der Dachterrasse.«

In der Hauptstadt kennt er nämlich eine alte Küchenfrau, die auf ihrem Balkon ein Schwein mit Abfällen füt-
tert. Weil die Viehhaltung auf einem Balkon verboten ist,
hätte die Wohngebietsverantwortliche vom »Komitee zur
Verteidigung der Revolution« sie ermahnen wollen. Doch
die wäre bald still gewesen, denn die Küchenfrau wusste,

dass im Hausflur der Verteidigerin der Revolution zwei Hennen ihre Eier legen.

Norberto lacht noch, als er an einer Stelle anhält, an der auf der rechten schweinefreien Straßenseite die felsigen Wände enden und eine leiterähnliche Holztreppe nicht hinauf-, sondern hinunterführt. Auf einer freien Fläche stehen unter einem auf Pfählen ruhenden Dach Bankreihen. Daneben ein schuppengroßes Häuschen und dahinter mehrere Paneele für Solarstrom. Norberto mutmaßt, dass es der Versammlungsplatz für die Mitglieder der Kooperative ist. Doch nirgends sehen wir einen Menschen. Nur ein Hund bellt irgendwo.

Im Gebüsch findet unser Fahrer einen Drahtzaun, den er öffnet. Der Hund läuft nicht frei umher. Er ist an den Pfosten eines Häuschens gebunden. Vor diesem Haus mit Bretterwänden und Wellblechdach kniet ein Mann auf einer Plastefolie und schaufelt mit den Händen hellbraune Kaffeebohnen von einer Seite auf die andere. Er steht auf, und als er Julie sieht, versucht er, seinen Hosenbund über den extrem dicken nackten Bauch zu ziehen. Das gelingt ihm nicht. Also lacht er nur und gibt uns die Hand.

»Ich bin Marquito.« Sein Oberkörper glänzt in der Sonne. Die Jeans ist an den Knöcheln umgeschlagen, er läuft barfuß. Seine Augen sind ein wenig zusammengekniffen, doch freundlich. Am auffälligsten ist eine Zahnlücke, durch die er wahrscheinlich seine Zunge stecken könnte.

Vor der Hütte stehen 3 Solarzellen.

»La Guinea?«, frage ich.

»¡Sí! – La Guinea!«

Seit einem Jahr haben die Dorfbewohner Strom. Doch

Marquito aus La Guinea

bevor er uns drinnen »das Licht« zeigt, müssen wir sein Reich um das Häuschen herum begutachten. Bananenstauden, Kaffeesträucher, Mangobäume, Palmen, Bambus und *marabú*-Büsche wachsen wild durcheinander.

Die Früchte und der Kaffee sind für seinen Eigenbedarf. Wir sollen kosten. Noch nie zuvor habe ich solch süße Bananen gegessen, und die ungerösteten – deshalb hellbraunen – Kaffeebohnen schmecken wie Espresso mit sehr viel Milch. Hinter dem kleinen Haus hat er Holzstangen zu einem Meiler aufgestellt.

»Das wird Kohle. Nur für mich. Ich koche mit Holzkohle.« Am besten sei die Kohle aus dem ansonsten unnützen Holz des *marabú*. Einige Köhler hätten sich darauf spezialisiert, und inzwischen sei diese Kohle aus dem wohl nur auf Kuba so üppig wuchernden Farbkätzchenstrauch sogar in den USA begehrt. Für ihn wäre es zu viel Arbeit, denn um den *marabú* aus dem Boden zu reißen, brauchte man einen kleinen Bagger. »Und ich besitze nur eine Hacke, eine Schaufel, die Machete und meine Hände.«

Sein Geld verdient er mit den oft einen Quadratmeter großen, wie Pergament aussehenden abgeschälten Palmenrinden, die die Kooperative an die Tabakproduzenten verkauft. »Die Tabakblätter erhalten zwischen den Rinden eine bessere Fermentierung. Aus ihnen werden später die Export-Zigarren gewickelt.« Manchmal bekommt Marquito deshalb zum nationalen Peso-Lohn zusätzlich ein paar Tabak-Export-CUC.

Stolz zeigt er uns seine Wasserleitung, einen dünnen Schlauch, den er auseinanderkuppeln kann. Das Wasser kommt aus einer Quelle im Gebirge.

Wir trinken wie er aus dem Schlauchende. Das Wasser ist kühl und klar.

»Hier kann ich leben«, sagt er und lädt uns in sein Haus ein. Als wir hineingehen, wedelt der Hund mit dem Schwanz. Auf der festgestampften Erde stehen 4 weiße Batteriekästen. In Kopfhöhe ist ein Brett befestigt. Darauf steht ein kleines Radio. Daneben Kabel und Schalter. In der Mitte des schmalen Raumes baumelt an der Decke eine Lampenfassung mit einer Glühbirne.

Für den Strom, also die Solarpaneele, Batterien, Leitungen und Schalter, zahlt Marquito der Kooperative im Monat 20 Peso nacional. (Und nun rechne ich doch noch einmal, also 80 Eurocent.)

»Wenn ich weggehe, muss ich die neue Elektrizität hierlassen. Sie ist Eigentum der Kooperative«, erklärt er.

Seit 30 Jahren lebt er in dieser Gegend. Nachdem der

Hurrikan die Häuser zerstörte – »und Fidel schon am nächsten Tag bei uns war« –, hat Marquito das Haus wiederaufgebaut. Er zeigt uns die im Freien angebaute Küche mit einem aus dicken Betonplatten zusammengefügten Herd, der wie der Eingang zu einem unterirdischen Schutzbunker aussieht.

An die Innenwand des Hauses gelehnt, steht eine aus schwerem Tropenholz getischlerte, mit Schnitzereien verzierte dunkle Tür. »Sie ist 106 Jahre alt und gehörte der Urgroßmutter. Erst hat sie mein Vater von Haus zu Haus mitgenommen und nun ich. Man muss das Alte bewahren, um es mit dem Neuen verheiraten zu können«, sagt Marquito.

Er drückt einen Schalter an den Batterien, dann einen an der Wand und nickt wissend, als die Glühbirne aufleuchtet. Danach dreht er am Radio. Musik und elektrisches Licht!

»Zuvor hatte ich hier nur eine Ölfunzel. Und ohne Strom wüsste ich heute noch nicht, dass Fidel gestorben ist.«

Die Energie der Solaranlage würde außer für die Glühbirne und das Radio für einen Ventilator, einen Fernseher oder einen Kühlschrank reichen. Doch Marquito hat kein Problem mit der Auswahl. »Ich kann mir weder das eine noch das andere kaufen.«

Bevor wir gehen, will er uns den besten Kaffee kochen, den wir im Leben getrunken haben.

»Es dauert nur 5 Minuten.«

Er schüttet Holzkohle in die Feuermulden des Betonherdes, legt dürre Zweige darüber und zündet sie an.

Dann stellt Marquito eine alte Kaffeemühle auf seinen Bauch und kurbelt, bis der Schweiß rinnt. Nach 15 Minuten – so lange braucht die Holzkohle, bis sie glüht – gießt er Bergwasser aus dem Schlauch in das Bodenteil der Espressomaschine und stellt sie in die Glut.

Aus den 5 Minuten werden zwar 50, aber es stimmt: Noch nie habe ich solch einen aromatischen, starken, meine Mutter würde sagen, Tote zum Leben erweckenden Kaffee wie den von Marquito getrunken.

Die Glühbirne brennt immer noch. »Sonst schalte ich das Licht, das mir geschenkt wurde, am Tag aus. Aber heute leuchtet es für euch.«

Ich erzähle ihm von den Solidaritätsspenden von Karl-Heinz Voigt und den anderen deutschen Kuba-Freunden. Und Marquito wandelt den Spruch von Che, den er in der Schule gelernt hat, ab und sagt, dass die Solidarität der Menschen untereinander die Zärtlichkeit der Völker sei. »Sie ist so wichtig wie die Zärtlichkeit einer Frau.«

Er hat noch keine Frau. Lächelnd und ein wenig durch die Zahnlücke pfeifend, schlägt er vor, dass wir Julie hierlassen. Er werde ihr ein Haus bauen.

»Nein, ich möchte sie natürlich nicht für mich. Nur für die Schönheit unseres Dorfes. Strom und Schönheit gehören doch zusammen.«

Er drückt uns an seinen schweißnassen Bauch, küsst Julie auf beide Wangen und beteuert noch einmal, dass er hier glücklich ist. Das sollten wir überall zu Hause erzählen, wenn man uns fragt, wie er, Marquito, der Bergbauer und Köhler, mit seinem Hund, den Bananenstauden, Kaffeesträuchern, dem Kohlenmeiler, den Mangobäumen,

Palmen, dem Bambus, dem *marabú*, der Bergwasserleitung und dem neuen Licht der Sonne lebt.

Hinter seiner Hütte liegen viele leere Medikamentenpackungen gegen chronischen Bluthochdruck.

Norberto fährt mit uns von Marquitos einsam stehenden Haus die Dorfstraße hinunter. Am Kulturhaus hängt eine Tafel: »Die Elektrifizierung dieses Zentrums der Soziokultur wurde ermöglicht durch eine Spende der Familie VOIGT aus der Stadt ERFURT/Deutschland.«

Als wir nach Las Terrazas zurückkommen, halten oben im Dorf zwei Busse mit ausländischen Touristen.

Norberto, der eigentlich als Tischler arbeitet, sagt abfällig: »Wie die Parasiten, diese Touristen.«

Trotz der Reisefreiheit würde er nicht in der Welt herumfahren. »Erstens fehlt mir das nötige Geld. Und zweitens möchte ich mich als Kubaner in anderen Ländern nicht erniedrigen.« Er nimmt eine Hand vom Lenkrad und bohrt mir den Zeigefinger in die Brust. »Du kommst als Tourist nach Kuba, und du bist willkommen bei uns. Aber ich bin in deinem Land nicht willkommen! Du fährst als Deutscher nach Afrika, und du bist willkommen. Sind die Afrikaner willkommen bei dir in Deutschland? Nicht einmal als Touristen sind wir das! Weder wir Kubaner noch die Afrikaner!«

Ich weiche aus und sage, dass die Kubaner mittlerweile an den ausländischen Touristen privat sehr gut verdienen und es schnell gelernt haben, sie auch über den Tisch zu ziehen.

Er nickt und widerspricht zugleich. »Diese auf eigene

Rechnung arbeitenden Landsleute betrügen nicht nur Ausländer, sondern auch mich, wenn ich als Tourist reise. Sicher davor bin ich nur bei uns zu Hause.«

Geld würde den Menschen verändern. Wenn der Mensch erst einmal erfahren hat, wie er schnell zu Geld kommen kann, möchte er immer mehr. Egal ob in einer sozialistischen oder kapitalistischen Gesellschaft. Das sei ein allgemeines Prinzip der menschlichen Gesellschaft. Der Tourismus würde auch das Gemeinschaftsgefühl in Las Terrazas zerstören. »Früher saßen wir abends zusammen und haben gesungen, diskutiert und getanzt. Heute machen wir das immer seltener.«

Er hat Angst, dass Havanna im Großen und Las Terrazas im Kleinen das Schicksal von Venedig erleiden. »Die Häuser dort stehen noch, aber die Menschen, die seit vielen Generationen darin gewohnt haben, sind weggegangen. Und andere, die durch die Touristen Geld verdienen wollen, leben nun in Venedig.«

Die Fremden kämen wegen der alten Häuser, der Denkmäler, der Einkaufsgassen und anderer Sehenswürdigkeiten, aber nicht, um das Alltagsleben der Menschen in Venedig, Havanna oder Las Terrazas kennenzulernen. Sein Resümee: »Der Tourismus schadet uns Kubanern. Er verändert die Menschen und teilt sie in diejenigen, die am Tourismus verdienen, und in die, welche dadurch aus ihren alten Lebensbereichen vertrieben werden.«

Er bringt uns vom Dorf oben zum Rio San Juan und den Pfahlbauten hinunter. Als er zurückfährt, hupt er, bis wir sein Auto nicht mehr sehen können.

Am Kiosk begrüßt uns Marita wie gute Bekannte. Wir

trinken Rum, und sie schlägt vor, dass Julie zum Neujahrsfest wieder nach Las Terrazas kommt. Nicht als Touristin, sondern als Gast ihrer Familie.

Am Morgen mäht Danyen mit der Machete schon dicht bei unserer Pfahlhütte. Ich grüße. Er winkt. Ich gehe zum Fluss und schwimme unter dem Wasserfall hindurch.

Der Schlüssel für die Küche ist heute hier. Aber die aufgebrochene Tür hat man – vorsorglich? – noch nicht wieder zugemauert. Der Spanier ist nach Havanna abgereist.

Noch wissen wir nicht, wie wir von Las Terrazas nach Pinar del Río kommen werden. Wir wollen vom Dorf aus versuchen, dass uns ein Touristenbus bis zur Fernverkehrsstraße mitnimmt. Aber Marita meint, dass uns ein kubanischer Busfahrer vielleicht einsteigen ließe, doch der kubanische Reiseleiter müsste uns, auch wenn nur deutsche Touristen im Bus sitzen, sofort rausschmeißen. »Geht von hier unten an einem Bach immer geradeaus. Nach 3 Kilometern seht ihr die *autopista*.«

Wir laufen auf einem Pfad durch den Dschungelwald, bis sich Wiesenflächen mit Sträuchern und Trockengräsern öffnen. Ideale Weiden, aber kein einziges Rind steht in einer Koppel.

Julie meint, dass die Wiesen wahrscheinlich schon abgeweidet sind. »Weshalb sollten Weiden ungenutzt brachliegen, wo überall Fleisch fehlt?«

Das weiß ich auch nicht. Aber ich sehe, dass hier seit Jahren keine Kuh geweidet hat. Denn nirgends liegt ein Fladen.

Vom Hang kommt ein Mann mit einem großen Korb.

Er weiß, dass man die Wiesenflächen vom Staat pachten kann. »Aber wer hat Geld, sich eine Kuh, geschweige denn eine Herde Kühe zu kaufen?«

In seinem Korb stehen Töpfe mit Schweineschmalz. Er hat seine Sau geschlachtet und geht zu den umliegenden Hütten, um das Fett zu verkaufen.

Im nächsten sehr dichten Wald verlieren wir den Weg, überqueren den Fluss, versuchen, immer weiter geradeaus zu laufen – hoffentlich noch in derselben Richtung –, irren zwischen Sümpfen umher, erklimmen einen Hügel und hören von oben endlich die Autos.

Unter einer Brücke – Brücken sind provisorische Haltestellen für die vorbeifahrenden *máquinas* und LKW – warten Dutzende Frauen und Männer. Gewöhnlich bremsen die Fahrzeuge hier ab. Nur ein Kipper, in dessen Ladewanne an die 10 Leute hocken, donnert mit hoher Geschwindigkeit vorbei.

Julie und ich steigen in einen kleinen Transporter. Das Auto ist bestimmt älter als der Fahrer. Aus den grauen verschlissenen Lederbezügen quillt gelber Schaumstoff. Die zur Seite aufschiebbaren Scheiben sind offen und angebunden. Die Türen zwar geschlossen, aber die Klinken ebenfalls angebunden. Instinktiv will ich nach dem Sicherheitsgurt greifen, aber ich finde keinen. Obwohl der Motor im Vollgas dröhnt, steht die Tachonadel unbeweglich auf 10 km/h. Ich nehme an, dass wir 60 bis 70 km/h fahren, aber Hauptsache, wir sitzen drin und die Räder drehen sich.

Der Fahrer, ein junger Bursche, sagt, dass er am Auto nur den Motor pflegen muss.

»Die Bremsen nicht?«

»Nein, es geht immer vorwärts. Wie bei uns im Sozialismus.« Er lacht und klopft mit der Faust auf den Tacho. Doch die Nadel verharrt auf 10 km/h.

Neben der Straße tauchen die ersten Bananen- und Tabakplantagen auf. Am Straßenrand stehen in regelmäßigen Abständen große Plakate. Fidel, mit einer Hand das Gewehr umfassend und mit der anderen nach vorn weisend. Und die bekannten Losungen: »Vaterland oder Tod«, »Sozialismus für alle«, »Unsere Arbeit bringt das bessere Leben«.

Mit anderen vorsintflutlichen Apparaten hat der Fahrer mehr Glück als mit dem Tachometer. Direkt vor meinen Füßen, ich sitze in der ersten Reihe, liegen auf dem Bodenblech zwei geschlossene Kisten. Der Fahrer hantiert an seinem Handy. Ich erschrecke zu Tode, als aus den Kisten plötzlich infernalisch laute Musik erschallt. Ich stelle die Füße auf die Lautsprecher. Leiser wird die Musik nicht, nur meine Beine beginnen zu zittern.

»Kubanischer Reggae«, schreit Julie mir ins Ohr.

Der Sänger wiederholt: »Geld, Geld, Geld – ich brauche Geld! – Wir haben Sex, Sex, Sex, die ganze Nacht nur Sex. – Arbeit no, no, no – ich bin reich, reich, reich.«

»Kubanische Gruppen?«

Julie nickt und schreit, dass es auch ein Lied »à la fucking nigga!« gibt. Gesungen von Kubanern. Aufgenommen in einem der privaten Ton- und Filmstudios.

»Und in Kuba verboten?«

»Nein. Aber der kubanischen Gruppe, die das singt, wurde sogar bei einer Tournee in den USA von den Behörden mitgeteilt, dass sie dieses Lied aus ihrem Repertoire nehmen muss.«

Selbst wenn der Staat solche Aufnahmen verbieten würde, könnte sie sich jeder Kubaner mit einem »*El Paquete Semanal* – Wochenpaket« nach Hause holen. Diese *Paquetes* – Filme, Nachrichten, Artikel, Fernsehserien, vor allem aus den USA und Spanien – würden von einem privaten Unternehmen immer aktuell zusammengestellt und im ganzen Land für 1 bis 3 CUC vertrieben.

»Ohne staatliche Zensur?«

Sie schreit: »*Sí.*« Ich denke, dass ich wegen der dröhnenden Musik alles falsch verstanden habe, nehme die Füße von den Lautsprechern, versuche, die Musik zu überhören, und schaue mir die Landschaft draußen an.

Neben den Porträts von Fidel stehen Schilder »*ruta de tabaco* – Straße des Tabaks«. Überall leuchten die sattgrünen Tabakblätter in der Sonne. Ich bilde mir ein, dass es selbst hier in dieser Benzinkutsche nach Tabak riecht.

Julie hat versprochen, dass wir heute Nacht nicht bei ihrer Freundin Idania in Pinar del Río, sondern bei deren Onkel im Tabakdorf San Luis schlafen. Ob der Mann selbst Tabak anbaut, weiß sie nicht. »Aber dort leben alle vom und mit dem Tabak.«

Je näher wir der Stadt kommen, umso häufiger stehen an den Feldern Holzscheunen, in denen die Tabakblätter in langen Reihen zum Trocknen hängen. Ob sie zur Fermentierung vorher oder erst danach in Marquitos Palmenrinde gewickelt werden, werde ich heute in San Luis erfahren. Denke ich.

Pinar del Río, mit fast 200 000 Einwohnern, kündigt

sich schon lange vorher mit seinen Namensbäumen an: Pinienwäldern.

An der Haltestelle schaltet der Fahrer zuerst das Radio ab, dann den Motor aus, und die an der Tür Sitzenden knoten die Schnüre auf.

Schwitzend laufen wir durch die Straßen, die von wie Kasernen in Reih und Glied stehenden Häusern gesäumt werden. Das Auffälligste sind ihre mit roten Ziegeln gedeckten Dächer. Und die Alleen der Säulen, die die Häuser stützen und schmücken.

Julie sagt, dass Idania gern Rum trinkt. In einem Geschäft, in dem wir Rum vermuten, kann die Verkäuferin sich kaum hinter dem Ladentisch bewegen, denn dort stapeln sich Hunderte Kisten mit Eiern. Rum gibt es in 5 verschiedenen Sorten.

Neben dem Geschäft haben junge Männer unter einem Sonnenschirm einen eigenen Laden aufgebaut. Er ähnelt den deutschen Ständen, an denen Marktschreier Universal-Kartoffelschäler oder Trinkwasserionenveredler anpreisen.

Die beiden müssen ihre Ware nicht anpreisen. Die Leute davor wägen nur ab, was, und nicht, ob sie etwas nehmen.

Julie sagt: »*El Paquete Semanal.*«

Ohne das Erlebnis der mir zu Füßen brüllenden Lautsprecher wäre ich vorbeigelaufen. Nun bleibe ich stehen. Die Männer sind sehr wortkarg.

Ja, man könnte bei ihnen jede Woche neue *Paquetes* kaufen: Filme, Serien, Musikvideos, die das kubanische Fernsehen nicht zeigt. Texte von Büchern, die in Kuba

Eier und Rum

nicht veröffentlicht werden, private Dienstleistungsanzeigen und internationale Nachrichtensendungen.

»Und wer kontrolliert den Inhalt?«

»Wahrscheinlich niemand.«

Verantwortlich sei der Chef. Sie würden die *Paquetes* lediglich verkaufen und verbreiten. Nicht nur in Städten, sondern auch in den Dörfern. Sie laufen selbst durch unwegsame Gegenden, wie nach der Revolution die Ärzte und Lehrer.

»Auch in die abgelegenen Bergdörfer?«

»Ja, in die, welche inzwischen Strom haben.«

Julies Freundin Idania weiß, dass wir heute vorbeikommen. Doch als wir an ihre Glasveranda pochen, schreit sie, als wären 30 Jahre lang Vermisste wieder aufgetaucht. Umarmungen, Küsse. Sie hätte für uns kochen wollen, entschuldigt sie sich, doch derzeit werde die Wasserleitung repariert. Aber Früchte hat sie gekauft. Sie schneidet Melonen, Mangos und Bananen. Wir packen den Rum aus.

Idania lacht. Ja, sie trinke immer noch gern. Aber in diesen Tagen müsste sie auf Rum verzichten und stattdessen Antibiotika schlucken. Sie hat einen, das sehe ich erst jetzt, Furunkel an der Wange. »Und als Krankenschwester weiß ich, was man besser nicht machen sollte.«

Sie geht mit uns auf die »Aussichtsplattform« des Hauses, das Flachdach, auf dem Ziegel und Mauersteine zuhauf liegen. Wenn ihr Mann etwas übrighat, schickt er Geld, damit sie weiterbauen kann.

Ihr Hochzeitsbild hängt wie eine Ikone gleich neben der Tür im Eingangszimmer.

»Er ist Deutscher und arbeitet als Physiotherapeut«, erklärt Idania. »Wenn hier alles fertig ist und er nicht mehr arbeiten muss, wird er mit mir in diesem Haus leben.« Sie war schon einige Male bei ihm in Deutschland. »Aber die Menschen dort, die machen mich nur traurig.«

Wegen des Furunkels muss sie heute noch in die Poliklinik. Sie schaut mich prüfend an, zeigt auf meine Lippe und diagnostiziert: »Du hast einen akuten Herpes.« Am besten wäre es, wenn ich gleich mitgehen würde.

Ich entgegne, dass Ausländer für die Behandlung in Kuba extra, und nicht wenig, bezahlen müssen. Zwar habe ich eine Auslandskrankenversicherung, aber ich weiß nicht, ob ich sie ohne zusätzliche Komplikationen wegen der US-Finanzblockade und der deutsch-kubanischen Bürokratie auch in Anspruch nehmen kann. Also schüttele ich den Kopf.

Doch sie bestimmt, dass ich sie trotzdem begleite. »*Vamos a ver* – wir werden sehen.«

Sie spannt einen überdimensionalen Sonnenschirm auf, ist plötzlich eine ehrwürdige Matrone, hakt Julie ein und gibt mir einen Beutel zu tragen. Unter dem Sonnenschirm sehe ich auf der Straße vor mir nur noch zwei Hintern. Einen mächtigen und einen kleinen.

Wie der Diener der beiden Señoras laufe ich mit dem Beutel in der Hand hinterher.

Vor der Arztpraxis wiederholt Idania, dass sie mich mit hineinnehmen wird. »Du musst drinnen schweigen. Die Ärztin wird zwar merken, dass du kein Kubaner bist, aber sie wird dir, wie es Fidel in seinen Reden immer von den neuen revolutionären Kubanern gefordert hat, helfen, ohne erst zu fragen.«

Im Wartezimmer sitzen zwei Patienten, aber Idania geht mit mir sofort in einen Behandlungsraum. Es ist so wenig Platz darin, dass die Ärztin auf dem Tisch sitzt. An der Wand verkünden Plakate: »Ebola hat in Kuba keine Chance!« (Was auch stimmt.) Außerdem gibt es bildliche »medizinische Ratschläge«, was man machen soll, um gesund zu bleiben. Auf den Zeichnungen viele Tanzende, ein Singender, zwei sich Streitende, einer im Wettlauf zum Bus …

Die Ärztin grüßt mich, fragt nichts, lächelt, sagt, dass mein Immunsystem sehr geschädigt ist, und diktiert der Schwester ein Rezept.

In der *farmacia* gegenüber bekomme ich zwei Schachteln B2 zur Stärkung meiner Abwehrkräfte und eine Salbe gegen Herpes für 14 Peso nacional …

In Deutschland hätte ich wahrscheinlich vierzigmal so viel bezahlt, und ich schlage Idania vor, dass wir für das gesparte Geld zusammen essen gehen.

Sonnenschirm auf. Die beiden Señoras halten an einem Restaurant, vor dem ein aufgeblasener, überdimensionaler bunter Weihnachtsmann im Wind schaukelt und uns Kellner mit rot-weißen Weihnachtsmützen begrüßen.

»Aber die Weihnachtsmänner hier, die machen mich nur traurig«, sage ich zu Idania.

Die Langusten in Piri-Piri-Soße schmecken trotzdem sehr gut, und nach dem herzlichen Abschied von Idania erkämpfe ich im Bus, der über die Dörfer fährt, für uns noch zwei Sitzplätze.

Zwei Sitzplätze im Bus-Kino. Draußen läuft der Film »Tabak kannst du nicht einfach pflanzen, den musst du heiraten«. Setzlinge und großblättrige Tabakpflanzen, zwischen denen Bauern hocken, hacken, wässern, an den Blättern riechen und die sie danach manchmal mit weißen Tüchern oder Plastefolie vor zu viel Sonne schützen.

In der Reihe neben mir sitzt ein Kubaner, der in den Kurven den Korb, in dem 5 Hennen gackern, krampfhaft festhält. Als er merkt, wie interessiert ich den Tabak anschaue, bestätigt er, was Hilda schon in Havanna gesagt hatte: Hier wächst der beste und teuerste Tabak der Welt.

Ich will ihn fragen, ob die Bauern für den teuersten Tabak der Welt auch den besten Lohn der Welt erhalten, doch der Bus stoppt abrupt am Ortseingangsschild »San Luis«. Julie tröstet mich, dass mir ihr Bekannter Juan alles, was ich über den Tabak wissen möchte, erzählen wird.

Er wohnt etwas außerhalb, aber inmitten von Tabakfeldern und Tabaktrockenhäusern.

Neben der Bushaltestelle steht ein Kiosk. Davor schwatzt ein Mann, der einen breitkrempigen Strohhut trägt, mit dem Verkäufer. Er hat sein Pferd, das mit zwei Deichseln vor einen zweirädrigen Karren gespannt ist, nicht angebunden. Wie in einem amerikanischen Western wartet das Pferd geduldig auf seinen Besitzer. Es scharrt nur mit den Hufen, als auf der Hauptstraße ein kutschenähnlicher Pferdewagen mit einem die Peitsche knallenden Señor und einer vom Sonnenschirm beschützten Señora vorbeifährt.

Wir gehen unter der Stromleitung entlang. Am Rande des Dorfes erscheinen die ersten Tabakfelder. Dazwischen das Haus von Juan. Über dem Zaun informiert ein Schild, dass Kubaner hier rund um die Uhr ein Zimmer bekommen können. Darunter liegt ein angebundenes schwarzes Schwein. Kein Hund bellt, als wir den langen überdachten Gang zum Hof betreten. Rechts in einer separaten Kammer klappern Töpfe. Die Frau umarmt zuerst Julie, dann begrüße ich sie mit zwei Wangenküssen.

»Juanito arbeitet«, sagt sie.

Ich nehme an, dass er noch auf dem Tabakfeld ist, aber er kniet im Hof auf den geleimten Brettern eines Schrankes und kann deshalb nicht aufstehen, um uns zu begrüßen. Der 71-Jährige hat ein kantiges, faltenfreies Gesicht. Das Profil ist streng klassisch. Ein Charakterkopf mit kurzen grauen Haaren.

Ich zeige auf den halbfertigen Schrank: »Bringt der beste Tabak der Welt doch nicht genug Pesos?«

Der Mann lacht. Einige Bauern hätten sich vom Tabak sogar ein Auto gekauft. Doch er hat sein Tabakfeld nach der Armeezeit weggegeben, um als Kraftfahrer arbeiten zu können.

Viele Jahre lang brachte er Bauern und Arbeiter, die im staatlichen oder kooperativen Tabaksektor angestellt waren, an den Strand von Varadero, wo sie Urlaub machten. »Früh 300 Kilometer hin, mal kurz an den Strand, und nachts bin ich die 300 Kilometer zurückgefahren.«

Erst jetzt sehe ich, dass ihm an der Schädeldecke ein daumenbreites Stück vom Knochen fehlt. »Autounfall?«

»Nein, vor 5 Jahren ist mir im Wald aus großer Höhe ein dicker Ast auf meinen Schädel gefallen. Der Chirurg konnte nicht glauben, dass er das Loch wieder zubekommt. Doch ich bin immer ein zäher Hund gewesen.«

Die Rente seiner 65-jährigen Frau Paulina, sie hat als Traktoristin gearbeitet, sei, ebenso wie seine, nicht sehr hoch. Also baut er noch Tische, Truhen, Stühle und Schränke.

»Und vermietest Zimmer?«

»Ja, aber ihr seid natürlich meine Gäste.«

Weil die Ausstattung der Zimmer nicht dem Standard entspricht, hat er keine Genehmigung erhalten, an Ausländer zu vermieten.

Die Fenster in »meinem« ebenerdigen Zimmer sind mit einem undurchsichtigen Baumwollstoff verhängt und mit einer Querlatte so verschlossen, dass man von außen weder hineinschauen, noch sie öffnen kann. Zwei Gegenstände beanspruchen fast den gesamten Platz der kleinen Behausung: An einer Wand steht ein Doppelbett, an der anderen ein dickwandiger, wohl zwei Meter hoher und einen Meter breiter Koloss, von dem ich annehme, dass er ein alter Geldschrank ist. Aber er lässt sich öffnen. Drinnen stehen Getränke. Der Westinghouse-Kühlschrank ist wahrscheinlich ein vorrevolutionärer US-Amerikaner.

Geschmückt wird der tisch- und stuhllose Raum von einem Plakat, auf dem ein junger halbnackter Mann sein Bein um eine junge halbnackte Frau schlingt. Direkt über dem Bett werben 4 schöne Frauen, die unterste ist Claudia Schiffer, für Lancôme, Chanel und andere Kosmetikfirmen.

Juans Nachbarn stehen inzwischen auf dem Hof, um die Gäste aus Deutschland zu begrüßen. Ich versuche, mir die Namen, Gesichter, ihre Geschichten und die Gespräche einzuprägen. Aber es sind zu viele.

Zuerst sprechen sie noch einmal über Fidels Abschiedsfahrt durch die Provinzen. Eine Frau erzählt, im Fernsehen habe ein Reporter berichtet, dass er in den nebelverhangenen Bergen der Sierra Maestra den Konvoi mit Fidels Urne, der fast nicht zu erkennen war, fotografiert hat. »Aber beim Entwickeln der Fotos sah er plötzlich Fidels Bild über dem Nebel und über den Bergen. Fidels Bild erschien auf dem Foto. Leibhaftig!«

Keine der Frauen zweifelt daran.

Eine von ihnen wollte Tierärztin werden. Sie hat eine Woche auf dem Fußboden vor dem Institut gelegen. »Aber sie nahmen mich trotzdem nicht, und ich begann als Kindergärtnerin zu arbeiten.«

Inzwischen kontrolliert sie die Qualität des Tabaks. »8 Stunden lang Blatt für Blatt auf den Knien ausbreiten, die

Farbe und die Stärke der Rippen prüfen und jedes Tabakblatt auf verschiedene Qualitätsstapel legen.«

Auch eine 59-Jährige, die schon Rente erhält, muss »im
Tabak noch dazuverdienen«.

Eine andere ist Lehrerin. »Mein Sohn hat studiert. Aber
er putzt Autos.«

Zwei Kinder möchten Krankenschwester oder Zahn-
arzt werden. Der Junge ein Arzt.

Ich frage sie: »Keinen Tabak pflanzen, trocknen, kontrollieren oder weiterverarbeiten? Den besten Tabak der
Welt?« Sie schütteln den Kopf.

Bereut Juan, dass er sein Tabakfeld weggegeben hat?

»Nein! Ich möchte heute mit meinen 71 nicht mehr in
der Erde wühlen müssen.«

Seine Frau hat Reis mit schwarzen Bohnen und Fleisch
gekocht. Doch wir sollten noch mit dem Essen warten,
denn Jorge Luis hätte schon aus Pinar del Río angerufen.

Julie fragt: »Hat er etwas über das Visum gesagt?«

»Nein, aber seine Stimme klang fröhlich wie die eines
Schwarzhändlers, der einem Yankee 10 ›garantiert echte‹
Cohiba-Zigarren, die sonst 400 Dollar kosten würden,
preiswert für 350 Dollar verkauft hat«, sagt Juan.

Ich verstehe nicht, was daran gut sein soll, wenn man
10 Zigarren mit 50 Dollar Verlust verkauft.

»Weil in seiner Küche noch 150 ›echte Cohibas‹ liegen.
Er hat sie aus Resten gerollt und mit den Garantie-Bande-
rolen aus der staatlichen Tabakfabrik zu Majestäten der kubanischen Zigarren erhoben. Mindestens 300 Dollar Plus.«

Einen US-Amerikaner um 300 Dollar zu bescheißen,
dazu gehöre Talent, meint Juan. Er möchte nicht, dass die

Juan: »Ich bin ein zäher Hund.«

Amerikaner wieder nach Kuba kommen. »Als Touristen ja, aber nicht, um hier zu leben und Geschäfte mit uns zu machen.«

Als Jorge Luis die Zaunpforte öffnet, stolpert er fast über das schwarze Schwein. Und strahlt. Holt zuerst das Visum aus der Tasche, dann küsst er Julie, dann holt er eine Flasche Rum aus dem Rucksack, schüttet den ersten Schluck auf den Fußboden und trinkt mit uns auf »90 Tage in Deutschland«.

Am Abend verwandelt Juanito die Dachveranda auf dem Haus in einen Spielpavillon. Ein Tisch steht schon oben, die Hocker hieven wir über eine steile Hühnertreppe hinauf, dazu bequeme Schaukelstühle für die Zuschauer und Gläser für Rum, Cola und Wasser.

Zum Schluss bringt Juan das Wichtigste: ein hölzernes Domino-Spiel und Papier und Stift zum Aufschreiben der

90 Tage Deutschland

Ergebnisse. Weil ich noch nie Domino gespielt habe und auch sonst weder ein Skat-, Scrabble-, »Wer wird Millionär«- oder »Mensch ärgere dich nicht«-Spieler bin und als Kind nach dem »Schwarzen Peter« immer mit einem rußverschmierten Gesicht herumlaufen musste, setze ich mich auf einen der Zuschauer-Schaukelstühle.

Juanito protestiert sehr laut und lässt keine Ausrede gelten. Domino könnten in Kuba schon die Babys spielen. Domino und Baseball wären Nationalsport, und ich wolle die kubanische Nation doch nicht beleidigen.

Also setze ich mich an den Tisch. Juan erklärt mir, dass ich immer Steine mit gleichen Punkten aneinanderlegen soll. Außerdem müsste ich nicht allein spielen, sondern es würden 4 Mannschaften gebildet. Er mit mir, Julie natürlich mit Jorge Luis, dazu eine der Tabakfrauen mit einem Lehrer und zwei Männer aus der Verwandtschaft.

Alle Dominosteine werden in die Mitte des Tisches geschüttet. Vor jedem Spieler steht eine Leiste mit Sichtblende zum Aufbauen der Steine. Wir trinken Rum pur. Mit jedem Glas begreife ich das Spiel besser. Aber mein Partner, der Hausherr, wird mit jedem Glas unaufmerksamer.

Julie setzt die Steine leise und überlegt, Jorge Luis reagiert blitzschnell und temperamentvoll. Ich beobachte ihn und denke, dass es für ihn kein Spiel, sondern ein Kampf ist. Ein Kampf, den er gewinnen muss. Er schlägt die Steine so heftig auf die Platte, als müsste er damit einen Moskito töten. Auch Juan knallt die Steine immer lauter auf den Tisch. Doch wir verlieren. Jorge Luis gewinnt mit Julie die entscheidenden Spiele gegen alle 3 Mannschaften.

Als ich mit ihm alleine im Zimmer bin, zeigt er mir stolz noch einmal sein Visum und bittet, dass ich ihn mit dem Dokument fotografiere.

Ich frage, ob er schon Euro für die Reise nach Deutschland besitzt.

»Nein, nur CUC – ich werde sie tauschen.«

Ich hoffe, dass der CUC-Tausch nicht riskant wird. Falls beispielsweise bis zum Reisetermin im März eine einheitliche kubanische Währung geschaffen wird. Oder die Kurse fallen …

200 CUC hat Jorge Luis in der Tasche. Die restlichen 300 in seinem Haus unter den Baumaterialien versteckt. Ich tausche seine 200 CUC gegen 200 Euro. Er hält das Geld glückstrahlend in der Hand, zieht das Hemd aus und reibt sich, wie ich es beim *Padrino* mit Guaven ma-

chen musste, nun Brust und Arme mit den Euroscheinen ein.

Ich sehe wieder die vielen Narben auf seinem Körper und frage vorsichtig: »Woher?« Er sagt, dass er Julie schon in den ersten Tagen ihrer Bekanntschaft alles erklärt hat. Sonst hätte sie vielleicht gedacht, dass er ein Krimineller ist.

Julie, die dazukommt, zieht ihm das Hemd wieder über die alten Wunden.

Von meinem Versuch, Briefe mit deutschen Investitionsvorhaben in Millionenhöhe bei kubanischen Ministerien abzugeben, der für 40 Dollar gehandelten »Cohiba«-Zigarre und einem sehr traurigen Trompeter

Er würde, wenn ich es möchte, auch mir seine Geschichte erzählen. »Heute an diesem besonderen Tag!«

Wir trinken nun weißen Rum mit Cola – Cuba Libre. Nicht ganz original, denn es fehlen Limetten und Eiswürfel.

»Cuba Libre haben die US-Soldaten erfunden. Ausgerechnet die Yankees! Als Kuba im dritten Befreiungskrieg endlich die spanische Kolonialmacht besiegt hatte, kamen die Amerikaner nach Kuba. Sie mischten amerikanische Cola mit kubanischem Rum und riefen: *Cuba libre* – Cuba ist frei! Frei zwar von den Spaniern, aber bald von den USA besetzt.«

»Du liebst die USA nicht?«

»Nein. Auch wenn ich die Verhältnisse in Kuba kritisiere, möchte ich nicht in den USA leben. In Deutschland vielleicht.«

Bevor er seine Geschichte beginnt, sagt er: »Sie ist sehr kurz. Ich lebe erst 31 Jahre.« Und so selbstverständlich, wie der erste Schluck den Göttern gehört, so selbstverständlich ist es für Jorge Luis, dass er in seinem ersten Satz der Mutter dankt. »Sie hat immer für uns gearbeitet, hat alles allein geschafft. Sie hat gekämpft. Manchmal auch gegen den Mann.«

Auch deshalb wäre er ein gut ausgebildeter Restaurator geworden und sein Bruder heute Mitglied der kubanischen Nationalmannschaft.

»Und die Narben?«

»Da war ich 15 Jahre alt. Zwei Stunden lang haben die Ärzte 35 Schnitte und Einstiche genäht.«

Die Flasche Rum ist noch zu einem Viertel voll.

»Zuerst erinnere ich mich an unsere vielen Umzüge in Havanna. Einmal bis an den Rand der Stadt. Dort war Havanna schon Dorf. Meine Mutter arbeitete in einem kleinen Friseurgeschäft. Doch sie war kein Dorf-Mensch, sie wollte zurück in die Stadt. Damals gab es auf dem Prado, dem Boulevard von Havanna, bereits halb legale private Tauschgeschäfte: Auto gegen Haus. Oder großes Haus auf dem Dorf gegen kleines Haus in der Stadt. Oder zwei kleine gegen ein großes …

Der Vater wollte auf dem Dorf bleiben. Also wollte er auch das Haus nicht tauschen. Aber die Mutter fuhr trotzdem immer wieder zum Prado. Vater war sehr faul. Er züchtete Hunde und Tauben. Geld brachte er nicht heim. Einmal kam ein Verkäufer mit Werkzeug. Der Vater kaufte etwas, bezahlte aber nicht, sondern sagte: Geh in die Küche, dort arbeitet meine Bank.

Schließlich tauschte die Mutter doch das Haus gegen eines in Havanna. Das hatte 3 Zimmer. Ein Zimmer wurde vermietet.

»Der neue erst 16 Jahre alte Mieter Ángel Ernesto kam vom Land. Ein Kämpfer, eine Bestie der Natur. Er wischte sich den Hintern auf dem Klo mit dem Handtuch ab. Er kam immer spät in der Nacht nach Hause und arbeitete wie Herkules. Wenn er die Miete bezahlte, holte er die zusammengewickelten Peso-Scheine aus der Hosentasche.

Meine Mutter beobachtete ihn und verglich ihn insgeheim mit meinem Vater, dessen Fingernägel immer länger wurden. Er ist wie ein totes Pferd, das auf der Rennbahn laufen soll, sagte sie über meinen Vater und meinte, er würde ein schlechtes Beispiel für mich werden. Sie trennte sich von ihm. Da machte der neue Mieter meine 23-jährige Mutter neu verliebt. Sie ging zum Prado und wollte das große Haus in Havanna gegen zwei andere tauschen. Eines für sich und mich und eines für den Vater. Aber der mochte nicht auf seine Bequemlichkeit verzichten und sagte bei jedem Hausangebot: *No. No. No.* Als man der Mutter zwei Häuser, ein sehr schönes aus Stein und ein kleines aus Holz, anbot, hätte der Vater eigentlich sagen müssen: Frau, nimm das bessere. Mein Sohn soll es schließlich gut haben. Aber das tat er nicht. Und die Mutter blieb mit mir in der Holzhütte, in der die Ratten umherliefen.«

Jorge Luis schüttet halb Cola und halb Rum in unsere Gläser und erzählt weiter von seiner Kindheit. Einer Kindheit, in der er trotz aller Not nie geweint hätte.

»Nur um den Papa. Aber es war der neue Mann Ángelo Ernesto, der uns durch die Hungerzeit der Spezialperiode gebracht hat. Er kämpfte Tag und Nacht um Brot und Lebensmittelreste. Manchmal besorgte er Bananenschalen, die Mutter für mich kochte. Und irgendwann organisierte er irgendwo sogar ein Ferkel, das er in unserem *baño* hielt. Der Hunger in Havanna wurde damals, als Kuba ganz allein auf sich gestellt war, immer schlimmer. Die Menschen schmissen mit Steinen die Fenster der leeren Geschäfte, der leeren Magazine und der Villen ein und stahlen, was essbar war. Überall lagen Steine und Scherben auf den Straßen. Es wäre vielleicht zum Aufruhr gekommen. Aber dann stand Fidel auf einem LKW vor den Wütenden und schrie: Ich bin hier, um mir bei euch meine Portion Steine abzuholen. Also werft! Und keiner schmiss.

In der ersten Klasse hatte ich keinen Rucksack für die Schulbücher, keine ordentlichen Schuhe und auch kein Pausenbrot. Damals begann ich zu träumen und zu hassen. Einmal sagte die Mutter zu mir: Hol mir 5 Mangowürfel! Die Mangos wurden püriert und als Eiswürfel gefroren. Die liebte die Mutter sehr. Auf dem Rückweg träumte ich wie immer, beobachtete die Vögel, und zu Hause war alles Eis zerlaufen. Da begriff ich, dass man sich manchmal im Leben nicht ablenken lassen darf.

Dann wurde die Mutter von dem neuen Mann schwanger und sagte ihm: Hol mich hier raus, ich kann das Kind nicht vor den Ratten schützen, und die Kröten hocken an der Tür. Er verkaufte das Haus, gab alles Ersparte dazu, und sie erhielten dafür einen Teil des Hauses, in dem wir noch immer wohnen. Für die übrigen Räume unserer Etage, unter anderem das neue Bad und das Zimmer mit der katalanischen Treppe, bezahlen wir Miete an den Staat und bekommen sie nach 10 Jahren, wie in Kuba üblich, als unser Eigentum überschrieben.

Nach dem Umzug musste ich in eine andere Schule.

Aber ich hatte immer noch keine ordentlichen Schuhe, keinen Schulrucksack und kein Pausenbrot. Alles Geld brauchte die Mutter, um das Baby zu ernähren. Harlyn brüllte manchmal, bis er blau anlief. Dann musste man ihn schnell hochheben, sonst wäre er erstickt. Ich war damals unwichtig.

Auf der Veranda standen die Wassertanks einer Familie, die mit uns in dem Haus wohnte. Als der Hurrikan ›Lili‹ wütete, brach die Säule, die diese Veranda hielt, unter der Wasserlast fast zusammen. Die Leute vom ›Komitee zur Verteidigung der Revolution‹ sahen es und kommandierten: Ihr müsst hier sofort raus! Sie brachten uns in eine Notunterkunft, eine alte Medizinschule südlich vom Flugplatz. Zwei Jahre blieben wir dort.

Wieder eine neue Schule und wieder neue Mitschüler, aber keine ordentlichen Schuhe und kein Rucksack und kein Pausenbrot. Doch unter der Schule befand sich ein Luftschacht und ein mit Wasser gefüllter Flutgraben. Dort konnte man Fische mit einer Lanze fangen. Wir haben sie manchmal zusammen mit Froschschenkeln im Feuer gebraten.

Ich besaß auch kein Spielzeug. Nur Kronkorken. Die legte ich auf die Eisenbahnschienen, und wenn sie platt gefahren waren, hatte ich Spielgeld …

Als wir in der Notunterkunft wohnten, begann der Vater wieder den Krieg mit der Mutter. Schließlich gab sie nach, und weil sie jetzt meinen Bruder Harlyn hatte, sagte sie: Nimm ihn mit, den Jorge Luis. Und wieder eine neue Schule und …«

Damals hätte er die Freundinnen des Vaters nicht geachtet. »Eine habe ich sogar angespuckt. Da brachte mich der Vater zurück in die Notunterkunft. Doch ich musste in der alten Schule bleiben. Jeden Tag fuhr ich 45 Minuten eingepfercht zwischen den Erwachsenen in dem Bus. Es war eine Tortur. Ich bin oft zu spät gekommen. Die Lehrerin wollte mit meiner Mutter sprechen, aber die war weit weg. Meine Schuluniform war dreckig, meine Schulbücher trug ich in einer Plastetüte, die ich, damit sie wie ein Rucksack aussah, über meine beiden Schultern legte. Ángel Ernesto war fast noch ein Analphabet. Aber er zeigte mir, wie man den Stift in der Hand hält. Nämlich mit der Faust. Und so halte ich ihn heute noch. Er lehrte mich auch das Kämpfen. Aber nur einmal, als ich es nicht mehr aushielt, dass die anderen mich ständig als ›Armenhäusler‹ hänselten, habe ich zugeschlagen. Mit der Faust genau aufs Auge. Da ist der Junge umgefallen. Manchmal gab der neue Mann mir seine Schuhe. Aber sie waren viel zu groß. Deshalb habe ich die Füße unter der Bank immer sehr weit nach hinten geschoben, und in der Pause blieb ich sitzen. Nur bei dem kostenlosen Schulessen, das alle erhielten, war ich immer der Erste. Ich schaute, ob einer nicht aufgegessen hatte, und vertilgte noch dessen Rest.

Später durften wir in das vom Revolutionskomitee gesperrte Haus zurück. Es waren schon Drahtgitter drum herum gespannt. Die Nachbarn hatten alles Brauchbare, Fliesen und Dielen, herausgeholt. Sie nahmen an, dass es abgerissen wird. Ich kam zwar in die frühere Schule, aber in eine andere Klasse. Ich war in vielen Fächern sehr schlecht. Schon als ich in die 4. Klasse versetzt werden sollte, hatte ich die 3. wiederholen müssen.

Zwei Freunde gab es in der Schule. Daniel Martínez, den Namen werde ich nie vergessen. Der teilte mit mir oft sein Pausenbrot. Und später Roberto. Roberto fand immer, wie er sagte, irgendwo ein bisschen Geld. Er kaufte davon zu essen, gab uns auch Süßigkeiten ab. Seine Eltern besaßen einen fast einen Meter breiten Farbfernseher und sogar einen Videorecorder. Ich liebte Videos, schwänzte deshalb auch die Schule. Ich wollte selbst einen Film drehen und Schauspieler werden.

Mit Hilfe eines guten Lehrers, der sich um mich kümmerte, und der Freunde schaffte ich die 8. Klasse, obwohl ich noch mal sitzengeblieben war. Ich war auf einem guten Weg.

Dann kam der 4. Januar 2003. Angefangen hatte es schon am Abend zuvor. Ich trug wie immer nachts den Müll hinunter. Auf der Treppe vor dem Haus saßen zwei Pärchen. Es war sehr dunkel, und ich sagte: Rückt mal zur Seite, damit man rauf- und runtergehen kann. Einer der Jungens, noch mehr Straßenkind als ich, aber 5 Jahre älter, maulte: Blas dich nicht so auf, du Scheißer!

Am nächsten Tag suchte ich meine Freunde. Sie spielten am Computer um Geld und wollten mich nicht mitmachen lassen. Ich sollte erst von zu Hause Geld holen. Als ich zurückkam, stand der Kerl vom Vorabend in dem Glücksspielraum und schrie: Bist du nicht der Scheißer von gestern? Er zog ein Messer. Dich werde ich aufschneiden. Doch ich hatte keine Angst vor ihm, und er verschwand. Kam zurück und brachte einen zweiten Kerl mit. Der hielt mich fest. Im Kampf konnte ich die Messerklinge zwar zerbrechen, aber mit dem Rest hat er mir den Körper zerschnitten. Ich blutete überall. Die beiden liefen weg. Mit dem Auto fuhr man mich zu meiner Mutter. Die brachte mich ins Krankenhaus. Aber dort hatten sie kein Operationsgarn.

In der Augenklinik hatten sie Garn. Zwei Stunden lang nähten sie 35 Stiche und Schnitte zusammen. Aber die Betäubungsspritzen waren schon nach gut einer Stunde wirkungslos …

Der neue Mann meiner Mutter wollte sich eine Pistole besorgen und den Kerl erschießen. Doch meine Mutter befahl: Hier wird niemand getötet.

Vor Gericht wurde der Messerstecher zu einem Jahr Gefängnis und einem Jahr Umerziehungslager verurteilt. Aber nach einem halben Jahr habe ich ihn schon wieder in Havanna auf der Straße gesehen. Vielleicht ist er ein Informant für die Polizei geworden.«

Nach einer langen Pause meint Jorge Luis, dass der Kerl vielleicht etwas Gutes bewirkt hat. »Ich war danach erwachsen und selbstbewusst. Jetzt laufe ich in Havanna immer mit einem dicken Schlagkabel und einem scharf geschliffenen Schraubenzieher in der Tasche herum. Es gibt immer noch Kriminalität auf den Straßen. In einem Film, dessen Drehbuch in Miami geschrieben wurde und in dem ich mitspiele, zeigen wir diese Gewalt und die Korruption und auch die Prostitution auf der Straße. Julie meint, das sei nicht die kubanische Wirklichkeit. Aber ich weiß es besser.«

Jorge Luis beendete das Gymnasium und begann an der Universität Sport zu studieren. Er wollte Weitspringer werden, ist jeden Tag 10 Kilometer durch Havanna gerannt, hatte eine Bombenkondition. Der Weitsprungtrainer befürchtete, dass es zwei Jahre brauchen würde, um ihm die Technik beizubringen. Schließlich nahm er ihn doch, und er trainierte 4 Monate und »sprang inzwischen so weit wie ein Hase«. Als der Trainer in die Nationalmannschaft berufen wurde und ihn nicht weiter trainieren konnte, schmiss Jorge Luis das Sportstudium und bewarb sich bei einer Sicherheitsfirma. Eine Psychologin testete alle, die dort eine Stelle haben wollten.

»Ich sollte Wachmänner als Strichmännchen malen. Ich zeichnete sie in der Luft, ohne Boden unter den Füßen, und fiel durch. Bei der zweiten Sicherheitsfirma wieder dieser Test. Diesmal malte ich zuerst einen dicken Fußboden und darauf die Strichmännchen. Ich schmückte sie noch mit T-Shirts, Knöpfen und gestylten Haaren aus. Ich bestand. Trotzdem meldeten sie sich nicht mehr.

Schließlich wurde ich in Spenglers Restauratorenschule aufgenommen. Danach arbeitete ich über ein Jahr als Restaurator am Capitolio. Zuerst hatte ich dort einen guten Chef. Von ihm erhielt ich als Prämien auch die begehrten Werkzeuge, mit denen ich immer noch arbeite. Der nächste war zu faul zum Arbeiten, wollte aber trotzdem gutes Geld haben. Wir schufteten oben, und er hockte unten im Materiallager und verschob auch mal Fliesen und Zement. Wir verdienten im Monat 319 Peso nacional und 10 CUC. Aber die CUC ließ er streichen, wenn man im Monat einmal zu spät kam. Ich war damals zwar kein Revolutionär, aber ein Rebell! Ich habe ihm immer die Meinung gesagt. Ich weiß, im Kapitalismus kann ich das nicht. Da muss ich das Rebellische runterschlucken.

Bei einem befreundeten Arzt habe ich mir schließlich eine Bescheinigung besorgt, dass mein Rücken kaputt ist. Habe beim Capitolio aufgehört und als *cuentapropista* begonnen. Ich bin nicht als Sklave geboren und werde keiner werden. Nirgendwo.« Am Ende sagt er, dass er in einem anderen Land vielleicht nicht nur einen Kriminellen im Film gespielt hätte, sondern durch seine Lebensumstände wirklich einer geworden wäre.

Wir trinken den letzten Schluck noch einmal auf seine kommenden 90 Tage in Deutschland.

Allein im Zimmer, entdecke ich auf einer Glaskonsole unter dem Spiegel einen Kamm und zwei Kondome. Ich sinniere im Bett zwar nicht, weshalb Paulina sie ausgerechnet in mein Zimmer gelegt hat, trotzdem kann ich nicht schlafen, weil ab und an das schwarze Schwein so laut grunzt, als ob es hier in einer Ecke schlafen würde. Ich mache Licht. Aber es ist nicht das schwarze Schwein, sondern »Westinghouse«.

Am Morgen frage ich Juan vorsichtig, weil seine Frau und Julie danebenstehen, nach den Kondomen.

Er: »Fröhliche Begleiter machen auch dumpfes Leben annehmbar.«

»Ich meine die Kondome unter dem Spiegel.«

Er: »Gegen unverhofftes wildes Feuer ist man machtlos. Deshalb lieber Vorsehen als Nachsicht.«

Bevor ich ihn ein drittes Mal fragen kann, will er wissen, ob ich das Schild für Übernachtungen vor dem Haus bemerkt habe. Und als ich nicke, sagt er, dass die Leidenschaft der Liebe überall einen sicheren Platz braucht.

»Und der Platz ist in dem Zimmer, in dem ich geschlafen habe?«

»Ja! Aber wir Kubaner sagen: Wenn du die Nacht gut geschlafen hast, sollst du dich am Tag ein wenig ausruhen, nicht viel arbeiten und auch keine schwierigen Fragen stellen.«

Dann macht er mich doch noch schlau. »Für das Übernachtungsgeld kann hier jeder Mann eine Frau – welche auch immer – oder, was selten geschieht, jede Frau einen Mann – welchen auch immer – mitbringen.«

Den Preis für ein Schäferstündchen verschweigt er. »Wer keine Geheimnisse im Mund verschließen kann, sollte ihn gar nicht erst öffnen.«

Er kennt alle Dorfbewohner, die hierherkommen, sehr gut und schon lange. »Einige sind verheiratet und bringen trotzdem eine junge Frau aus der Kooperative mit. Aber ich weiß: Ein Feuer, das vom Sturm entfacht wurde, kann nur der Sturm wieder auslöschen.«

Ich sage lachend: »Dann könnte auch ich hier bei dir …?«

»Nein, du nicht! Du bist kein Kubaner.«

»Aber bei Migdalia, die an Ausländer vermieten darf?«

»Wenn du dort eine *jinetera* mitnimmst und neidische Nachbarn oder jemand vom ›Komitee‹ es bemerken, ist Migdalia ihre Lizenz sofort los.« Er grinst. »Oder sie bezahlt, sagen wir mal, mindestens 200 CUC Schweigegeld an die Behörden.«

Ihm dagegen würde die Lizenz für die Liebe der Kubaner miteinander nicht entzogen. »Auch nicht, wenn der verheiratete Bürgermeister mit einer Freundin kommt.

Oder die Vorsitzende des ›Komitees zur Verteidigung der Revolution‹ hier mal übernachten würde.«

Paulina bringt das Frühstück, und ich sage ihm nur noch leise, dass ich einen Schuhanzieher und eine Schachtel Traubenzucker auf die Konsole gelegt und mir dafür die Kondome »Made in Malaysia« zur Erinnerung mitgenommen habe.

Nach dem Frühstück erzählt er, dass die Bauern auch heute, am Sonntagmorgen, Tabak pflanzen. In der Mittagssonne verbrennen die Setzlinge.

Auf dem Feld arbeiten 3 Männer im Takt eines Automaten. Einer hackt eine lange Rinne, der andere gräbt alle 60 Zentimeter ein Loch, und der Dritte setzt die Pflanzen hinein. Aus einem Schlauch läuft unentwegt Wasser in das über 100 Meter lange Reihenbeet des neuen Tabaks.

An diesem Morgen ist es schon die vierte Reihe. Die Männer reden kaum miteinander. Mir erklären sie, dass sie die Setzlinge nur von der Kooperative erhalten, es aber besser wäre, wenn sie für ihre eigenen Felder auch Pflanzen von privaten Betrieben kaufen könnten.

Der Lochmacher richtet sich noch einmal auf, presst die Faust ins Kreuz und sagt: »Wer immerzu redet, will sich vor der Arbeit drücken.«

Und gräbt weiter. Fotografieren darf ich sie bei der Arbeit.

Auf einem der kleineren Nachbarfelder steht der Tabak schon so hoch und kräftig, dass ich den Boden unter den Blättern nicht mehr sehe. Zwei Männer begutachten die Pflanzen, und manchmal schnuppert einer an den Blättern.

Ich frage, ob es stimmt, dass in dieser Gegend der beste Tabak der Welt wächst.

»Ja, aber reich werden wir davon nicht«, sagt der Jüngere. Er ist 33 Jahre alt, heißt Osciel und hat zwei Kinder.

Ich protze mit meiner Weisheit: »Den Tabak kannst du nicht einfach pflanzen, den musst du heiraten!« Der zweite Mann mit dem verheißungsvollen Namen Jesuin widerspricht mir sofort: »Muss ich glücklich sein, wenn ich, mit wem auch immer, verheiratet bin? Mit dem Tabak verheiratet zu sein, das heißt doch nur, mit der Arbeit verheiratet zu sein. Nicht mit dem Geld.«

Osciel versucht es zu erklären: »Also pass mal gut auf. Mit dem Tabak verheiratet zu sein, das ist genauso, als ob du mit einer Frau verheiratet bist. Du musst sie umsorgen, pflegen, liebevoll jeden Tag fragen, wie es ihr heute geht, und alle ihre Wünsche erfüllen. Und genauso ist es mit dem Tabak. Nur so gedeiht er. Vom Reichwerden ist bei der Hochzeit keine Rede.«

»Und wie viel verdient ihr?«

Jesuin: »Wir haben 7000 Tabakpflanzen und 7000 Bohnenpflanzen. Wenn wir den Tabak, ohne dass er vorher launisch wie eine Ehefrau war, in guter Qualität abliefern, bekommen wir von der Kooperative, der Boden und Pflanzen gehören, rund 20 000 Peso nacional, also kaum 1000 CUC.«

Besser sei es deshalb, die schwarzen Bohnen zu heiraten! Vom Ertrag der Bohnenpflanzen müssen sie nur eine Hälfte abliefern. Den Rest können sie behalten oder auf dem freien Markt verkaufen.

»Das Wichtigste für den Tabak ist das Klima: heiß und

»Den Tabak kannst du
nicht einfach pflanzen,
den musst du heiraten!«

trocken. Außerdem darf man keinen Dünger verwenden, dem Tabak kein Wasser von oben, sondern nur von unten geben, der Boden muss ordentlich gelockert und vom Unkraut freigehalten werden, das Wachsen des Tabaks muss wie die Entwicklung eines Kindes täglich beobachtet werden, Krankheiten sofort behandelt.«

Mehr sagen sie nicht. Ausführlicher informieren sie mich jedoch über die »kubanische Politik mit dem Tabak«.

Es würde stimmen, sagt Jesuin, dass es den Bauern in Kuba heute bessergeht als vor 20 Jahren. Damals mussten sie alles, was sie ernteten, an den Staat abliefern. Und Osciel bestätigt, dass seine Kinder in Kuba gut aufwachsen. »Doch ich kann ihnen keine besseren Schuhe und schon gar kein Computerspielzeug kaufen.«

Es sei auch richtig, dass der private Besitz von Waffen in Kuba verboten ist. »Man kann sich in den Dörfern sicher und überall ohne Angst frei bewegen. Wir sind frei – aber gefangen von der Arbeit.«

Durch die Arbeit der Tabakbauern würde vor allem der Staat gewinnen. »Der Staat macht Verträge mit den USA und verkauft unseren Tabak dort zu Höchstpreisen«, empört sich Jesuin. Und Osciel weiß, dass eine »Cohiba« aus ihren besten Blättern für 120 Dollar verkauft werden kann.

Ich entgegne nicht, dass auch Tabakverträge mit den USA wegen der Blockade noch nicht möglich sind, sage aber, ich hätte gehört, dass die teuerste »Cohiba« etwa 40 Dollar kostet.

Jesuin: »Die Kooperative und der Staat informieren uns zwar, wie viele Pesos wir für die Tabakblätter bekommen. Welche Gewinne sie dann mit der Verarbeitung und dem Verkauf erzielen, verraten weder die Chefs der Kooperative noch der Staat. In Kuba gewinnt der Staat. Der Staat macht auch die Gesetze. Und die sich die Gesetze ausdenken, flicken Schlupflöcher hinein. Und die sie kennen, nutzen die Schlupflöcher auch aus.«

Ein Cousin ist nach Amerika gegangen. »Noch schickt er kein Geld, weil das Leben dort teuer ist und er sich erst eingewöhnen muss. Aber er verdient 7 bis 8 Dollar in der Stunde«, meint Osciel.

»Alles oder nichts! Wenn der Kapitalismus gut ist für unser Leben in Kuba, dann eben Kapitalismus«, resümiert Jesuin.

Juanito lackiert mittlerweile den gestern gebauten Schrank auf dem Hof.

»Ich kann dir nur sagen, was ich nicht möchte, denn

man soll weder einseitig ängstlich noch einseitig zuversichtlich sein. Also: Ich möchte nie in der Stadt schlafen müssen.«

»Weshalb?«

»Weil der Ort, in dem du geboren bist, immer deine Heimat bleibt.«

»Und was möchtest du?«

»Geld ist zwar nicht das Leben, aber für uns ein bisschen mehr wäre nicht schlecht. Und das Wichtigste: Die Blockade der USA muss weg! Dann wird in Kuba der Sozialismus weiterleben.«

Paulina füllt uns eine Flasche mit Wasser und packt Bananen ein. Juanito hat auf dem Fahrradgepäckträger ein Brett befestigt. Julie soll sich daraufsetzen. Er will sie bis zur Hauptstraße schieben.

Julie steigt nicht auf.

Das schwarze Schwein liegt am Zaun im Schatten. Ein zweites könnten sie nicht füttern, sagt Juanito.

Der Kiosk hat geöffnet. Aber es steht kein Pferd davor. Und auch Autos, die nach Pinar del Río fahren und die wir anhalten könnten, sehen wir nur selten.

Doch Juanito tröstet. »Hier ist auch am Sonntag noch keiner stehengeblieben. Höchstens die, die bei mir übernachten wollen.«

5 Stunden später sind wir wieder in Havanna. Auspuffgase, Autolärm, Menschengedränge. Ich fühle mich ein wenig, als wäre ich zu Hause angekommen.

Migdalia gibt mir zuerst einen Zettel mit zwei Telefonnummern. »*¡Urgente!* – Dringend!«

Bei der ersten meldet sich Raúl Becerra, der ehemalige kubanische Botschafter. Er hat bereits mit einem guten Bekannten im Ministerium für Außenhandel über die beiden Briefe der VR-Bank gesprochen.

»Roberto Infante hat auch in der DDR studiert, spricht ausgezeichnet Deutsch und wird Ihnen bestimmt helfen.«

Ich will entgegnen, dass in diesem Fall nicht mir geholfen werden muss, sondern dass ich indirekt mit der Übermittlung der Angebote Kuba helfen möchte. Doch ich bedanke mich höflich für sein schnelles Bemühen.

Beim zweiten Anruf meldet sich der deutsche Kubaner und kubanische Deutsche Michael Diegmann. Wenn ich Zeit hätte, könnte ich morgen nach Feierabend mit einigen seiner kubanischen Kollegen sprechen. Um 16 Uhr im »Siá Kará Café«.

Später ruft noch Julie an. Sie hat ein Treffen mit dem kubanischen Blogger Francisco Rodriguez Cruz vereinbart, der mir vielleicht etwas über die Hersteller und Verbreitung der halb legalen *Paquetes* erzählen könne.

Havanna hat mich wieder.

Doch an diesem Abend will ich nur Tourist sein, in die Altstadt gehen, Mojito schlürfen und Kaffee trinken. Ich fahre nicht mit dem 222er Bus, sondern laufe die 23 entlang, um meine beiden Freunde Don Quijote und den »Na-gucke-mal«-Albertico zu treffen.

Don Quijote steht noch und kämpft. Aber Albertico sehe ich nirgendwo.

Also fahre ich mit dem Bus bis zum Platz der Brüderlichkeit, bummle durch die Straßen mit den prächtigen

Villen der Kolonialzeit, trinke vor dem »besten Kaffee-Haus Kubas« einen Espresso, finde es nicht unangenehm, als mich dort eine kurzberockte vielleicht 20-Jährige fragt, ob sie mir Havanna bei Nacht zeigen soll, fühle mich gut, als mich eine Viertelstunde später eine kaum ältere Kubanerin in hautengen Leggins und durchsichtiger Bluse zur Hemingway-Bar begleiten möchte, aber als mich schließlich eine wahrscheinlich bald 50-jährige, nicht mehr schlanke rotgefärbte *jinetera* mit »my darling« anspricht, fliehe ich aus der Altstadt, der »touristischen Perle« von Havanna.

Direkt an der Kreuzung vor Migdalias Wohnung steht der »Musikantenbus«, den ich seit Fidels Tod nicht mehr gesehen habe. Außer dem Fahrersitz sind alle anderen Sitze abmontiert. Die Fenster haben keine Scheiben, die Türöffnungen keine Türen. Er ist wahrscheinlich selbst unter kubanischen Verkehrsverhältnissen für den Personentransport nie mehr zu verwenden.

Der Trompeter hängt Aquarellbilder an die Seitenwände des Busses. Sie ähneln sich alle. In der Mitte ein Kreis, in dem ein Feuer brennt, eine Sonne strahlt oder bunte Blumen ranken und sich Bäume und Pflanzen umschlingen ... Drum herum in Grau, Braun, Schwarz oder Blau Wolken, Wasser und Erde. Auf zwei Bildern schießen goldene Blitze aus dem hellen Kreis in das Dunkel des Drumherums.

Die 3 Musiker beginnen zu proben. Sie wiederholen kurze, sehr rhythmische Einsätze. Dann spielt der Trompeter allein eine melancholische Melodie. Wie Satchmo bläst er aus voller Lunge, setzt aber, um seine Leidenschaft zu bremsen, den Schalldämpfer auf die Trompete.

Nach »Blueberry Hill« macht er eine Pause.

Ich frage ihn, weshalb er so verhalten, um nicht zu sagen, so traurig spielt. »Immer noch Fidel?«

»*No, no, no.*«

Eduardo spricht Deutsch und fragt, ob ich wüsste, an welchem Tag Fidel gestorben ist.

Ich antworte fast beleidigt: »Am 25. November.«

»Was war der 25. November für ein Tag?«

Bevor ich sagen kann, »ein Freitag«, antwortet er selbst. »An diesem 25. November vor genau 60 Jahren ist Fidel mit seinen *compañeros* auf der ›Granma‹ in Mexiko in See gestochen … Und genau an diesem Tag ist er 60 Jahre später gestorben.«

Wahrscheinlich gäbe es immer noch viel Unerklärliches zwischen Himmel und Erde. Weshalb hätte er sonst die schöne deutsche Touristin *Klara* ausgerechnet in *Santa Clara* getroffen? »Am Grabmal von Che Guevara.«

Er hätte wissen müssen, dass Klara …

Während sie weiter proben, hole ich für die Musiker 3 Büchsen Cola, setze mich in der nächsten Pause mit Eduardo auf das einzige noch begehbare Trittbrett des Busses und frage: »Was hättest du von Klara wissen müssen?«

»Dass sie mir Deutschland nie zeigen wird.«

Klara hatte ihn in Santa Clara zu einem Kaffee eingeladen und sich beklagt, dass sie als Touristin nur Havanna und Santa Clara sieht. Das war vor 3 Jahren. Eduardo mietete ein Auto und fuhr mit ihr durch Kuba. Die Privatwohnungen bekam er als Kubaner billiger. Klara hat in dieser Zeit keinen Euro bezahlen müssen. »Abends spielte ich für sie am Meer. Ja, auch ›Blueberry Hill‹. Sie sagte mir immer wieder, dass die 10 Tage mit mir für sie die schönsten ihres Lebens gewesen sind. Dass sie mich liebt, dass sie mir Deutschland zeigen wird …

Am Tag des Abschieds fuhr sie ohne mich mit ihrer Reisegruppe zum Flughafen. Ich begann Deutsch zu lernen, aber Klara hat sich nie wieder gemeldet.«

Eine Stunde später tanzen Kubaner vor dem Bus. Eduardos Trompete höre ich, als ich bei offenem Fenster im Bett liege, noch sehr lange. Aber sie klingt nicht mehr dumpf und traurig, sondern jubilierend.

Am nächsten Morgen rufe ich *compañero* Roberto Infante im Ministerium für Außenhandel wegen der beiden Briefe der Bank an. Diese Art der Kommunikation zur Geschäftsanbahnung – ein Tourist als offizieller Briefträger – sei in Kuba nicht alltäglich, meint er. Aber wenn *compañero* Raúl Becerra es empfiehlt, und überhaupt wären es sehr interessante und für Kuba nützliche Projekte … Ob ich wüsste, dass durch die Blockade solche Finanzbeziehungen sehr erschwert werden … Ich unterbreche ihn und sage, dass ich das schon weiß. Er ist auch informiert, dass der 30 000-Euro-Spendenscheck, den ich für die Beseitigung der Hurrikanschäden übergeben habe, vorerst leider nicht eingelöst werden kann.

Also deshalb und aus anderen offiziellen Gründen empfiehlt er, die Briefe nicht ihm, sondern einem Vertreter der kubanischen Nationalbank zu übergeben. »Dem *compañero* …« Ich lasse ihn nicht ausreden und sage, dass ich die Briefe, wie vom ehemaligen Botschafter empfohlen, nur ihm und sonst niemandem übergeben werde.

»Der *compañero* in der Nationalbank hat aber auch in der DDR studiert, spricht gut Deutsch …«

Da vergesse ich zum ersten Mal die notwendige Höflichkeit eines Briefträgers, noch dazu die eines Postboten im Ausland, und sage barsch, dass ich dann die Briefe mit dem Vermerk »Annahme verweigert« an den Absender zurückgeben werde.

Compañero Roberto Infante lenkt ein. Ich solle an einem der nächsten Tage zum Ministerium für Außenhandel kommen und die Wache bitten, ihn zu informieren …

Das Treffen mit Michael Diegmann und seinen Arbeitern ist nicht so schwierig, denn die »Siá Kará«-Bar kenne ich bereits. Ich hatte angenommen, dass Michael Diegmann mit den Arbeitern im Blaumann an der Straße auf mich wartet. Doch sie sitzen schon auf der Empore des Cafés. Die Arbeiter in T-Shirts und der Chef im längsgestreiften Hemd.

Der Chef bestellt Bier und Mojitos und erzählt, dass Joel Rodriguez Tapanas, der einzige Bärtige in der Runde, schon 3 Jahre mit ihm am Capitolio arbeitet und Diego, der zweite Kubaner, ein guter, aber schweigsamer Arbeiter ist. Was stimmt, denn Diego meldet sich nur einmal zu Wort und erklärt, dass er nie nach Deutschland möchte. »Dort ist es für unsereinen zu kalt!«

Tobias, der dritte Arbeiter, kommt aus Deutschland. Der Spezialist für das Befestigen der tonnenschweren Kuppelsteine war 2008 das erste Mal auf Kuba, lernte Dailin kennen und nahm sie mit nach Deutschland. Seit einem Jahr leben sie wieder hier. Dailin hat Krankenschwester gelernt und arbeitet jetzt in einem privaten Reisebüro. Weil sie die deutsche und die kubanische Staatsbürgerschaft besitzt, könnte sie nicht bei einer der staatlichen kubanischen Tourismusgesellschaften beschäftigt werden.

Tobias ist 32 und seine Frau 28. Nun ja, es sei Zeit für das erste Kind. »*Vamos a ver*«, sagt er.

Michael Diegmann fragt, ob er sich, während ich mit den Arbeitern spreche, unten an den Tresen setzen soll. Einstimmiges »*no*«. Joel ergänzt sehr diplomatisch: »Chef und Arbeiter – eines geht nicht ohne das andere. Egal, ob im Sozialismus oder Kapitalismus.«

Alle 300 Arbeiter, die das Capitolio restaurieren, sind früher beim kubanischen Staat angestellt gewesen. Inzwischen gibt es schon 4 private Firmen. Aber Michael Diegmann und seine Leute sind beim Stadtrestaurator Spengler unter Vertrag, werden also staatlich bezahlt.

Ich frage nach den Unterschieden.

Über das Geld wollen sie nicht reden. Aber über die Baumaterialen, die immer noch nicht privat, sondern (genau wie die Ferkel und Tabakpflanzen) nur vom Staat verkauft werden dürfen.

»Das Material müssen sich auch die Privaten im staatlichen Lager der Capitolio-Baustelle gegen einen Ausgabeschein holen. Ich, ein staatlich Angestellter, gehe dort hinunter und sage dem Kollegen: Gib mir mal sofort 3 Eimer Farbe, die Papiere dafür erhältst du später. In 5 Minuten stehen die 3 Eimer auf meiner Schubkarre. Ein Privater wartet im Lager manchmal trotz ausgestellter Papiere

2 oder 3 Stunden auf die Farbe. Wir dagegen können sofort weiterarbeiten!«, meint Joel.

»Und wie arbeitet es sich unter einem deutschen Chef?«

»Er besorgt ordentliche Farben und Materialien aus Deutschland.«

Ich gucke etwas verstört, und Joel erklärt, dass die Hausbesitzer in Havanna oft über die Maler schimpfen, weil die Farbe schon nach 5 Tagen abblättert. Doch das liegt nicht an der schlechten Arbeit der Maler, sondern an der schlechten Qualität der Farbe.

»Außerdem hat er, wenn er die Arbeit organisiert und verteilt, immer den Überblick. Also du isolierst, du verputzt, du streichst ... Nichts geht kubanisch durcheinander, sondern alles ordentlich deutsch nacheinander.«

Wenn Fremdfirmen kämen, die sich nicht an den Plan halten würden, dann allerdings ... »Die Gerüstbauer zum Beispiel erschienen zwar pünktlich, aber sie saßen mittags noch herum und quatschten und beratschlagten, mit welchem Gerüstteil sie anfangen sollten.«

Da hätte er gebrüllt, der Chef. »Er bekommt dabei immer einen purpurroten Kopf. Wie ein Truthahn.« Es sei natürlich nicht gut, bis mittags rumzusitzen. »Aber wir sind eben Menschen. Und außerdem Kubaner!«

Doch wenn es darauf ankäme, könnten sie wie die Stiere arbeiten. »An der Kathedrale schufteten wir vor dem Papstbesuch manchmal bis 4 Uhr früh.«

Joel Rodriguez Tapanas bekam danach vom Chef auch Karten für den Papstbesuch. Doch er hat sich das Spektakel lieber im Fernsehen angeschaut. Genauso wie die Trauerfeierlichkeiten für Fidel.

Michael Diegmann mit seinen Arbeitern

Er wiederholt, dass sie sich in ihrer Brigade inzwischen oft wortlos verstehen. »Der Chef bewegt nur den Kopf, und wir wissen sofort, was wir machen müssen. Das schaffe ich nicht einmal bei meiner Frau.«

Ich frage, wann sie mit dem Chef wieder eine Sau schlachten und Wurst machen werden.

»Ich bin nicht dabei. Ich muss am Feierabend gleich nach Hause. Habe dort eine kleine Werkstatt und repariere für die Nachbarn sogar Klimaanlagen«, sagt Joel.

Ja, es sei gut, wenn man als staatlicher Arbeiter privat noch ein bisschen dazuverdienen würde. Das Geld, das sie am Capitolio erhalten, könnte mehr sein. Aber darüber möchte er nicht reden. »Geld allein macht nicht glücklich, was nutzt einem Millionär das Geld, wenn sein Kind stirbt?«

»Hast du Kinder?«

»Meine 18-Jährige studiert Jura. Der 23-Jährige ist Sportlehrer, aber als Lehrer verdient er zu wenig und arbeitet jetzt
als Kellner in einem *paladar*, einem privaten Restaurant.«

»Und der Sportunterricht für die Kinder?«

»Dafür ist der Staat verantwortlich.«

Es würde den kleinen Leuten an Geld und an vielen nötigen Alltagsdingen fehlen. »Doch je weniger wir Kubaner haben, umso mehr können wir darüber reden. Also
über Busse, Toilettenpapier, Batterien, Fleisch, Kaffee …
Der Gesprächsstoff geht uns nie aus.« Auch er könnte
stundenlang klagen. »Aber Michael bringt oft Werkzeug
aus Deutschland mit. Deshalb geht es uns nicht wie einem Arzt, der kein Stethoskop hat.«

»Wenn der Chef in Deutschland ist, könnt ihr die Arbeit etwas ruhiger angehen?«

»*No, no.* Bevor er wegfährt, sagt er genau, was wir in der
Zwischenzeit schaffen müssen. Falls wir bei seiner Rückkehr zu wenig gemacht haben, brüllt er und bekommt
wieder einen roten Kopf, unser Chef.«

Der Chef hat noch einen Termin. Legt das Geld für die
Getränke und einen zusätzlichen Schein auf den Tisch
und meint, dass wir noch eine Runde trinken sollen.

Nach dem zweiten Mojito bezweifele ich Joels Behauptung über ihre »sozialistische« Arbeitsmoral. Ich glaube
nicht, dass sie froh sind, das Material sofort zu erhalten,
und deshalb keine kleine Raucherpause machen, sondern
gleich weiterarbeiten zu können.

Joel grient. »Nichts mit Moral. Aber wer mehr arbeitet,
verdient auch mehr.«

Mit meiner Arbeitsmoral als Briefträger auf Kuba könnte ich zufrieden sein. Ich habe bis auf die wichtigste, die Bankbriefe, inzwischen alle Post abgegeben.

Nun muss ich noch Geld tauschen und Yodier abholen, damit er mit mir zur Migration Oficina del Carné de Identidad, der Ausländerbehörde, geht. Dort hoffe ich, mein Touristenvisum um 30 Tage verlängern zu können.

Nach diesen Pflichtübungen dann die Kür: die Termine mit dem Blogger Francisco Rodriguez Cruz und dem Sänger Reinier Valdés, den wir bei Fidels Gedenkfeier getroffen hatten. Außerdem Hilda zum Essen einladen und vielleicht ihre Geschichte als Übersetzerin von »Mann und Frau intim« erfahren, einen Lehrerstudenten befragen, ob er nach dem Studium als ein mit monatlich 800 Peso nacional bezahlter Lehrer oder als Taxifahrer, der dieses Geld an einem Tag verdient, arbeiten wird. Dann möchte ich noch einige Tage am Meer verbringen und mich von Jorge Luis' Mutter verabschieden, bevor ich am 31. Dezember nach Deutschland zurückfliege.

Von Hilda, die nach der US-Invasion in der Schweinebucht mit einem Gewehr im Bett schlief, einer Demonstration der aufgehuckten Toilettenbecken und einem Blogger, der in Kuba gegen die Ausgrenzung von Homosexuellen kämpft

Als ich am Morgen gegen 9 Uhr zum etwa 2 Kilometer entfernten Ministerium für Außenhandel laufe, ahne ich noch nicht, dass ich am späten Nachmittag gute 10 Kilometer durch die Stadt marschiert sein werde.

An der Tür zum Ministerium stehen keine Wachleute. Ich könnte wahrscheinlich allein hinaufgehen, doch ich weiß nicht, wo *compañero* Roberto Infante sitzt, und frage eine der Frauen am Informationstresen.

»Angemeldet?«

»*No.*« Ich zeige die Briefe.

Das hätte ich nicht machen sollen. Denn nun versucht die Frau, mir zu erklären, dass die Adressaten das Ministerium für Wirtschaft und das Ministerium für Tourismus sind. »Sie befinden sich aber im Ministerium für Außenhandel.«

Verzweifelt erkläre ich ihr, dass Señor Infante die Briefe persönlich entgegennehmen und an die zuständigen Ministerien weiterleiten wird.

Eine der Frauen telefoniert. »Señor Infante ist nicht in seinem Zimmer. Kommen Sie in 2 oder besser in 3 Stunden noch einmal hierher.«

Im ICAP: »Arbeiten, bis ich richtig tot bin.«

Ich laufe also zum ICAP, um Yodier zu holen. Im Flur der ICAP-Villa sitzt wie fast immer die sehr alte und sehr freundliche Frau. Sie hat schon Mühe, die Tasten der Telefonanlage zu drücken. Mit einem Finger fährt sie über die Namensliste der Mitarbeiter, dann drückt sie mit diesem Finger die erste Zahl der Telefonnummer, sucht mit dem Finger dann wieder auf der Namensliste, tippt die zweite Zahl …

Sie ist schon über 82 und will hier arbeiten, bis sie, wie sie sagt, »richtig tot ist«.

Yodier meldet sich nicht. »Bitte warten Sie. Wahrscheinlich kommt er später.«

Ich frage, ob ich *el baño* benutzen darf.

Toilettenpapier ist wieder keins da. Aber im Fenster liegt eine in kleine Stücke gerissene »Granma« …

Im hinteren Bereich der Eingangshalle, in dem zur Gedenkfeier die Porträts von Fidel und Raúl hingen, wurde inzwischen eine Fotoausstellung aufgebaut. Bilder von kubanischen Ärzten, Lehrern, Wissenschaftlern und Technikern, die in anderen Ländern solidarisch helfen. Und Fidel bei Solidaritätsveranstaltungen …

Eine selbst für kubanische Verhältnisse außergewöhnlich schöne junge Frau in einem knapp sitzenden, tief ausgeschnittenen T-Shirt schaut sich die Fototafeln mehrmals an. Ich gehe in den Innenhof, in dem der mächtige Luftwurzelbaum steht, und frage, um einen Grund für ein Gespräch mit der Schönen zu haben, nach dem Namen des Baumes. Sie sagt lachend, dass sie keine Kubanerin ist, sondern aus Ecuador kommt.

Samar Colorado arbeitet als Übersetzerin für Englisch und liebt Kuba, weil Fidel die Solidarität hier zur Staatspolitik erklärt hat.

Junge Leute aus lateinamerikanischen Ländern, die zu Hause aus finanzieller Not keine Universität besuchen könnten, würden in Kuba kostenlos studieren und sogar zu Ärzten ausgebildet. Und Kuba würde seine Solidarität nicht den aktuellen ökonomischen Zwängen opfern.

»Solidarität ist für die kleinen Leute in Ecuador, Venezuela, Brasilien, Mexiko lebensnotwendig. Wenn die Arbeiter in Venezuela höhere Löhne fordern, verlagern die Konzerne die Produktion nach Mexiko. Und wenn die Arbeiter in Mexiko aufmucken, holen sie sich billige Hilfskräfte aus Brasilien«, sagt Samar und fotografiert die Ausstellung.

Yodier ist immer noch nicht im Haus. Ich soll es vor 12 Uhr wieder versuchen, sagt die alte Frau. Also laufe ich zur Bank, um Geld zu tauschen.

Vor der Bank kontrolliert kein Polizist, dass nur so viele Personen hineingehen, wie herausgekommen sind. Aber hinter der Tür steht eine Bankangestellte, die öffnet die Tür erst, wenn einer der 30 Besucherstühle frei geworden ist. Als ich hineingehen darf, sind also 29 vor mir. Die Klimaanlage läuft. Es ist eiskalt. Ich friere auf Kuba. Nach einer knappen Stunde sind nur noch 13 vor mir. Aber ich befürchte, Yodier zu verpassen, verbuche die eine Stunde, die ich in der Bank umsonst gewartet habe, unter Verlust und laufe zurück zum ICAP.

Vor einem staatlichen Laden drängeln sich die Leute. Doch wer seine Tasche abgegeben hat, wird schnell hineingelassen. Ich habe keine Tasche. Der Grund des Andrangs: Einige Regale sind von oben bis unten mit Toilettenpapier gefüllt. Ich kaufe zwei Rollen für das ICAP und denke, dass meine gute Tat dort mit Yodiers Anwesenheit belohnt wird.

Diese Hoffnung wird enttäuscht. Die alte Frau schüttelt, als ich hereinkomme, traurig den Kopf. Ich schenke ihr die beiden Rollen Toilettenpapier. Eine bringt sie zum *baño*. Die zweite steckt sie in ihren Beutel, der unter dem Tisch liegt.

Ich hoffe, dass Señor Roberto Infante inzwischen über meinen Besuch informiert worden ist und auf mich wartet, und kehre zur Calzada de Infanta zurück. Den Weg hätte ich mir sparen können. Die Frauen am Tresen vertrösten mich auf Nachmittag.

Meer beruhigt, denke ich und laufe am Malecón bis zu einem Steinsockel mit gusseisernen Kanonenrohren. Auf den Kanonen sitzen junge Männer. Es ist das Denkmal für die 1898 bei der Explosion des US-Kreuzers »Maine« getöteten 260 amerikanischen Soldaten.

Die Kanonenrohre sind original, versichert mir der eine und stellt sich zum Fotografieren davor in Positur. Er heißt Erwin. Seine Mutter fand den Namen schön fremd, überhaupt nicht kubanisch.

Von der Geschichte der Explosion weiß er nichts. Noch heute ist unklar, ob der amerikanische Geheimdienst das Schiff, das in Havanna im Hafen lag, also im spanischen Hoheitsgebiet, selbst in die Luft gesprengt hat, um sich kurz vor dem endgültigen Sieg der kubanischen Befreiungskämpfer gegen die Spanier noch am Krieg beteiligen und danach als »Schutzmacht Kubas« im Land festsetzen zu können.

Wenn es keine Explosion und keine 260 Tote gegeben hätte?

Wären die US-Amerikaner wahrscheinlich aus einem anderen Grund auf Kuba einmarschiert …

Yodier ist inzwischen im ICAP. Er bringt mich zur Ausländerbehörde.

Die 3 Fenster, hinter denen die Angestellten arbeiten, sind offen. Obwohl jeder der 40 Wartenden hineinschauen und hoffen kann, dass sein Pass auf dem Stapel bald oben liegt, bewegen sich die Angestellten sehr langsam.

Yodier, den man in der Oficina als ICAP-Mitarbeiter kennt, spricht mit der Frau, die an der Tür die Pässe einsammelt. Sie nickt. Ich darf den Pass abgeben. Ich danke Yodier, er fragt, ob ich die Quittung über mein im Voraus bezahltes Quartier mithabe. Und als ich nicke, sagt er, ich würde bald aufgerufen, und geht zurück.

An der Wand hängt eine Tafel mit Piktogrammen, die anzeigen, wie man als Antragsteller in der Behörde nicht erscheinen darf. Rot durchgestrichen sind: kurze Hosen, T-Shirts und Sandalen!

Ohne dass ich diese Verbotsliste vorher kannte – aber den gleichlautenden Ratschlägen in den deutschen Kuba-Reiseführern folgend –, habe ich lange Hosen, ein Hemd und Halbschuhe an. Trotzdem werden Männer mit T-Shirts, die ihren Pass nach mir abgegeben haben, am zweiten Fenster, wo man unter anderem die Quartierquittung vorzeigen muss, zuerst abgefertigt. Nach einer Stunde bin ich dran. Die Angestellte fragt nach der 25-CUC-Marke. Ich will ihr 25 CUC geben, doch sie macht mir sehr energisch klar, dass ich die 25 CUC für die Visumverlängerung nur mit einer Wertmarke begleichen kann.

»Und wo bekomme ich diese Wertmarke?«

»Bei jeder Bank!«

Bevor ich zur Bank gehe, suche ich einen Imbissstand. In einer Seitengasse gibt es anstelle der teuren »echt italienischen« Pizzas eine echte kubanische Pizza: Teig überbacken mit Tomatensoße und Käse. Für nur 20 Peso.

Meine Glückssträhne hält an. Die Bank kann zwar erst in 3 Stunden wieder Peso gegen CUC tauschen, aber vor mir warten nur 3 Männer. Ich kaufe die 25-CUC-Marke und gehe zur Ausländerbehörde zurück. Die Frau am zweiten Schalter erkennt mich wieder. Ich gebe die Marke ab und muss nur noch vor der dritten Fensterluke warten. Sie wird ab und an geschlossen. In dieser Zeit erhalte ich von einem der T-Shirt-Träger gute Ratschläge für einen Kuba-Urlaub. Erster Ratschlag: »Nicht auf eigene

Faust, sondern in einer Reisegruppe fahren. Organisiert ist Kuba am schönsten.«

Zweiter Ratschlag: »Wenn du die Visumverlängerung sofort brauchst, musst du schnell mal nach Mexiko fliegen und am selben Tag zurückkommen. Das zählt als eine neue Ankunft. Dafür bekommst du am Flughafen ein 30-Tage-Visum.«

Von der Ausländerbehörde laufe ich noch einmal zum Ministerium für Außenhandel. Ich lasse mir Zeit. Wenn er da ist, wird er jetzt eine Kaffeepause machen. Auf dem Souvenirmarkt neben dem Hotel »Habana Libre« schaue ich mir ein Domino-Spiel an. Der Verkäufer verlangt 42 CUC, obwohl er es zuvor einem Kubaner für 15 CUC angeboten hat. »Sonst 50. Aber für Sie, Señor, nur 42.«

Statt ihn als Betrüger zu beschimpfen, gehe ich wortlos weiter und frage mich, weshalb ich mich in Kuba über das Prinzip »Hauptsache, Geld verdienen« aufrege. In Deutschland werde ich jeden Tag damit konfrontiert. Aber Kuba ist doch »sozialistisch«?

Ich biege in die Seitengassen, in denen Gemüsehändler ihre Fahrräder mit Knoblauch und Zwiebelzöpfen, die bis zur Erde hängen, schieben, Keks- und Waffelverkäufer ihre Karren ziehen und Männer, weil es anscheinend irgendwo Toilettenbecken zu kaufen gibt, als Demonstration der aufgehuckten Klobecken marschieren.

Ein alter Mann hat durch das schwere Keramikklo ein Seil gefädelt und trägt das Ungetüm damit auf dem Rücken. Er geht sehr krumm und ächzend. Weil er auch in Richtung Infanta will, bedeute ich ihm, an einem Ende des Seils anzufassen und ich am anderen. Und hoffe, dass meine gute Tat nun endlich im Ministerium belohnt wird.

Wird sie aber nicht. »Señor Roberto Infante ist heute wohl außerhalb.«

Die Frau an der *información* sagt: »Geben Sie mir die Briefe! Ich werde sie weiterleiten.«

»*No*, ich muss sie persönlich an Señor Infante übergeben.«

»Dann kommen Sie morgen wieder, und wenn er dann noch nicht da ist …« Ich müsste Geduld haben.

Ich habe keine Geduld. Mit der Erklärung, wie wichtig die Briefe sind, gebe ich sie der Frau. Bitte um eine Quittung oder eine Unterschrift, dass sie die Briefe empfangen hat.

Und gehe schließlich ohne Quittung und ohne Unterschrift.

Es ist bald 16 Uhr. Am Capitolio haben Michael, Tobias, Diego und Joel jetzt Feierabend. Im Gegensatz zu mir werden sie mit dem guten Gefühl nach Hause gehen, auch an diesem Tag etwas geschafft zu haben.

An der Kreuzung biege ich nicht nach rechts zu Migdalias Wohnung ab, sondern nach links zum Friedhof. Zwischen den Mausoleen genieße ich die Stille. Dann höre ich, dass zwei Männer, die auf der Hauptstraße des Friedhofs Schatten suchend von Palme zu Palme rennen, deutsch sprechen. Das heißt bayerisch. Sie wollen sich die alte Bausubstanz von Havanna anschauen. »Und den Sozialismus.«

Ich sage spontan: »Bayerische Sozialisten wie Konstantin Wecker?«

Sie bekreuzigen sich verbal. »Um Gottes willen, dieser nervige Linke Wecker. Dann lieber noch die Rechten.«

»Und den Sozialismus hier schon gefunden?«

»Ja, eine halbe Stunde mussten wir in der Bank warten und konnten dann doch kein Geld tauschen. Außerdem lebt hier niemand von seiner Arbeit. Alle brauchen einen Nebenjob.«

Sie zeigen auf eine in der Sonne golden glänzende Engelsfigur. »Wahrscheinlich polieren sie die Engel jeden Monat, damit sie etwas dazuverdienen.«

Die beiden sind nicht wie viele Kubaner Fans von »Bayern München«, sondern von »München 1860«. Doch die kennt in Kuba niemand.

Ich fliehe den Friedhof und höre am Eingang ein fröhliches: »*¡Hola!*« Marciel, heute ohne Che-Guevara-Mütze und ohne roten Stern. Diesmal gehen wir ins Café nebenan.

Ich hole zwei Espressos. Kuchen möchte Marciel keinen. Sie hat wenig Zeit. »In 40 Minuten muss ich wieder am Friedhofstor stehen. Die einzige Führung heute. Eine Gruppe deutscher Touristen.«

Ob ich den Rundgang mitmachen möchte. »Brauchst nichts zu bezahlen.«

Aber auch ich habe wenig Zeit, denn ich werde mich nachher mit Hilda treffen. Marciel erzähle ich von meiner Reise nach Pinar del Río, von den großen Flächen, auf denen *marabú* wächst, aber keine Kühe weiden, von den Tabakbauern, die wenig verdienen, weil der Staat die Pflanzen an die Kooperativen teuer verkauft und für die Ernte wenig bezahlt. Und zum Schluss berichte ich ausführlich von Juans Liebeszimmer, in dem ich eine Nacht geschlafen habe.

Die angehende Veterinärmedizinerin unterbricht meine lange Rede und versucht zu erklären, wie sich die Rinderzucht seit dem Sieg der Revolution entwickelt hat. »Das Ziel war wie bei fast allem, was die Revolutionäre damals begannen, die Verbesserung des Lebens der kleinen Leute. Jeder Kubaner sollte jeden Tag mindestens einen Liter Milch erhalten, dazu ausreichend Butter, Käse und Sahne. Doch die kubanischen Rinder gaben zu wenig Milch. Also ernannte sich Fidel zum Obersten Rinderzüchter Kubas und holte 1965 den Holsteiner Superzuchtbullen ›Rosafé‹ für rund 20 000 Dollar aus Kanada nach Kuba. Der übertrug sein Erbgut auf mehrere Jungbullen. Der mit dem besten genetischen Material (seine Mutter war eine Superkuh, die täglich fast 50 Liter Milch gab) wurde ausgewählt: ›Tauro der Erste‹. Fidel ließ ihn abgeschirmt in einem klimatisierten Stall von Soldaten bewachen! Seine Spermien wurden wie die von ›Rosafé‹ in Laboratorien untersucht und eingefroren.«

Hunderte »Rucksackbullen« mussten damals in die Dörfer fahren, um die störrischen, wenig Milch gebenden, langhörnigen, braunen Zebukühe mit den Spermien des schwarz-weißen Holsteiners »Tauros des Ersten« künstlich zu beglücken. Eine neue, nicht störrische, sondern viel Milch und viel Fleisch gebende Rasse sollte aus der von Fidel ausgedachten teuren Kreuzung entstehen. Doch Fidel sei zwar ein mutiger Revolutionär und kluger Diplomat gewesen, aber weder ein Rinderzüchter noch ein Genetiker. »Außerdem gab es in Kuba 6 Jahre nach der Revolution noch keine Wissenschaftler, die ihn beraten konnten. Das heißt, wenn der ›Comandante leche – der Milchkommandant‹ sich bei seiner Lieblingsidee von der neuen ›revolutionären kubanischen Kuh‹ hätte beraten lassen.«

Inzwischen wären in Kuba Tausende Veterinäringenieure und Doktoren ausgebildet worden. »Heute wissen unsere Genetiker, dass aus der Kreuzung von Zebus mit Holsteinern nicht unbedingt Hochleistungskühe entstehen müssen.«

Sie schaut auf die Uhr.

Über meine Nacht im »Liebeszimmer« – ich zeige ihr die Kondome als Beweis – lacht sie herzlich. Es stimme, 1960 sei die Prostitution in Kuba, »dem größten Bordell der USA«, durch die Revolutionsregierung verboten und danach abgeschafft worden. Aber damit sei keineswegs die Leidenschaft der liebeslustigen Kubaner, die ihren Sex inzwischen frei ausleben und sich selbst als die heißblütigsten Geschöpfe der Liebe bezeichnen, abgeschafft worden. »Doch wohin mit der Leidenschaft, wenn in engen Häusern und Wohnungen die Großeltern, die Eltern und die Kinder zusammenleben müssen?« Also würden überall in Kuba Zimmer für Liebe und Lust privat vermietet.

»Das hat nichts mit Prostitution zu tun. Genauso wenig wie bei Studentinnen, die sich als *jineteras* den Ausländern anbieten. Sie sind nicht mehr mit dem Gewöhnlichen, das es in Kuba zu kaufen gibt, zufrieden. Sie möchten auch das Außergewöhnliche besitzen. Du siehst hier in einem Fernsehfilm, dass die Italiener in ihrem Supermarkt zwischen 20 Sorten Käse, 10 Sorten Schinken,

20 Sorten Pasta und 30 Parfümmarken wählen können. Oder dass sich die Franzosen für einen Monatslohn vielleicht 20 moderne Kleider und Hosen kaufen können. Du aber in Kuba für ein Kleid zwei Monate arbeiten oder für eine Nacht mit einem Franzosen ins Bett gehen musst. Auch in meiner Seminargruppe tragen zwei Studentinnen jede Woche ein neues Kleid …«

Sie blickt noch einmal auf die Uhr, umarmt mich, gibt mir ihre Telefonnummer und bittet, dass ich sie bei deutschen Touristen weiterempfehle.

»Ich bin keine *jinetera* der Liebe, sondern der Friedhofsführung.« Sagt es, lacht und setzt nun die »Dienstmütze« auf: die Che-Guevara-Baskenmütze mit dem roten Stern.

Weil Kubaner gewöhnlich nicht vor 19 Uhr essen gehen, sitzen um 18 Uhr erst 4 Gäste im schattigen Innenraum »meines Hausrestaurants«. Als Hilda kommt, stehe ich auf, zögere aber, sie zu umarmen, denn sie trägt ein elegantes Kleid, das ihr, die immer sehr gerade geht, eine ungewohnte Würde verleiht.

Hilda sagt, dass jede Einladung für sie ein kleines Fest ist. »Auch wenn es nur schwarze Bohnen mit Reis und Hühnchen, schwarze Bohnen mit Reis und Fisch oder schwarze Bohnen mit Reis und Käse gibt.«

Sie nimmt die mit Fisch.

Zuerst erzählt sie mir, dass sie bei der Geburt am 20. September 1942 dem einzigen Mann in der Runde, dem Arzt, sofort mit einem Auge zugeblinzelt hat. »Die Hebamme schlussfolgerte daraus, dass ich mit dem galizischen, mexikanischen und kubanischen Blut der Eltern auch deren Leidenschaft und Freiheitsliebe geerbt habe.«

Doch anfangs sei ihr Leben weder von Freiheit noch von Leidenschaft, sondern nur von bedingungsloser Disziplin geprägt gewesen.

»Der Vater musste viel Geld bezahlen, damit ich bis zur Oberstufe eine private katholische Schule besuchen konnte. Deshalb hatte ich die Pflicht, in der Klasse immer die Beste zu sein. Sie machten mich zu einer *hormiguita*, einer fleißigen Ameise.

Die zweite Disziplin, der ich mich unterordnen musste, war die der katholischen Religion. Ich sollte ohne Sünde sein. Man hätte mich anstatt Hilda damals auch ›Jungfrau Maria‹ rufen können.

Der dritten Disziplin habe ich mich freiwillig und aus Überzeugung untergeordnet: der Revolution!«

Zum Fisch bestellt sie ein Bier.

In der Liebe hätte sie sich jedoch nicht disziplinieren lassen. »Nur bei meiner ersten großen Liebe. Er war ein junger deutscher Matrose der ›MS Leipzig‹. Sein Schiff lag lange Zeit in Havanna auf Reede. Er war blond und hatte wunderschöne grüne Augen. Wir sind Hand in Hand spazieren gegangen. Wir waren auch im Kino. Er wollte mit mir schlafen, aber ich war damals noch im Käfig meiner religiösen Disziplin gefangen. Jungfrau Maria …«

Mit 19 verliebte sie sich in den Chemiestudenten Guillermo – auf Deutsch Wilhelm.

»Damals hatte ich mich schon von der Kirche befreit, meine Lehre als Buchhalterin abgeschlossen und sprach

Englisch. Das ICAP suchte junge Leute, die beispielsweise im Außenministerium – wir hatten ja zwei Jahre nach der Revolution dafür noch keine ausgebildeten Leute – arbeiten würden. Sie redeten mir zu, und ich begann Deutsch zu lernen.«

Mit 20 heiratete sie Guillermo und bekam eine Tochter.

»Anfang Dezember war die Scheidung. Aber am 24. Dezember kam er wieder zurück. Ich habe zwar erst Nein gesagt, aber dann erlebten wir noch einmal Flitterwochen, bevor wir uns endgültig trennten.«

Mit 28 heiratete sie den stellvertretenden Direktor eines Außenhandelsbetriebes. »Er hieß Guillermo – Wilhelm. Danach nannte man mich nur noch ›Hilda mit Wilhelm dem Ersten und Wilhelm dem Zweiten‹.«

Nach einigen Jahren war Schluss mit ›Wilhelm dem Zweiten‹. Doch auch er kam noch einmal zu ihr zurück. »Kubanische Männer wollen immer groß sein. Vielleicht konnten sie deshalb so schwer von mir lassen. Weil auch nicht sehr große Männer neben mir kleiner Frau groß wirken.«

Sie sei in jungen Jahren wahrscheinlich nicht hässlich gewesen. »Als ich mit Männern aus der DDR zusammenarbeitete, ersetzten sie die Losung ›Hände weg von Kuba!‹ durch ›Hände weg von Hilda!‹.«

Ich sage lachend: »Wahrscheinlich wollten sie warnen: ›Augen weg von Hilda!‹«, und frage, ob sie auch politisch so leidenschaftlich gewesen ist.

»Nun ja, mein Vater arbeitete in einer Apotheke, die Mutter in einem Schuhgeschäft. Und meine Großmutter, eine strenggläubige Katholikin, passte auf, dass ich immer brav zur Kirche ging und nicht auf dumme, also politische, Gedanken kommen konnte.«

Doch dann sei die Geschichte mit dem Kirchenland und dem Klinikbau passiert. »Ich war noch keine 18. Der Pfarrer verlas während der Predigt plötzlich ein Schreiben. Wir sollten Fidel verdammen, weil er ein Stück Kirchenland beschlagnahmt hatte. Die Revolutionäre wollten auf dem Gelände eine Poliklinik bauen. Meine Familie war nicht arm, ich hätte auch in eine Privatklinik gehen können. Aber ich bin mitten in der Messe aufgesprungen und habe gesagt, dass Fidel der bessere Christ ist, weil er für die armen Menschen Gutes tun will.«

Damit war auch ihre Gefangenschaft durch die religiöse Disziplin beendet.

»Ich habe angefangen, Bücher über Dialektik und Materialismus und über Himmel und Hölle zu lesen. Die Großmutter bekreuzigte sich und behandelte mich, als ob ich der Leibhaftige wäre.

Als Dolmetscherin des kubanischen Handelsrates in Berlin habe ich ihm jeden Morgen zuerst eine Stunde Deutsch beigebracht und dann auch die Reden des DDR-Vertreters für die Kubaner übersetzt.«

Obwohl dessen Reden nicht mitreißend gewesen wären, hätten die Zuhörer ihm begeistert applaudiert. »Ich habe aus seinen trockenen offiziellen Reden freie leidenschaftliche Hilda-Reden gemacht. Und der DDR-Diplomat glaubte, dass die Kubaner seinetwegen klatschen.«

Der Fisch auf dem Teller ist heute größer als das danebenliegende Häufchen Reis. Hilda setzt sich sehr gerade hin, zerteilt den Fisch mit der Gabel, kostet einen Happen, lächelt zufrieden und beginnt, sehr langsam und schweigend zu essen.

Ihre Arbeit mit dem Handelsrat endete wegen der Sexualerziehung. Vilma Espín, die Frau von Raúl Castro, schlug Hilda vor, als Dolmetscherin im kubanischen »Zentrum für Sexualerziehung« zu arbeiten.

»Das war 1981. Danach blieb ich 17 Jahre eine ›Sexualerzieherin‹.«

Zuerst hätte sie sich die deutschen umgangssprachlichen Wörter für lateinische Begriffe wie Penis, Vagina, Koitus und so weiter angeeignet. »Dann kamen Berater aus der DDR. Sie sollten uns Kubanern die Sexualität erklären. Anfangs ethische, moralische und sozialistische Prinzipien: Gleichberechtigung der Frauen, Treue der Männer, keine Pornografie und keine Prostitution. Später auch praktische Details. Ich übersetzte nicht nur die Aufklärungsbücher von Siegfried Schnabel, sondern auch die von Dr. Heinrich Brückner, ›Denkst du schon an Liebe?‹ und ›Mutter, Vater, Kind‹. Auch in kubanischen staatlichen Buchläden wurden sie Bestseller.«

Mit Heinrich Brückner, der ihr Freund wurde und als einziger Ausländer bisher ihre Wohnung betreten durfte, fuhr sie auch in Frauenkliniken und gynäkologische Praxen, um ein spezielles Aufklärungsbuch für Kubaner zu schreiben.

Sie ahnt, was ich fragen will.

»Natürlich haben wir keine andere Sexualität … Aber … Also … Unsere gesellschaftlichen und medizinischen Bedingungen waren andere. Über Sex sprachen die Älteren in der Regel nicht. Die Kinder wurden nicht aufgeklärt. Außerdem bestimmten die Männer in Machomanier, wie guter Sex zu sein hatte. Und in unseren Kliniken mussten wir viele Jahre improvisieren, bevor wir eigene gynäkologische Apparaturen entwickelt hatten. Also: Die wissenschaftlich-theoretische Erklärung der Grundlagen, der Praxis und der pädagogischen Vermittlung von Sexualität hatten uns die DDR-Berater voraus. Doch ...«

Sie überlegt lange, wie sie es sagen soll.

»Ihr wart uns zwar theoretisch überlegen, aber wir ...« Sie schaut zu den inzwischen besetzten Nachbartischen und sagt leise: »Wenn nun einer von denen Deutsch versteht? Ich sollte mit Ausländern besser nicht konkret über Sex in Kuba reden.«

»Sondern?«

»Vielleicht über Politik.«

»Hier?«

»Warum nicht hier?«

Also frage ich die kleine, liebenswerte Frau, welche politischen Themen für sie wichtig wären, wenn sie ein Buch über Kuba schreiben würde.

»Wahrscheinlich könnte ich überhaupt kein Buch über Kuba schreiben. Jeder Leser würde sich sowieso nur das herausnehmen, was seine Meinung über Kuba bestätigt. Das wäre dann für ihn wichtig und richtig.«

»Trotzdem: Worüber würde Hilda schreiben?«

»Zuerst über Oscar Rodriguez Delgado, einen Cousin meines Vaters. Er war in die USA gegangen und wollte dort sogar in der US-Armee dienen. Aber in New York lernte er Fidel kennen. Er begeisterte sich für dessen Ideen,

334

ging mit ihm nach Mexiko und bereitete sich dort auf den Befreiungskampf vor. Seine Mutter sah ihn mit Fidel und anderen Revolutionären auf einem Zeitungsfoto. Sie fuhr nach Mexiko, um ihren Sohn heimzuholen. Doch der sagte zu ihr: Mutter, wenn du Fidel kennen und ihn reden hören würdest, dann müsstest du das Gleiche tun wie ich. Zusammen mit Fidel und den anderen landete er am 2. Dezember 1956 auf Kuba. Nur 3 Tage später ist er im Kampf gegen die Batista-Soldaten bei Alegria de Pio getötet worden.«

Sie würde zuerst über Oscar Rodriguez schreiben, denn ohne die selbstlosen, leidenschaftlichen jungen Kämpfer hätte Fidels Revolution nicht siegen können.

Sie würde auch darüber schreiben, dass die *compañeros* die großen privaten Geschäfte zu Recht verstaatlicht hätten.

»Aber es war ein Fehler, auch die kleinen Geschäfte zu verstaatlichen, deren Besitzer oft auf der Seite der Revolution standen: die Apotheke, in der mein Vater arbeitete, und das Schuhgeschäft, in dem meine Mutter Schuhe verkaufte. Doch die Revolutionäre waren jung und spontan. Vielleicht muss man ihnen deshalb ihre Fehler verzeihen.«

Sie erklärt es am eigenen Beispiel: »Im April 1961 hatten Exilkubaner mit Unterstützung der USA das revolutionäre Kuba in der Schweinebucht militärisch angegriffen und waren nach 3 Tagen besiegt worden. Sie drohten mit weiteren Militärschlägen. Damals meldete ich mich freiwillig zur Miliz. Nur 6 Monate später, bei der Oktoberkrise, habe auch ich, wie man so sagt, jede Nacht mit dem Gewehr im Bett geschlafen. Die Sowjetunion hatte in dieser Zeit zur Abschreckung der USA und zur Verteidigung Kubas Atomraketen stationiert. Dass sie schließlich die Raketen abzogen, hat uns Heißspornen ebenso wenig gefallen wie Fidel. Wir hätten unsere Freiheit und die Revolution notfalls wahrscheinlich auch mit Atomwaffen verteidigt. Wir waren ungestüm und wollten frei sein.«

Ich frage, was sie über das Kuba von heute schreiben würde?

»Es ist alles schon gesagt. Einer von den Marx-Engels-Leuten hat einmal verlangt: Jeder Mensch braucht ein Dach über dem Kopf, etwas zum Anziehen und etwas zu essen. Als ich in die DDR kam, sah ich, dass die Leute dort all das schon besaßen. Aber sie klagten und wollten mehr. So ist es heute auch in Kuba. Wir haben alles Lebensnotwendige. Doch der Mensch ist nie zufrieden mit dem, was er hat. Und deshalb wird der Kapitalismus früher oder später auch vor Kuba nicht haltmachen. Vielleicht kann unser Staat ihn so zähmen, dass er hier nicht seine schlimmsten Formen annimmt und mit seiner Gier nach Profit die Menschen und die Natur unheilbar kaputtmacht.«

Sie glaubt, dass die Kubaner, die heute »Wir wollen mehr Menschenrechte!« schreien, wenn sie ehrlich wären, »Wir wollen mehr Fleisch, mehr Käse, mehr Wein, mehr Internet und mehr Autos!« schreien müssten. »Aber für diese Schreie würden sie nirgendwo in der Welt politisch unterstützt. Für die Menschenrechtsschreie überall.«

Julie kommt. Als sie zur Toilette will, sage ich: »Du musst hier warten, bis niemand mehr in der Küche ist, ehe du durchgehen kannst.«

Hilda staunt: »Du bist ja in Kuba schon so gut wie zu Hause.«

Ich widerspreche nicht. Aber denke: Und weiß doch noch so wenig von Kuba.

Bevor ich mich von Hilda verabschiede, danke ich ihr, dass sie mir geholfen hat, La Guinea zu finden, und frage dann vorsichtig, ob ich sie vor meiner Abreise doch noch in ihrer Wohnung besuchen darf.

Sie schüttelt den Kopf. Sie schäme sich für das undichte Dach, die winzigen Räume. Ihre Rente reiche zwar für das Essen, aber nicht für die Sanierung ihres Hauses.

»Doch ich habe mir, mein Bruder wohnt mit in dem kleinen Haus, eine Zwischenwand einziehen lassen und mein Bett oben aufgestellt. Nun kann ich lesen, ohne dass mich dabei jemand beobachtet.«

Als wir uns umarmen, werde ich als Mann durch den Unterschied zu der kleinen Frau nicht erhöht. Hilda und ich sind etwa gleich groß.

Mit dem Blogger Francisco Rodriguez Cruz will ich mich im Hotel »Habana Libre« treffen. Hier hatte Fidel nach dem Einmarsch in Havanna sein erstes Quartier, und von hier soll die in den USA und Europa meisthofierte kubanische Bloggerin Sanchez ihre gegen Fidel und das revolutionäre Kuba gerichteten Blogs aktualisiert haben. Sie hatte sich dafür als Touristin »getarnt« und die im Hotel vorhandene WLAN-Verbindung benutzt. Und sei nicht entdeckt worden! (Was muss, wenn das stimmt, der kubanische Geheimdienst unfähig sein. Oder wollte er nicht?)

Ich hoffe, dass sich der Blogger nicht unter die Touristen gemischt hat. 10 Minuten warte ich schon vor dem Hotel. Taxis stehen im Halteverbot. Ein Busfahrer lässt die Touristen auf der Straßenmitte aussteigen. In der Nähe des Hotels befindet sich ein Geschäft mit vielen Sorten Rum, Wein und Konserven. Die Autos können an exquisiten Geschäften vorbei bis zur breiten Eingangstür fahren. Livrierte Boys tragen das Gepäck. Das kubanische »Habana Libre« ist im Westen angekommen.

Ich hocke mich auf einen der Mauersimse, zwischen denen Blumen und Ziersträucher gepflanzt sind, und lese einen Blog von Francisco Rodriguez Cruz, den Julie geöffnet und übersetzt hat. »Es ist in Kuba nötig, dass die Ausgrenzung der LGBTS« (umgangssprachlich für Homosexuelle) »in jeder Form beendet wird. Auch indem die Regierung die Verfassung ändern lässt und für LGBTS die Gleichberechtigung verfassungsmäßig garantiert ...«

Der Blog lässt vermuten, dass der Autor selbst homosexuell ist.

Ein livrierter Boy kommt zu mir. Ohne zu grüßen, zeigt er auf ein Schild: »¡*Prohibido!*« Sitzen ist auf dieser Mauer verboten. Ich erhebe mich und setze mich auf die Mauer gegenüber zu 3 kubanischen Taxifahrern. Der Boy droht mir noch einmal und holt schließlich einen Mann in Hotellivree mit einem schief aufgesetzten grünen Käppi. Ich soll sofort den Vorplatz des Hotels verlassen. Weder hätte ich das Verbotsschild beachtet, noch die Weisung des Personals befolgt. Im Gegenteil, ich sei aufgestanden und hätte mich provokatorisch wieder hingesetzt. »Provokationen sind in Kuba verboten.«

Auch mein Hinweis, dass die Taxifahrer auf den Mauern sitzen und rauchen, nutzt nichts.

Also gehe ich in den Spirituosenladen und will einen Cuba Libre trinken. Den gibt es dort nicht. Notgedrungen kaufe ich eine kleine Flasche Rum.

Julie ist mit dem Bus gekommen. Sie vermutet, dass der Blogger in der Hotelhalle wartet, und bestätigt, dass er in seinem Blog die Sache der Homosexuellen, also auch seine eigene, vertritt.

Homosexuelle, die sich öffentlich bekannten, wurden in Kuba schon vor der Revolution strafrechtlich verfolgt. Das blieb auch nach 1959 so. Fidel steckte Schwule sogar in sogenannte Arbeitslager. Sie sollten durch harte »männliche« Arbeit von ihrer »Krankheit« geheilt werden. Später entschuldigte sich der *Comandante* öffentlich für seine »dumme Willkür«. 1979 wurde der »Straftatbestand der Homosexualität« aufgehoben, seit 1987 sind Homosexuelle in Kuba offiziell gleichberechtigt, 1988 wurde mit CENESEX eine Organisation gegründet, die auch ihre Interessen vertritt. Ihre Direktorin ist seit 1990 Mariela Castro, die Tochter von Raúl Castro. Seit 2008 wird auch die medizinische Geschlechtsumwandlung vom Staat bezahlt.

Während auf der Mauer zu sitzen verboten ist, kontrolliert niemand, wer in die Hotelhalle hineingeht. Eine italienische Reisegruppe kommt an, eine deutsche bereitet sich auf die Abreise vor.

Gespräch zwischen zwei Männern: »Hast du deine Frau noch vom Flughafen abgeholt?«

»Ja, aber es war eine mittlere Katastrophe.«

Das Gespräch wird kurz unterbrochen, weil der Boy die Koffer der beiden zum Bus bringt.

»Der Reiseveranstalter organisierte mir für nur 25 CUC ein Auto mit Fahrer. Hinbringen, warten und zurückfahren war ausgemacht. Um 14 Uhr sollte der Flieger landen. Hunderte Leute kamen aus dem Kontrollraum. Aber nirgendwo sah ich meine Frau. Noch nicht gelandet oder nicht mitgeflogen? Um 15 Uhr erschien auf der Anzeige: Flugzeug pünktlich gelandet. Eine Stunde verging und eine zweite. Hunderte warteten mit mir. Wir bildeten eine Gasse, durch die alle Ankommenden hindurchmussten. Um 17 Uhr verschwammen mir die Gesichter vor den Augen. Um 18 Uhr sagte mir der Fahrer, dass sein Auto kein Licht hat. Er hätte gedacht, dass wir bei Tageslicht wieder in Havanna sein würden. Um nicht von der Polizei angehalten zu werden, müsste er zurückfahren. Ich wartete. Gegen 19 Uhr, meine starren Augen tränten nur noch, sah ich sie. Bei der Einreisekontrolle hätten sie 2 Stunden gewartet und beim Gepäck runde 3 Stunden.«

Sein Abschlusskommentar: »Die Kubaner müssen noch viel von uns lernen.«

Julie hat den Blogger gefunden. Er sitzt in einem Sessel am Fenster. Ein Mann im besten Alter. Blaues Hemd, Jeans. Ich entschuldige mich wegen der Verspätung. Wir hätten draußen auf ihn gewartet. Das mache nichts, er habe inzwischen einen Blog geschrieben. Ob er der erste Blogger in Kuba ist, mit dem ich mich treffe?

Ich nicke und bedanke mich, dass er gekommen ist. Doch bevor er mir meine Fragen beantwortet, wäre es gut, wenn ich wüsste, mit wem ich es zu tun habe. Er spricht langsam, wählt die Worte bedächtiger als Hilda gestern.

Sein Vorstellungsmonolog:

»Ich erblickte 1970 als jüngstes von 4 Kindern das Licht der Welt. Mein Vater war Fernsehmechaniker in Havanna. Mit 18 Jahren begann ich, Journalistik zu studieren. Weshalb Journalistik? Vielleicht, weil man als jüngstes Kind immer hintenanstand und die größte Klappe haben musste, um sich gegen die anderen durchzusetzen. 1993 beendete ich das Studium und arbeite jetzt bei der Gewerkschaftszeitung. Bevor Sie mich fragen, ob ich als Journalist in Kuba lügen muss, sage ich Ihnen, dass ich noch nie in der Zeitung gelogen habe. Alle meine Beiträge und auch meine Blogs habe ich nach dem auch an der Uni gelehrten Satz von Hegel geschrieben: Freiheit ist Einsicht in die Notwendigkeit. Und Notwendigkeiten gibt es in Kuba sehr viele.

Wie Sie vielleicht wissen, bin ich homosexuell. Früher lebte ich mit einer Frau zusammen, unser Kind ist jetzt 16 Jahre alt.«

Er fragt, ob er auch der erste Homosexuelle ist, mit dem ich in Kuba spreche.

Ich nicke, und er will mir ausführlich von der jahrelangen »Umerziehung« und der Ausgrenzung der Homosexuellen in Kuba und ihrem Kampf um Gleichberechtigung berichten. Ich unterbreche ihn und sage, dass ich die historischen Fakten kenne und außerdem den großartigen Film »*Fresa y chocolate* – Erdbeer und Schokolade« gesehen habe. In dem Film wird die Beziehung zwischen dem gegen das System opponierenden homosexuellen Intellektuellen Diego und David, dem Studenten und Vertreter der kommunistischen Jugendbewegung, dargestellt. Doch nicht nur die Probleme von Homosexuellen in Kuba werden gezeigt, sondern auch die politisch-ethischen Konflikte und die Zweifel an revolutionären Dogmen. David bleibt am Ende des Films keine andere Wahl, als Kuba zu verlassen.

Ich frage, ob der Film vom Ausland gefördert und auch bezahlt worden ist.

»Nein, er wurde von dem kubanischen Autor Senel Paz geschrieben, am kubanischen Filminstitut gedreht und vom kubanischen Staat bezahlt.«

Der Mann in der Hotellivree mit dem schief sitzenden grünen Käppi kommt vorbei, sieht mich im Sessel und nickt mir so freundlich zu, als wollte er uns in der nächsten Minute einen kostenlosen Kaffee bringen. Aber das tut er nicht. Im »Habana Libre« muss man auch in der Empfangshalle alles bezahlen.

Wir sollten nun über die Möglichkeiten der Blogger in Kuba sprechen, sagt Francisco.

Sein Blog-Monolog:

»Mit den verschiedenen Blogs haben wir die Chance, auch junge Kubaner zu erreichen und uns mit ihnen über politische, wirtschaftliche und ethische Fragen auszutauschen, die oft nicht in unseren Zeitungen behandelt werden. Im Blog kann jeder seine Meinung sagen. Auch wir Journalisten schreiben in dem Blog von zu Hause über andere Themen als in den Redaktionsstuben. Ein Beispiel ist mein Blog, in dem ich den kubanischen Außenminister öffentlich aufforderte, seine Unterschrift unter eine internationale Resolution über die Rechte von Homosexuellen zurückzuziehen. In dieser Resolution wurden Homosexuelle nicht als gleichberechtigte Menschen, sondern als ›zu beschützende Opfer‹ bezeichnet. Unterschrieben hatten vor allem Regierungen von Ländern, in denen die Homophobie oft staatlich unterstützt wird. Russland, China und einige arabische Staaten. Unsere hohe Diplomatie in Kuba setzt aber auf gute ökonomisch-politische Beziehungen zu Putin, zu China … Ich wurde zu einem Gespräch ins Ministerium eingeladen, um meine Argumente zu diskutieren. Inzwischen hat sich die kubanische Regierung grundsätzlich von jeglicher – auch versteckter – Diskriminierung der Homosexuellen distanziert.

Natürlich haben nicht alle Blogs solch eine direkte Wirkung. Blogs in Kuba schreibt vor allem die geistige Elite. Kluge Leute, die beispielsweise Teile der Verfassung verändern wollen. Dadurch soll die Ehe zwischen Homosexuellen verfassungsmäßig gesichert oder private Unternehmen und privater Besitz an Produktionsmitteln anerkannt werden. Forderungen, den Sozialismus abzuschaffen oder die Regierung zu stürzen, sind keine Gegenstände für diese Blogs. Verändern, um zu bewahren, und bewahren, um in Kuba zu verändern. Das ist auch meine These. Anders bei Frau Sanchez. Ihr Ziel war und ist es, die kubanische Regierung zu stürzen und ein anderes, den USA genehmes Gesellschaftssystem zu etablieren. Natürlich wird sie dabei auch finanziell von kubafeindlichen Organisationen in den USA und Westeuropa unterstützt. Diese Frau nennt sich zwar unabhängig, ist aber abhängig vom ausländischen Geld. Sie hat die kubanische Regierung nicht stürzen können, sich aber ihre privaten

Wünsche mit den antisozialistischen Blogs erfüllt. Sie reist als gefeierte und reichste Widerstandskämpferin Kubas durch die Welt und wohnt übrigens ausgerechnet in der Nähe des Platzes der Revolution unbehelligt in einer komfortablen Wohnung. Die kubanische Regierung kümmert sich nicht um sie und ihre in Kuba kaum gelesenen Hass-Blogs. Sie hat genügend zu tun, um auf die wirklich konstruktiven kritischen Blogs von anderen zu reagieren.«

Ich bin nicht dazu gekommen, Zwischenfragen zu stellen, aber Francisco hat alle bereits beantwortet. »Ein Journalist muss die Gegenfragen schon kennen, bevor sie ausgesprochen sind«, sagt er und lacht zum ersten Mal.

Eine kannte er wohl noch nicht.

»Weshalb schreiben Sie als Journalist in Ihrer Gewerkschaftszeitung nicht das, was Sie zu Hause in Ihrem Blog formulieren?«

Diplomatische Antwort: »Weil es zwischen der offiziellen Zeitung und dem privaten Blog einen Unterschied gibt.«

An dieser Stelle beschreibe ich ihm mein Erlebnis mit der *Paquete*-Musik auf der Fahrt nach Pinar del Río.

Sein *Paquete*-Monolog:

»Wir haben uns mit den *Paquetes* und anderen privaten Medien wie Videos, Zeitungen, Filmen und Büchern, die unkontrolliert auf der Straße verkauft werden, nicht nur eine publizistische Konkurrenz geschaffen, sondern verbreiten damit auch eine völlig neue, manchmal antirevolutionäre Ideologie. Doch man kann sie im Zeitalter der digitalen Kommunikation nicht unterdrücken. Es existieren in Kuba inzwischen viele auch vom Ausland und den Organisationen der Exilkubaner in Miami finanziell unterstützte und hochmodern ausgerüstete private Film- und Aufnahmestudios. Aber wenn das staatliche Fernsehen ihre privat produzierten Filme nicht zeigt und der staatliche Rundfunk ihre Songs nicht sendet, dann werden sie über *El Paquete Semanal* oder unter der Hand verbreitet. Es gibt inzwischen aggressive Songs gegen Homosexuelle, gegen Schwarze und gegen Frauen. Es müsste ein Gesetz gemacht werden, dass inhumane Lieder in Kuba nicht veröffentlicht werden dürfen. Und jeder, der sie vertreibt, müsste bestraft werden. Aber wenn wir das machen, dann ... Sie kennen das bestimmt ... Wasser auf die Mühlen derer, die schreien: Kuba ist eine Diktatur!«

»Was würden Sie einem jungen Blogger antworten, der aus Kuba wegmöchte?«

»Dass es seine ganz persönliche Entscheidung ist. Weshalb sollte ich es ihm ausreden? Die Migration ist heute kein Traum mehr. Es gibt inzwischen die legale Möglichkeit, die Welt, wenn die Welt es will, zu erkunden. Ausprobieren und zurückkehren. Das könnte ich mir auch für mich vorstellen. Aber Kubaner gehen selbstbewusst und gut ausgebildet in andere Länder. Nicht als Müllsammler und nicht als von Hunger getriebene und in ihrer Existenz bedrohte Migranten.« Punkt.

Er redet noch einmal über die Forderungen, die er in seinen Blogs stellt. »Beispielsweise, dass homosexuelle Paare, durch die Verfassung garantiert, auch Kinder adoptieren können. Aber woher die Adoptivkinder in Kuba nehmen? In Kuba gibt es keine nicht gewollten ›überflüssigen‹ Kinder. Und: Wer Kinder will, muss sie auch selber machen!, sagen die Widerpart-Blogger.«

Ich bin ihm dankbar für seine klugen Monologe und möchte nur noch wissen, wer einen Internetanschluss in seiner Wohnung erhält.

»Im Moment wegen der geringen Kapazität vor allem Mitarbeiter der Ministerien und der Partei, Ärzte, Wissenschaftler, einige Lehrer, Künstler, Journalisten …«

Der Internetanschluss sei sozusagen auch eine Entschädigung für den geringen Verdienst als Angestellter des Staates. »Mancher schlecht bezahlte Schuldirektor bleibt wegen eines Internetanschlusses Schuldirektor und wird kein CUC-verdienender Taxifahrer. Und mancher Parteiarbeiter bleibt Parteiarbeiter und wird kein privater Zimmervermieter.«

»Und wenn es irgendwann so viele Internetanschlüsse gibt, dass sie kein Privileg mehr sind, wer bleibt dann Schuldirektor oder Parteiarbeiter?«

Er, der ansonsten sehr bedächtig antwortet, sagt sehr schnell: »Dann wird klar sein, wer wegen der Privilegien für den Staat arbeitet und wer es aus ehrlicher revolutionärer Überzeugung tut.«

Er gibt mir seine Visitenkarte. »Falls Sie mit mir bloggen möchten.«

Ich sage, dass ich sozusagen bei den Zwergen hinter den Bergen wohne und in meinem Arbeitshäuschen keinen Internetanschluss besitze.

»Auch als Schriftsteller nicht?«

»Auch als Schriftsteller nicht.«

Er lacht und drückt mir trotzdem die Karte in die Hand. »Kann ja in Deutschland alles noch werden.«

Von Bordsteinkanten, die vor dem Staatsbesuch weiß gestrichen werden, dem Troubadour Reinier Valdés, der das Lied »Vom Nichttod Fidels« sang, und meinem ungelösten Geheimnis »um den kubanischen Baum mit den Traumluftwurzeln«

Julie hat zwei Neuigkeiten. Erstens hat sie inzwischen Teile der in Miami geschriebenen und in Havanna gedrehten Filmserie gesehen, in der Jorge Luis einen raffinierten kubanischen Kleinkriminellen spielt.

Der Regisseur hätte allen Akteuren zu den ersten 5 Folgen gratuliert und ihnen mitgeteilt, dass die Serie in den USA, also in Miami, noch auf den neuesten technischen Stand gebracht und danach mit den *Paquetes* in Kuba verbreitet wird. Nicht nur er, sondern auch die Schauspieler könnten wahrscheinlich für weitere Folgen Geld erhalten. Außerdem hätten amerikanische Firmen Interesse bekundet, die Schauspieler für Werbesendungen zu engagieren.

»Jorge Luis, den er besonders lobte, hat der Regisseur gebeten, nicht in Deutschland zu bleiben, sondern bei den nächsten Folgen wieder in Havanna mitzuspielen.«

Er sei wirklich ein Schauspieltalent. »Und natürlich hat er schon den Rückflug gebucht.«

Ihre zweite Neuigkeit. Auf ihre E-Mail, in der sie nach Fidels Tod geschrieben hatte, dass seine revolutionären Ideen nicht gestorben sind und Kuba weiter eine sozialistische Alternative zum Leben im Kapitalismus aufbaut, erhielt sie heute die erste Antwort einer Verwandten. Die ermahnte Julie, statt an den Sozialismus in Kuba zu denken, sich an die beginnende Weihnachtszeit in Deutschland zu erinnern: Glockengeläut und die Engel, die Hoffnung bringen und die Stille Nacht, die heilige Nacht …

Auch von Migdalia erfahre ich eine Neuigkeit. Während der Weihnachtszeit werden sie in »meinem« Zimmer einen Gast unterbringen müssen, der sich lange zuvor angemeldet hat. Und dass Großmutter Maria dann bei Migdalia und ich in Großmutters Bett schlafe, war wohl nicht ernst gemeint.

Um am Heiligen Abend nicht wie Maria und Josef eine Herberge suchen zu müssen, besorge ich mir zwei Wochen vor Weihnachten ein anderes Quartier mit blauem Anker. Es ist nur 300 Meter von Migdalias Haus entfernt in der *calle* 19 bei Benito Portieles Orihuela. Von der eingeschossigen Villa kann ich zwar nicht mehr auf den Friedhof und die 23 hinunterschauen, aber sie steht in der Straße »meines« Hausrestaurants.

Benito Portieles Orihuela spricht nur das Nötigste. Er hat als Buchhalter in einem Chemiebetrieb gearbeitet und trägt auch in der Wohnung eine weiße Schirmmütze. In seinem noch mit den alten Möbeln eingerichteten Empfangszimmer, in dem meistens die Katze im Schaukelstuhl schläft, hängen von ihm gemalte Pflanzenbilder und aus getrockneten Pflanzen und Blumen zusammengesetzte Collagen. Er würde sie alle verschenken. Geld verdient er durch die Zimmervermietung.

Wir vereinbaren, dass ich gleich bei ihm einziehe. Vorsorglich lässt er mich das Anmeldeformular für die Kontrolle durch das, wie er sagt, »Straßenkomitee« ausfüllen.

Bei Migdalia packe ich meinen Rucksack. Als ich mich verabschiede, ist nur Maria in der Wohnung. Ich gehe mit ihr noch einmal auf den Balkon. Über uns, wie bei meiner Ankunft, ein von keinem Wölkchen getrübter azurblauer Himmel. Aber ich rufe noch nicht: »*Adiós, Havanna!*«, sondern nun, nachdem ich Carlos Menéndez, den Müllsammler Nelson, Boris, die Tabakbauern, Hilda, den »Angolaner«, die Ärztin, den Blogger, die *jinetera* der Friedhofsführungen, Jorge Luis und viele andere getroffen habe, sage ich leise, aber so laut, dass es Maria hört: »*Buenos días, Cuba.*« Wir umarmen uns. Sie wünscht mir *felicidades* – Glück – und gibt mir »*Fidel y Maria para siempre* – Fidel und Maria für immer« mit auf den Weg. Meine ersten Tränen auf Kuba.

In der Nacht schlafe ich sehr ruhig, denn die 19 ist eine schmale Nebenstraße.

Am Morgen fahre ich mit Julie zur »*Ciudad Libertad* – Stadt der Freiheit«, dem größten Schulzentrum von Havanna. Das Gelände ist fast einen Quadratkilometer groß. 5000 Kinder lernen hier in 13 Schulen, und jedes Jahr werden an der Pädagogischen Hochschule rund 200 künftige Lehrer ausgebildet.

Wir laufen durch eine großflächige Parklandschaft mit kurz gemähten Wiesen, mit Palmen, Sträuchern und hinter Bäumen versteckten grün, blau und gelb gestrichenen einstöckigen Häusern. Nur ab und an höre ich den Lärm von tobenden Kindern oder den Gesang von Schülern, die in ihrer obligatorischen Schulkleidung – Grundschüler weiß und weinrot, Oberschüler weiß und grau-gelb, Abiturienten weiß und blau – in Zweierreihen von einem Gebäude zum anderen marschieren.

Hier gibt es außer den Schul- und Hochschulgebäuden Wohnheime, Kindergärten, Speisesäle, Kinosäle, eine Ambulanz, Kulturräume …

»Alles, was zu einer ordentlichen Stadt gehört«, sagt Julie.

»Und alles nach der Revolution gebaut?«

»Nein, nur anders genutzt. Zuvor hieß die ›Stadt der Freiheit‹ ›Fort Columbia‹ und war ein riesiger Exerzierplatz für Batistas militärische Spezialeinheiten. 10 000 Elitesoldaten wurden hier gedrillt.« Außerdem hätte Batistas Generalstab von diesem Gelände aus zeitweise den Krieg gegen Fidels Rebellenarmee befehligt.

Am Ende einer Reihe von Schulgebäuden – ehemaligen Offiziersvillen – steht die prächtige, violett gestrichene Residenz von Batista. Hinter seinem Schlafzimmer befand sich ein Militärflugplatz, auf dem Tag und Nacht die startbereite Präsidentenmaschine stand. Am 1. Januar 1959 ließ er das Flugzeug mit wertvollen Gegenständen beladen – die 40 Millionen Dollar aus der Staatskasse brachte er wahrscheinlich nicht in bar außer Landes – und floh in die Dominikanische Republik.

Einen Tag später übernahm Revolutionsführer Camilo Cienfuegos mit seinen Kämpfern ›Fort Columbia‹. Noch im selben Jahr begannen die Revolutionäre das Militärgelände in eine Stätte der Bildung umzuwandeln. Anfangs wurden dort bis zu 15 000 Kinder unterrichtet.

Die Revolutionäre verwirklichten damit eine Utopie, die Fidel nach dem missglückten Sturm auf die Moncada-Kaserne bei seiner Verteidigungsrede »Die Geschichte wird mich freisprechen« vor dem Militärgericht in Santiago de Cuba verkündet hatte.

Vor der ehemaligen Villa von Diktator Batista wächst eine Palme im Bonsai-Format, aber mit einem extrem behaarten Stamm. Sie heißt Fidel-Palme, erklärt Julie. »Ihr Bart ähnelt dem des *Comandante*.«

Das mehrstöckige Gebäude der Pädagogischen Hochschule gehörte früher zur Zentrale von Batistas Generalstab. Weder auf der breiten Eingangstreppe noch im Vestibül ist ein Student zu sehen. Ich hoffe, dass sich irgendeine Tür zur Pause öffnet und ich mit einem künftigen Lehrer sprechen kann.

Ich solle mich mit direkten Fragen zuerst zurückhalten, denn ich hätte kein Arbeitsvisum für Kuba, meint Julie.

Ich will ihr entgegnen, dass ich schließlich nicht als Feind Kubas fragen werde, bin aber still, denn ich kann mir vorstellen, was passieren würde, wenn ein schwarzer kubanischer Tourist mit einer Dolmetscherin in einer deutschen Hochschule während der Seminarpause unangemeldet Studenten befragen würde.

Selbst mit einem Presseausweis durfte ich in einer deutschen Schule nur nach Genehmigung durch die Schulbehörde des Landratsamtes Lehrer und Schüler interviewen. Ein Gespräch mit einer Kindergärtnerin musste ich bei der Sozialabteilung des Landkreises beantragen. In Deutschland, einem demokratischen Land …

Endlich hören wir Lärm auf einem Gang. Julie fragt die

Dozentin, ob wir uns mit Pädagogikstudenten unterhalten und Fotos machen können. Sie nickt. Eingerahmt von zwei Mädchen, sitzt ein junger Mann im blau-weiß gestreiften T-Shirt auf einem Fenstersims.

Sergio wird Chemie unterrichten. »Aber ich möchte den Kindern auch Psychologie und ethische Normen beibringen. Sie sollen die Dinge des Lebens nicht nur oberflächlich und beeinflusst von der vorgegaukelten glitzernden Welt im Ausland begreifen.«

Er war noch nie im Ausland, aber 5 seiner Onkel leben in der Schweiz.

Einer sei dort mit einem Snowboard aus großer Höhe abgestürzt. »Hoffentlich bezahlt die Krankenkasse das Zusammenflicken seiner Knochen. Und Gott sei Dank haben wir hier in Kuba keinen Schnee, aber eine kostenlose medizinische Versorgung.«

Er möchte, dass kubanische Kinder besser ausgebildet werden als die in vielen kapitalistischen Ländern.

»Auch wenn ihre Lehrer hier weniger verdienen als der Fahrer eines Oldtimers?«

»Meine Eltern gaben mir Bildung, brachten mir Respekt vor älteren Menschen bei, Höflichkeit und Benehmen. Wir schätzen, was wir in Kuba schon besitzen. Auch wenn wir noch mehr haben möchten.«

Der Vater hat ihm ermöglicht, den Führerschein zu machen. »Er bereitet mich sozusagen schon auf die Zukunft vor, obwohl ich noch kein Auto habe.«

In der studienfreien Zeit arbeitet der 27-Jährige in einer Ölfabrik im Stadtteil Cerro. Julie kennt den Betrieb. Sie wohnt nur 4 Häuserblocks weiter.

Als ich Sergio fotografiere, rücken die beiden Mädchen, die nichts gesagt haben, keinen Zentimeter zur Seite. Im Gegenteil.

Auf dem Rückweg gehen wir nicht an der Parkseite, sondern durch das Eingangstor hinaus. Unter dem Tor, dessen Querbalken nur von einem Pfeiler gehalten wird, steht ein Wagen mit Hebebühne. In luftiger Höhe putzen Arbeiter die großen Buchstaben CIUDAD LIBERTAD. Vor und hinter dem Eingangstor pinseln Männer auf Hunderten Metern die Bordsteinkanten mit weißer Farbe an.

Ob ich will oder nicht, muss ich an meine Zeit als DDR-Hochseefischer denken. Im Fischkombinat Rostock hatte sich Staatsbesuch angemeldet. Auf Weisung der Kombinatsleitung begannen wir sofort, die Straßen zu fegen, Stiefmütterchen zu pflanzen, Plakate zu malen, Sprechchöre einzustudieren und Bordsteinkanten weiß zu streichen …

Ich frage den Mann, der die Hebebühne bedient, ob sich Staatsbesuch angemeldet hat. Am 22. Dezember werden Zehntausende ehemalige Alphabetisatoren und Lehrer in die CIUDAD LIBERTAD kommen, sogar die Staatsführung. Und zum ersten Mal die »5 Helden«!

Die 5 Helden sind kubanische Spione, die mit Fidels Billigung Ende der 80er Jahre in die USA eingeschleust worden waren. Sie sollten die Vorbereitung weiterer Terrorakte der CIA und der Exilkubaner auskundschaften. Über 700 Anschläge mit mehr als 1000 Opfern hatten die Gegner von den USA aus schon verübt. Dazu Hunderte fehlgeschlagene Attentatsversuche auf Fidel. 1998 wurden

Großreinemachen für die Feier der Alphabetisatoren

die »Cuban 5« enttarnt und in den USA zu langen Gefängnisstrafen verurteilt. Nach 16 Jahren kamen sie durch diplomatische Verhandlungen auf höchster Ebene und einen Austausch frei.

Am 22. Dezember 1961 waren zum ersten Mal Kubaner mit geschulterten, nein, nicht Gewehren, sondern überdimensionalen Bleistiften in die »Stadt der Freiheit« marschiert, Alphabetisatoren. »Wie jedes Jahr werden wir am 22. Dezember feiern, aber auch der 31 bei der Alphabetisierung durch Konterrevolutionäre getöteten Lehrer gedenken«, sagt der Mann, der die Hebebühne herauf- und herunterfahren lässt.

Der eine Pfeiler, der das »halbe Tor« trägt, ist ein riesiger aufrechter Bleistift.

Ein Arbeiter, der die Bordsteinkanten weiß streicht, flucht sehr laut. Über die Bordsteinkante sind an mehreren Stellen dicke Wurzeln gewachsen. Er nimmt den Pinsel und ... streicht die Wurzeln über der Bordsteinkante weiß. Eine lange gerade Linie hinein in die »Stadt der Freiheit«.

Ich schaue ihn an und sage: »Hey.« Er schaut mich an, grinst, sagt »Hey« und streicht das nächste Wurzelstück weiß.

Am Abend rufe ich den *compañero* Roberto Infante zu Hause an und frage, ob ihm die Bankbriefe ausgehändigt worden sind.

Nein, er sei leider nicht mehr im Ministerium gewesen. Er müsse zur Kur. »Aber die Briefe werden von den Mitarbeitern meiner Abteilung entgegengenommen. Dann übersetzt. Und dann zur Botschaft nach Berlin geschickt. Dort wird sich die Wirtschaftsabteilung nach genauer Prüfung mit der deutschen Bank in Verbindung setzen. Das kann eine Weile dauern. Aber ihre Investitionsvorschläge sind sehr nützlich, sehr konkret und sehr gut geeignet, die Wirtschafts- und Finanzblockade der USA, die immer noch das Haupthindernis für die rasche Entwicklung der kubanischen Volkswirtschaft ist, zu durchbrechen.«

Ich wünsche ihm höflich gute Besserung bei der Kur. Und denke unhöflich: Ja, er hat einige Zeit in der DDR gelebt.

Der Sänger Reinier Valdés hatte uns nach seinem Auftritt zur Gedenkfeier für Fidel im ICAP gesagt, dass er jeden Freitag von 17 bis 20 Uhr in der Bar »La Casita 18 de Artex« im Stadtteil Miramar singt. Julie und ich laufen zuerst über die Brücke des Almendares, der breit ins Meer mündet, und dann wieder an der mexikanischen Botschaft vorbei. Heute Abend hört ein Kubaner davor mit dem wachhabenden Soldaten englische Rockmusik. 300 Meter weiter bleibe ich unter den bizarren Luftwurzeln des kubanischen »Traumluftwurzelbaumes« stehen. Ich fotografiere ihn und hoffe, dass mir Botaniker in Deutschland den Namen sagen können.

Als es dunkel wird, biegen wir in die Nebenstraße ein, in der sich die Bar befinden soll. Doch wir hören nirgendwo Musik. Wir laufen die Straße auf und ab, bis wir endlich eine hell erleuchtete Villa finden. Zwar gibt es auch dort keine Musik, aber lautes Stimmengewirr. Es ist auch keine Bar, sondern hier wird eine Ausstellung eröffnet. Als wir uns unter die Gäste mischen, fallen wir in unseren Alltagsklamotten sofort auf. Denn wie in Deutschland sind auch in Kuba Künstler und Kunstverständige entweder extrem schlampig oder besonders originell angezogen. Hier überwiegen bis zu den Knien reichende grell bunte Hemden und lange Flickenhosen mit wahrscheinlich selbstgenähten glänzenden Seiden-T-Shirts. Auch die ausgestellten Grafiken und Ölgemälde ähneln denen in einer deutschen Ausstellung. Nirgends eine Spur vom sozialistischen Realismus. Einige Motive erinnern an die Bilder, die der von Klara verlassene Eduardo an den Musik-Bus gepinnt hatte. Nur dass hier der Mittelkreis sehr dunkel ist und das Drumherum golden glänzt.

Weil mich der Hunger plagt, bemerke ich doch einen Unterschied zu den Ausstellungseröffnungen in Thüringen: Es werden weder belegte Schnittchen noch Wein angeboten. Nur Flaschen mit Saft und Wasser stehen in der Ecke.

Die Ausstellungsmacher wissen, dass sich die Bar, in der Reinier singt, auf der rechten Seite der Straße befindet. »Ihr hört ihn von weitem.«

Wir hören ihn nicht. Er sitzt im Garten vor der Bar. Ein großer Mann, der die Leibesfülle unter einem langen, dunklen Hemd verbirgt. Am Halsausschnitt glänzt silberner Schmuck. Seine Haare hat der noch nicht 50-Jährige straff nach hinten zu einem Knoten gebunden.

Reinier umarmt uns lauthals. Neben ihm sitzt eine zierliche Frau. »Sie schreibt romantische Gedichte und liebt einen Italiener«, stellt er sie vor.

Er isst Käsestückchen mit der Hand, trinkt den letzten Schluck Rotwein aus seinem Glas, schlaucht noch eine Zigarette und sagt: »Ende der Pause. Kommt mit rein.«

In der Bar ist *verdaderamente* – eigentlich – kein Platz frei, doch Reinier ruft: »Begrüßt meine deutschen Freunde!«

Und die Gäste, meist Frauen, rücken zusammen.

Er stimmt die Gitarre, schaltet das Mikrofon ein, das in dem kleinen Raum überflüssig ist, und beginnt mit sehr dunkler, etwas rauchiger Stimme zu singen. Die Gäste begleiten ihn mit Klatschen und trommeln auf den Knien. Einige singen, bewegen sich rhythmisch, ohne aufzustehen. Kubanisches »Schunkeln«.

Am kleinen Ausschank gibt es keinen Mojito. Aber Cuba Libre.

Dann singt Reinier ein Lied, bei dem niemand klatscht

Sänger und Poet: Reinier Valdés

und keiner mitsingt. Ungewöhnliche Stille in der Bar. »Abschied von der Liebsten. Sie hat Kuba verlassen und schickt eine Postkarte aus Paris …«

Nach dem Schlussapplaus setzt sich Reinier wieder mit uns in den Garten. Er schlürft die Weintropfen, die sich in der Zwischenzeit auf dem Glasboden gesammelt haben, polkt die letzten Käsekrümel auf und schlaucht eine Zigarette.

Ich frage ihn, ob er nur Lieder singt, deren Texte er selbst geschrieben haben könnte.

»Ja. Die Wahrheit ist die Melodie meiner Lieder.« Er will wissen, wie lange ich schon in Kuba bin.

»Ich kam einen Tag, bevor Fidel starb.«

»Und willst seitdem Kubas Trauer, Kubas Hoffnungen und unser Leben ohne Fidel begreifen?«

Ich nicke wortlos.

Der „Traumluftwurzelbaum"

»Und? Hast du etwas von Kuba begriffen?«

Ich nicke wieder wortlos.

Er legt mir den Arm auf die Schulter und sagt, dass ich nach den ersten 30 Tagen auf Kuba müde aussehe. »Du musst zum Meer fahren, dich in den Sand legen und die Augen schließen. Lauschen, wie der Atlantik den Strand im Rhythmus der Rumba schlägt. Dann wirst du Kuba sehen können.«

Zwei Tage später fahre ich mit einem privaten Taxi, das mein Quartierwirt billig organisiert hat, an die 20 Kilometer von Havanna entfernte Playas del Este nach Guanabo. Dort hat Yodiers Cousin eine Übernachtungsmöglichkeit bei Lala, einer guten Bekannten, besorgt.

Ihr Haus ist kaum größer als ein Bungalow, auf den man ein Stockwerk gesetzt hat. Es steht auch nicht am Meer, sondern am bergigen Rand von Guanabo. Bewacht wird das Haus von einem angeleinten Hund, der bei meiner Ankunft freundlich mit dem Schwanz wedelt.

Lala, eine Frau um die 50, hat zur Begrüßung Süßkartoffeln mit Reis und schwarzen Bohnen gekocht. Gegessen wird, weil es außer der Küche, einer kleinen Toilette, dem Durchgangsfernsehzimmer und dem Schlafraum im Erdgeschoss keinen Platz mehr gibt, hinter der Küche im Freien. Der »Speiseraum« ist wie ein Hühnergehege mit einem Drahtzaun eingezäunt. Darüber ein Dach aus Wellasbestplatten. An der Wand hängt ein Bündel Bananen, unter dem Tisch liegen Kokosnüsse, und im Kühlschrank stehen Flaschen mit abgekochtem Wasser.

»Alles ist hier für alle«, sagt Lala.

Ich schlafe oben. Neben meinem Zimmer befindet sich der Raum von Lalas vielleicht 16-jährigem Sohn. Immer, wenn er mich sieht, lacht er. Er möchte umarmt werden, spricht nur undeutlich artikulierte Wörter oder Halbsätze. Am häufigsten höre ich seine für alle gültige Begrüßungsfloskel: »¡Fidel y Chávez!«

Und wenn ich mit »¡Fidel y Chávez!« antworte, klatscht er glücklich seine Hand gegen meine. Jeden Tag wird er zur Betreuung mit einem Auto abgeholt und abends zurückgebracht.

»Ohne dass ich einen Peso bezahlen muss. Ich bin sehr dankbar dafür.« Lala hat keinen Mann. Ihr zweiter Sohn arbeitet im Tourismusbüro an der Kathedrale von Havanna.

Von ihrem Haus laufe ich keine halbe Stunde hinunter bis zum Meer.

Unterwegs entdecke ich noch eine der mir bisher unbekannten kubanischen *inventos* – Erfindungen. In einem mit Latten umzäunten Garten rennt ein Hund ohne Leine frei umher. (Die Hunde auf Kuba sind meist sehr friedlich, sehr träge und sehr schläfrig.) Er ist so klein, dass er sich leicht zwischen die weit auseinanderstehenden Zaunlatten zwängen und weglaufen könnte. Aber er kann nur den Kopf hindurchstecken. Der Besitzer hat ihm einen dünnen Stock quer am Halsband festgebunden. Der Hund kann sich zumindestens frei fühlen … Tierzüchter oder Politiker sollten diese kubanische Erfindung vielleicht als Patent anmelden.

Endlich kann ich die unbequemen schweißtreibenden Halbschuhe ausziehen und stehe stumm und ehrfürchtig vor der scheinbar unendlichen Weite des Meeres. Der Atlantik ruht sich aus. Das Wasser ist warm. Die Sonne brennt. Ich suche sofort den Schatten der Palmen. Die schwächsten haben die Stürme schon gefällt. Zwischen ihren am Strand liegenden Wurzelballen wächst noch eine Palme, die sich 45 Grad zur Erde neigt. Der Sturm konnte sie nur beugen, nicht aber stürzen.

Ich lege mich in ihren Schatten, nehme die im Geschäft neben »Habana Libre« gekaufte kleine Flasche Rum und gieße den ersten Schluck in den Sand.

Ich trinke langsam und wünsche mir, dass irgendwann irgendjemand dem frei umherlaufenden Hund den am Kopf befestigten Stock zerbricht. Und die Palme, die der Sturm bisher nur gebeugt hat, vor dem Sturz bewahrt. Irgendjemand. Irgendwann.

Doch jetzt möchte ich nur liegen und Kuba genießen.

Nichts mehr als nur Meer. Trotzdem laufe ich später noch bis zum 5 Kilometer entfernten Strand von Santa Maria. Den Müllsammler Nelson finde ich nicht. Auch nicht im Bus, mit dem ich nach Havanna zurückfahre.

Am Tag vor dem Rückflug nach Deutschland lädt die Mutter von Jorge Luis zum Abschiedsessen ein. Ich darf beim Kochen helfen. Zuerst Knoblauch schälen und schneiden, dann Maisblätter zerteilen und verknoten. Damit umwickelt sie die Füllung der *Tamales*.

Jorge Luis präsentiert mir stolz sein Weihnachtsgeschenk für die Mutter. Er hat mit seinem Onkel *el baño* gefliest und ein neues Toilettenbecken eingebaut.

Sein kleiner Bruder, der heute in einem phosphorgrün leuchtenden ärmellosen T-Shirt noch größer und muskulöser aussieht, gießt uns Rum ein.

Jorge Luis erzählt, dass der Bruder eine Nachricht von seinem Vater Ángel Ernesto erhalten hat. »Vom neuen Mann der Mutter, der seinerzeit nach Spanien abgehauen und dort der Besitzer eines erotischen Vergnügungslokals geworden ist.«

Doch über diese Post hätte sich niemand gefreut. In all den Jahren hat der Vater Harlyn nicht einmal ein Paar Turnschuhe geschickt. Obwohl er wusste, dass Harlyn hier hart trainiert, aber in Kuba keine guten Sportartikel kaufen kann. »Doch nun, nachdem er wusste, dass der Sohn zur kubanischen Nationalmannschaft gehört, schrieb er ihm. Und bedankte sich sogar bei unserer Mutter, dass sie die Kinder allein so gut erzogen hat. Jetzt lädt er den Sohn ein, nach Spanien zu kommen. Aber wir Ku-

»Du musst zum Meer fahren. Dann wirst du Kuba sehen können.«

baner sagen: Wasser, das man nicht trinken will, soll man vorbeifließen lassen«, sagt Jorge Luis.

Der »kleine« Bruder geht in das Nachbarzimmer, in dem der Hausaltar von Gott *Orula* heute mit neuen Zigarren und Rum bedacht worden ist, zieht sich um und kommt in einem Trainingsanzug, einer Windjacke und einem mit der Aufschrift »Cuba« gekennzeichneten Rucksack der Nationalmannschaft zurück. Im neuen Jahr wird er vielleicht bei den Leichtathletik-Weltmeisterschaften in London starten.

Während die *Tamales* im Wasser sieden, hat die Mutter Zeit, ab und an auf das Fernsehbild zu schauen. Junge, schöne Menschen schlürfen glücklich juchzend in einer Bar ein der Mutter unbekanntes Getränk. Sie fragt: »Was ist das?«

Julie sagt: »Cinzano aus Italien.«

Sie schenken mir zum Abschied kubanischen Rum, kubanischen Rohrzucker, kubanische Zigarren und kubanische Kaffeetassen.

Ich umarme den kleinen Bruder, dem ich nicht einmal bis zum Kinn reiche, wünsche ihm viele Siege bei internationalen Wettkämpfen und frage noch einmal: »Wenn du ein im Ausland bekannter Sprinter geworden bist, wirst du dann irgendwann aus Kuba weggehen wollen?«

»Nein«, sagt er wieder. »Ich bekomme von Kuba alles, um ein erfolgreicher Sportler zu werden: die Schule, das Training, das Essen und die Unterkunft. Zusätzlich 1250 Peso im Monat, die Sportbekleidung …«

»Auch nicht für Dollar?«

Der kleine Bruder schüttelt den Kopf. »Ich werde immer wieder nach Kuba zurückkommen. Egal ob als Sieger oder Verlierer.«

Und verspricht es mir in die Hand.

Am nächsten Tag, dem 31. 12. 2016, startet die Maschine in Havanna pünktlich um 16 Uhr. Neben mir sitzen in der Mittelreihe des Jumbojets Türkinnen, dahinter eine Gruppe Kubaner, Portugiesen, Spanier und viele Deutsche.

Am interessantesten für mich ist allerdings der freundliche Steward, der während der gesamten Flugzeit auch unaufgefordert Alkohol nachschenkt. Zwar keinen Cuba Libre und auch keinen Mojito, aber Gin Tonic – auf Wunsch mit extra viel Gin. Er ist im Saarland geboren, seine Eltern kommen aus Puerto Rico. Sie haben ihm das karibische Temperament vererbt.

Das braucht er in dieser Nacht!

Schon zwei Stunden nach dem Start schreien wir Deutschen: »Prosit Neujahr!«

Eine Stunde danach wünschen sich die Portugiesen: »*Bom ano novo!*«

Zwei Stunden später stoßen 3 vor mir sitzende englisch sprechende Studenten aus Guinea mit einem »*Happy New Year!*« an.

Danach wirkt der Alkohol. Wie die meisten schlafe auch ich ein. Kurz vor der Landung in Düsseldorf wache ich auf. Die Kubaner stehen im Flugzeug, umarmen sich, schreien: »*Feliz año nuevo!*« Und einer stimmt ein Lied an, das ich auf Deutsch mitsingen könnte: »Auf zum Kampf, eilt herbei … Denn das Vaterland sieht euch mit Stolz …«

Die *habaneros* werden, wie es Tradition ist, zur gleichen Zeit eimerweise Wasser aus den Fenstern und Türen auf die Straße schütten. Das alte Jahr wegspülen. Saubermachen für das neue. Alt und Neu auf Kuba. Das Wasser kann beides wegschwemmen. Nicht nur das Wasser.

Nachtrag

Januar 2017: Ich erkundige mich bei der kubanischen Botschaft in Berlin, ob die im kubanischen Ministerium für Außenhandel abgegebenen Briefe der Bank mit den Vorschlägen für die Finanzierung und den Bau von Windrädern und einem Touristenzentrum inzwischen in Berlin angekommen und beantwortet sind.

Nein, sie seien wohl noch unterwegs, sagt der Pressesprecher Alberto. Ich gebe ihm Kopien der Briefe. Er bedankt sich.

»Das ist ein großartiges Projekt, das ich sofort an die Wirtschaftsexperten der Botschaft weiterleiten werde«, sagt er.

Ich solle der Bank dafür schon jetzt danken. »Die Botschaft wird sich direkt mit dem Bankvorstand in Verbindung setzen.«

Verspricht *compañero* Alberto.

Auf eine Antwort wartet der Bankvorstand nach 9 Monaten immer noch.

Postskriptum: *Compañero* Alberto hat nicht wie *compañero* Infante einige Jahre in der DDR gelebt …

März 2017: Jorge Luis kommt für 90 Tage nach Deutschland und wohnt bei Julie. Er streicht den Holzgiebel meines Arbeitshäuschens unangeseilt über Kopf und kauft sich Werkzeuge für seine Arbeit in Kuba. Ungläubig schaut er auf die Arztrechnung. Hunderte Euro, weil er sich wegen eines Durchfalls behandeln lassen muss. Und sagt, dass er, wenn er wieder in Kuba sein wird, manches dort anders sehen wird.

Mai 2017: Ich habe in Kuba vergessen, Großmutter Maria einen Rahmen für das Porträt aus ihrer Jugendzeit zu kaufen. Nun kann ich es nachholen und gebe Jorge Luis das Geschenk für Maria mit.

August 2017: Harlyn Pérez, der kleine Bruder von Jorge Luis, belegt mit der kubanischen 4 x 100-Meter-Staffel bei den Leichtathletik-Weltmeisterschaften in London im Vorlauf mit 39,01 Sekunden den 13. Platz.

September 2017: Hurrikan »Irma« wütet auf Kuba. Er tötet 10 Menschen, vernichtet 30 Prozent des angebauten Zuckerrohrs und zerstört Zehntausende Häuser.

Oktober 2017: Ein Botaniker der Universität Jena, dem ich das Foto vom Luftwurzelbaum zeige, kann mir nicht weiterhelfen. Also werde ich ihn wie bisher »den kubanischen Baum mit den Traumluftwurzeln« nennen.